Über das Buch:
Kaum werden Frauen zu Müttern, gilt nichts mehr von dem, was ihnen einst versprochen wurde. Kurios, denn das schadet uns allen: Massenhaft gut ausgebildete Mütter werden vom Arbeitsmarkt ferngehalten, weil Betreuungssysteme versagen, überkommene Rollenbilder sie unter Druck setzen und auch der Rückgriff auf die Familie nicht mehr selbstverständlich ist. In Zeiten des Arbeitskräftemangels und wirtschaftlicher Transformationen hat der schlechte Umgang mit Müttern fatale Folgen und bedroht unseren Wohlstand. Es ist an der Zeit umzudenken – und Gleichberechtigung endlich ernst zu nehmen.

Die Autorin:
Anne Theiss ist Journalistin und arbeitet für die Burda Mediengruppe. Als Mutter zweier Kinder, eins davon mit besonderen Bedürfnissen, kennt sie die Belastung des Mütter-Multitaskings aus eigener Erfahrung.
Anne Theiss lebt mit ihrer Familie in Tutzing bei München.

Anne Theiss

Die Abwertung der Mütter

Wie überholte Familienpolitik uns den Wohlstand kostet

DROEMER

Besuchen Sie uns im Internet:
www.droemer-knaur.de

Aus Verantwortung für die Umwelt hat sich die Verlagsgruppe Droemer Knaur
zu einer nachhaltigen Buchproduktion verpflichtet. Der bewusste Umgang mit
unseren Ressourcen, der Schutz unseres Klimas und der Natur gehören zu unseren obersten
Unternehmenszielen. Gemeinsam mit unseren Partnern und Lieferanten setzen wir uns für
eine klimaneutrale Buchproduktion ein, die den Erwerb von Klimazertifikaten zur
Kompensation des CO_2-Ausstoßes einschließt.
Weitere Informationen finden Sie unter: www.klimaneutralerverlag.de

Originalausgabe September 2023
© 2023 Droemer Verlag
Ein Imprint der Verlagsgruppe Droemer Knaur GmbH & Co. KG, München
Alle Rechte vorbehalten. Das Werk darf – auch teilweise – nur mit
Genehmigung des Verlags wiedergegeben werden.
Textauszug aus: Bertolt Brecht, Der gute Mensch von Sezuan, in: ders., Werke.
Große kommentierte Berliner und Frankfurter Ausgabe, Band 6: Stücke 6.
© Bertolt-Brecht-Erben / Suhrkamp Verlag 1989.
Textauszug aus: Vom Loslassen und Neubeginn. arsEdition 2003
© Hans Kruppa / www.hans-kruppa.de
Textauszug aus: Nouriel Roubini, Mega Threats. Ariston Verlag 2022
© Nouriel Roubini, 2022; © der deutschsprachigen Ausgabe 2022, Ariston Verlag
in der Penguin Random House Verlagsgruppe GmbH
Textauszug aus: Andrew Solomon, Weit vom Stamm. S. Fischer Verlag 2013
© 2012 Andrew Solomon, mit freundlicher Genehmigung
der Wylie Agency (UK) Limited.
© der deutschsprachigen Ausgabe 2013, S. Fischer Verlag
Redaktion: Ulrike Gallwitz
Covergestaltung: Buxdesign | Lisa Höfner
Satz und Layout: Adobe InDesign im Verlag
Druck und Bindung: CPI books GmbH, Leck
ISBN 978-3-426-27911-3

2   4   5   3   1

Für die Mütter der Zukunft

Inhalt

1 »Das sagt einem niemand!« 19

Was ich gerne gewusst hätte, bevor ich Mutter wurde, was die Leistung, eine eigene Blase, Mentalität und Resilienz damit zu tun haben. Warum die Liebe nicht zu Ende gehen muss, weil alles bleiben kann – bis auf die Ratschläge von anderen.

2 »Das hat die Natur so nicht vorgesehen« 44

Das Individuum versus »die Mutter«: Warum das Gebären in der Norm angesagt ist, wie stark Etiketten noch wirken, warum das keinen Sinn macht – genauso wie manch politische Maßnahme.

3 »Und wo ist das Kind gerade?« 59

»Frischgebacken« und doch vergessen: Warum Mütterzufriedenheit unterschätzt wird, warum sie ökonomische und generationsübergreifende Bedeutung hat und trotzdem mühsam erarbeitete Fortschritte verloren gingen.

4 »Das Kind ist viel zu warm angezogen« 75

Was Mangel und unechte Sorge mit Müttern macht: Viele Systeme in diesem Land funktionieren noch für viele, aber schon nicht mehr für Familien, für Mütter, Väter, ihre Kinder. Warum das nicht nur sie, sondern alle dringlichst kümmern sollte.

Vorbemerkung

In diesem Buch wird außerhalb von Zitaten und Quellen, wenn allgemein von Berufen und gesellschaftlichen Gruppen die Rede ist, das generische Femininum verwendet. In vollem Bewusstsein, dass auch dieses ausschließt – nur in diesem Fall eben Männer. Aber solange Anlagemechanikerinnen, Rechtsanwältinnen, Schreinerinnen, Unternehmensberaterinnen, Kaminfegerinnen für zu viele nur noch »Mutter« sind, sobald sie Kinder auf die Welt bringen, solange Mädchen und Frauen laut Studien hauptsächlich Männer mit dem Beruf verbinden, wenn sie »Arzt« lesen, braucht es offenbar mehr Weiblichkeit in der Sprache.

Warum also nicht »spielerisch und mit Ironie« sprachliche Stolpersteine setzen, wie es Horst Simon erklärt und sich deswegen selbst getrost »Linguistin« nennt.[1]

Ebenso schreibe ich »Menschen mit Behinderungen«, weil es zuallererst Menschen sind und Behinderung ein Merkmal von ihnen. Diese Schreibweise gilt für mich, bis noch eine bessere auftaucht – oder keine spezifische mehr notwendig ist. Weil sie selbstverständlich zu unserer Gesellschaft gehören.

Vorwort

Ein Buch über Mütter ist erst einmal nichts Innovatives. Gibt es schon. Und überhaupt, was ist mit den Vätern? Dann noch dieser negative Begriff im Titel – »ABWERTUNG«. »Denkt doch mal positiver«, heißt es gegenüber Deutschen ja sowieso schon von vielen Seiten. Warum diese Negativität? Warum nicht mehr Bling-Bling? Mehr Rosa? Mehr Zuversicht? Wenn es um unser abnehmendes Vertrauen, unsere oft übertriebenen Sorgen bei allen möglichen Belangen oder unsere Haltung gegenüber neuen Technologien geht, ist das durchaus angebracht. Mehr Optimismus schadet nicht – und defizitorientiertes Denken bringt nichts voran.

Ich würde gerne auch positiv über die Lage von Müttern schreiben. Wenn es ansatzweise Anlass dazu gäbe. Ich würde ebenso gerne über Väter und Mütter schreiben.

Wenn sie in der gleichen Lage wären.

Doch wenn es um Mütter geht, passiert etwas untypisch Deutsches: Ihre Lage wird schöngeredet, obwohl sie desolat ist, uns wirtschaftlichen Wohlstand kostet. Es wird überstrichen, übertüncht, was negativ ist. Dabei müssen wir als Land in der Gegenwart ankommen, unser volles Potenzial ausschöpfen, den Lack abkratzen: Bei den Idealen und den Rollenbildern. Die gegenwärtige Lebensrealität der Mütter bedarf eines »Wummses«[1] à la Bundeskanzler Olaf Scholz, der »Doppel-Wumms«-Auswirkungen auf uns alle hätte. Während nämlich immer noch alte Vorstellungen gepredigt werden, brauchen wir in Wahrheit mehr Mütter im neuen Gewand, Mütter, die frühzeitig wieder arbeiten, auch in Vollzeit. Und dies auch sein wollen, weil die Bedingungen gut sind.

Die Wahrscheinlichkeit, dass Mütter einer bezahlten Arbeit nachgehen, steigt um 35 Prozent, wenn ihre Kinder verlässlich betreut werden.[2] Larissa Zierow, Professorin für Volkswirtschaftslehre an der Hochschule Reutlingen, erklärt in der Wochenzeitung »Die Zeit«: »Öffnet eine Kita ganztags statt halbtags, steigt das Einkommen der Mütter im Schnitt um 290 Euro pro Monat, bei Akademikerinnen sogar um 425 Euro.« Dadurch erhöhe sich ihr Lebenseinkommen, das Risiko für Altersarmut sinke, die Sozialausgaben eines Staates auch, die Steuereinnahmen durch zusätzlichen Verdienst füllten vielmehr die Sozialkassen auf, und »Produktivität und Wirtschaft wachsen«.[3]

Aber was passiert in Deutschland – trotz der bekannten Zahlen, trotz der immensen Vorteile, die es für die Gesellschaft mit sich bringen würde, wenn mehr Mütter mehr berufstätig wären? Das Gegenteil, es droht Rückschritt statt Fortschritt. Mit dieser Entwicklung hat auch, aber nicht nur, ein Virus zu tun, der das Leben aller beeinträchtigte, aber irgendwie doch das Leben der Mütter am meisten (und zwar um einiges mehr als das der Väter!). Betrachtet man Studien oder fragt nach der Einstellung von jungen Vätern, können auch Optimistinnen angesichts der aktuell herrschenden Bedingungen nicht auf die große Transformation hoffen. Denn selbst bei größtem Selbst-Engagement kommen viele Mütter immer noch viel zu oft nicht so weit, wie sie es unter besseren Bedingungen könnten. Und das ist nicht nur schade, das ist tragisch, das ist Vergeudung.

Schlimmer noch: Zu viele der heutigen berufstätigen Mütter mit Kleinkindern werden psychisch und physisch auf der Strecke bleiben, durch die andauernde Mehrfachbelastung bei schlechter Infrastruktur Folgekrankheiten entwickeln. Wenn Mütter heute nicht mehr können, sind ihre Krankheitsbilder diffiziler und damit aufwendiger zu behandeln als noch vor ein paar Jahren. Psychologinnen berichten von nie gesehenen Zuständen.[4] Erschöpfte Mütter, Mütter, die zu krank sind, können nicht ihre Stimme erheben und auch nicht mehr leisten. Viele von uns werden das womöglich erst gar nicht merken oder verdrängen, manche werden Zusammenhänge verneinen. Die Idee, dass Frauen »Selbst schuld!« an ihrer Lage sind, ist weit verbreitet und wirft doch nur alle in einen Riesentopf.

Der Staat, die Politik, die Gesellschaft, die Männer – profitieren einmal wieder (kurzfristig) von der Selbstaufgabe von Müttern für die Familie. Sie lässt verdecken, dass Hausaufgaben nicht erledigt, Versprechen nicht eingehalten wurden. Und während den Müttern durch zu wenig verlässliche Rahmenbedingungen immer mehr Erschöpfung droht, unflexible Betreuungs- und Arbeitsmodelle ihre Berufstätigkeit erschweren, sogar – fast wie in früheren Zeiten – unmöglich machen, gehen dem Arbeitsmarkt vor unser aller Augen dringend benötigte Arbeitskräfte verloren.[5]

Es ist eben nicht wie beim Wechselkurs: Sinkt der Wert des Euros, steigt oft (im Verhältnis) der Wert des Dollars. Eine »Einheit« Mutter, deren »Wert« nur vermeintlich geringer ist, lässt den Wert der anderen Einheiten auch nur vermeintlich steigen. Früher konnte diese Art des Verlustes übertüncht werden. Das starke Wirtschaftswachstum und die Masse an Steuerzahlerinnen[6] im Land ließen zu, dass die Berufstätigkeit von Frauen und insbesondere Müttern nicht gefördert wurde. Inzwischen ist das verheerend: Heute bedeutet der »sinkende Wert«, die Abwertung der Mütter, einen sinkenden Wohlstand. Und das betrifft auch die Männer beziehungsweise die gesamte alternde Gesellschaft – auf lange Sicht. Je länger wir brauchen, um das zu erkennen, desto mehr müssen wir wieder investieren, um das brachliegende Potenzial der Mütter abzurufen. Dabei wären Mechanismen aus anderen Ländern bekannt, die pragmatisch eingesetzt und angewandt innerhalb kürzester Zeit mehr Müttern mehr Berufstätigkeit ermöglichen könnten. Und ja, kurzer Spoiler, darunter gehören kluge, effiziente Investitionen und fällt auch der Slogan: »Männer an den Herd!« Aber nicht nur.

Die Geschichte deutscher Mütter hat mit gesamtgesellschaftlichem Schweigen, mit der Verneinung von (spät)modernen Entwicklungen[7], mit zu wenig Einsatz aktueller, wissenschaftlicher Erkenntnisse in der Betreuungsrealität, mit festgefahrenen Ansichten und Strukturen zu tun. Junge Mütter, die relativ schnell nach der Geburt ihres Kindes wieder arbeiten möchten, werden abgewertet, weil tradierte Rollen(vor)bilder, mit denen viele von uns (vor allem in Westdeutschland) sozialisiert wurden, noch zu viel Einfluss haben: Das »Kindeswohl« gilt auch im 21. Jahrhundert für die Mehrheit der Deutschen als Begründung, dass Frauen mindestens ein Jahr zu Hause bei den Kindern bleiben sollen, am besten noch länger. Politische Instrumente wie das Elterngeld, die eigentlich für den leichteren beruflichen Wiedereinstieg gedacht sind, befördern das sogar. Auch dass die Kita-Gebühren in Deutschland häufig noch um einiges höher sind als die für den Kindergarten. Währenddessen profitieren Männer weiterhin durch das »Gender Care Gap«. Also davon, dass Frauen im Durchschnitt eineinhalbmal so viel der unbezahlten Haushalts- und Sorgearbeit übernehmen.[8] Und das »Gender Pay Gap«[9] offenbart ihnen, dass Männer in der Wirtschaft immer noch größtenteils mehr verdienen als sie. Den Kindern versuchen sie vor diesem Hintergrund unermüdlich beizubringen, was Gleichberechtigung und Gerechtigkeit bedeutet.

14

Bei Müttern klaffen der Anspruch, der Schein (Podest) und die Wirklichkeit (Alltag) auseinander. Sie sind die Eier legenden Wollmilchsäue, kämpfen Tag für Tag, dass bei Mangel an Kita-Plätzen und Fachkräften sowie schlechter werdender Gesundheitsversorgung trotzdem alles funktionieren mag. Die Überschrift ihres Lebens ist: »Immer auf der Suche nach ausreichender Unterstützung und Alternativen!« – anstatt auf Entfaltung, auf sich selbst setzen zu können. Weil immer noch vorherrschende Mütter-Ideale nicht der spätmodernen Mütter-Realität entsprechen.

Völlig kurios, wenn man bedenkt, welchen Dienst die Mütter diesem Staat, dieser Gesellschaft, der Wirtschaft erweisen: Sie gebären trotz allem Bürgerinnen[10], spätere Arbeitnehmerinnen und bei gleichzeitiger Berufstätigkeit helfen sie mit, dass dieses alternde Land eine Zukunft hat.[11] Sie arbeiten mehrfach für den Wohlstand. Aber beklatscht werden vor allem die neuen, engagierten Väter. Obwohl jungen Frauen allerlei Versprechen gemacht werden, bevor sie Kinder bekommen, stehen zu viele von ihnen vor dem Scherbenhaufen ihrer eigentlichen Pläne, sobald der Nachwuchs da ist. Kurz gesagt: Würden werdende Mütter einen Vertrag mit Vater Staat schließen, wären sie gut beraten, das Kleingedruckte zuvor zu lesen.

In Deutschland leben circa 7,5 Millionen erwerbstätige Mütter mit mindestens einem minderjährigen Kind. Die meisten arbeiten in Teilzeit, da oft die Infrastruktur nur wenig andere Modelle möglich und attraktiv macht, am wenigsten Schichtdienste.[12] Würden alle diese Mütter nur wenige Stunden in der Woche mehr arbeiten können, wenn sie woll(t)en, wäre das ein bedeutender Teil einer Lösung des Arbeitskräftemangels. Und wir würden den gigantischen Herausforderungen des demografischen Wandels begegnen: 2023 erreicht der

Jahrgang 1958 das Rentenalter von 65 Jahren. Auf ihn würden Millionenjahrgänge folgen, alle größer als die bisherigen, sagt Soziologe Stefan Schulz und fügt hinzu: »So etwas kennen wir nicht, und es wird uns überfordern. Die Frage ist, ob wir es geschehen lassen oder ob wir es mitgestalten.« Und er hebt die Bedeutung der Familien hervor und damit der Mütter: »Es ist eine große politische Aufgabe, dass Familien funktionieren. Wir müssen langsam mal einsehen, dass der Nachwuchs die einzige Ressource für unsere Volkswirtschaft ist. Wir haben sonst nichts, und von dem, was wir haben, haben wir zu wenig. Das sind Dinge, die von der Politik nicht auf Augenhöhe mit der Notwendigkeit organisiert werden.«[13]

Vor diesem Hintergrund, angesichts dieser gewaltigen Aufgabe, gibt es für Frauen mit Kindern entgegen jeglicher Logik, entgegen jeglichen Anstands viel zu viele Rollen rückwärts – und die Frage bleibt: Wann kommt er, der »Wumms«, der »Doppel-Wumms«[14], wann geht es endlich spürbar vorwärts für spätmoderne Mütter in Deutschland?

Bücher über Frauen, über Mütter sind immer noch – oder wieder – ein Balanceakt, man könnte auch sagen »Spießrutenlauf«. Für manche wird es ein Affront sein, dass ich mich überhaupt beschwere. Viele, auch nicht wenige Frauen, denken noch immer: Mütter haben zufrieden zu sein. Den möglichen Mini- oder Mega-Shitstorm vor Augen, wage ich zu behaupten: Nein, haben sie nicht! Sie sollten – über alle politischen Lager hinweg – mehr Einigkeit demonstrieren, für mehr Sichtbarkeit ihrer Probleme kämpfen. Sie haben verdient, sich zu wehren, sie sollten sich wehren, sich für ihren Wert einsetzen, der nichts mit der Anzahl ihrer Kinder zu tun hat, sondern mit ihrem Potenzial als Mensch, als Individuum. Am Ende wird genau dieses Wehren die Zukunft Deutschlands, die Wirtschaft stärken, die Gesellschaft modernisieren, nach gleichberechtigten Maßstäben formen und damit auch das künftige Leben der nachfolgenden Generationen auf ein besseres Fundament stellen. Das Abwenden der Abwertung von heutigen Müttern, ihrer Erschöpfung, der mangelnden Wertschätzung wird ebenso die spätere Entscheidung von heutigen Mädchen für oder gegen Kinder beeinflussen.

Aber zunächst gilt zu klären, warum Abwertung von Müttern in der Gegenwart überhaupt noch eine Rolle spielt. Warum geläufige Sprüche gegenüber ihnen einiges offenbaren. Über uns. Über unser Land. Über die darin lebende Gesellschaft. Und warum wir bei all den Worten, Ratschlägen und Ideen von Mütter-Idealen vor allem Antworten auf die folgenden Fragen benötigen: Wie bekommen wir mehr Aufwertung, mehr Verlässlichkeit für die so dringend gebrauchten jungen, berufstätigen Mütter hin – nach all den Jahrzehnten verheerender Familienpolitik und vor dem Hintergrund tradierter Rollenbilder, die gesellschaftlich immer noch zu stark akzeptiert sind?

Und das möglichst schnell?

1
»Das sagt einem niemand!«

Was ich gerne gewusst hätte, bevor ich Mutter wurde, was die Leistung, eine eigene Blase, Mentalität und Resilienz damit zu tun haben. Warum die Liebe nicht zu Ende gehen muss, weil alles bleiben kann – bis auf die Ratschläge von anderen.

> »*Kinder rangieren in Deutschland irgendwo zwischen Tempolimit, veganen Würstchen und Deutscher Bahn, und wer Kinder hat, der hat Probleme, mehr, als in jedes Lastenfahrrad passen.*«
>
> Carolin Kebekus[1]

Die Walze fährt langsam, als ob sie es gut meint – und drückt mich in einen weichen Untergrund. Erst die Ferse, dann den ganzen Fuß, meine Beine, den Oberkörper, den Hals, zuletzt, ganz langsam, versinkt mein Kopf. Anne, versenkt. Wie in diesem Spiel mit den Schiffen. Zack, weg. Ich jubele, obwohl ich im Spiel die Verliererin wäre. Im Morast zu liegen, fühlt sich gut an. Besser als darüber. Dieser Zustand bedeutet Halt. Und wie wichtig Halt ist, habe ich vergessen. Ich bin zu lange vor einer Einsicht geflüchtet: Ich bin erledigt, so richtig erledigt. Nicht nur im körperlichen Sinne.

Mein erstes Kind ist etwas über ein Jahr alt, da kommt mir mein Leben vor, als wäre es kontinuierlich im Schleudergang. Die Zentrifugalkräfte haben mich an die Wand gedrückt. Ich bin völlig unbeweglich in einem Leben, das ich aus freien Stücken gewählt habe. Ich bin nicht mehr »Anne«, sondern »Mutter«. Was sein sollte und was nun ist, diese Zustände passen nicht zu den Vorstellungen, die ich als Kinderlose vom Muttersein im 21. Jahrhundert hatte. Es passt rein gar nichts – wie bin ich bloß hier gelandet?

Bei jeder anderen Entscheidung informiere ich mich zuvor über ALLES, recherchiere bis ins kleinste Detail, wäge ab. Warum dachte ich beim Thema Kinder, ich wüsste schon viel, und bin derart reingefallen? Mutter in Deutschland zu werden – war ich irre? Definitiv war ich nicht risikoscheu. Und schließlich sehe ich es als ein Abenteuer an – à la Indiana Jones auf der Suche nach dem Stein der Weisen oder des verlorenen Schatzes, egal. Überleben wird meine Devise. Die Hindernisse mit Mut zu überwinden mein Lebensmotto. Ja, gut, auch weil ich erkenne: Aus der Nummer komme ich nicht raus. Ein Retour-Service für Kinder ist mir unbekannt.

Nach reiflicher Überlegung würde ich ihn aber auch nicht nutzen. »Regretting Motherhood«[2], die Bewegung, bei der Frauen öffentlich ihre Mutterschaft bereuen, finde ich zwar wichtig. Wir Frauen müssen dringend mehr – entgegen gesellschaftlicher Konventionen – über das Nicht-Ideale des Mutterseins sprechen. Aber ich selbst bereue es nur, mir vorgestellt zu haben, dass ich genügend Unterstützung bekommen und nicht in alte, vergessen geglaubte Frauenrollen zurückfallen würde. Dass es kein Kampf werden würde. Aber meine Kinder bereue ich nicht. Und ehrlicherweise: Wenn ich es tun würde, wäre mir die psychologische Aufarbeitung zu zeitintensiv. Und die bräuchten sie, wenn sie mein Bedauern über sie irgendwann erfahren würden.

Aber warum hat Muttersein für immer mehr Frauen überhaupt mit »bedauern« und »bereuen« zu tun?

Ganz einfach: Weil ihnen etwas vorgemacht wird!

Als Studentin sitze ich in Vorträgen an der Universität, die an uns junge Frauen gerichtet sind und in denen es um unsere Zukunft gehen soll. Darin heißt es, kurz zusammengefasst: »Vereinbarkeit von Beruf und Familie ist möglich!« – »Ihr müsst es nur wollen.« – »Female Leadership« – »Female Empowerment« – et cetera pp. Ich glaube, was ich dort höre, ich glaube, dass etwas vorangeht. Schließlich leben wir im 21. Jahrhundert, in einem der reichsten Länder der Welt. Falsch geglaubt. Ich mache zwar als junge Frau all meine »Hausaufgaben«, beende mein Studium, bevor ich Mutter werde, arbeite danach ein paar Jahre, sammle Berufserfahrung und Kontakte, suche mir einen engagierten Mann als Vater der späteren Kinder – und bekomme doch gefühlt eine »glatte 6«. Ich wurde veräppelt, um es nett auszudrücken.

Eigenschaften, die mir noch als Studentin Beifall eingebracht haben, sind nun Voraussetzung dafür, dass ich als junge, berufstätige Mutter nicht untergehe. Und sie reichen nicht aus. Ich brauche immer mehr davon. Irgendwann auch einen Ausgleich. Aber stattdessen ernte ich Blicke und Kommentare, die mir erklären wollen, wer ich bin und was ich tun soll – beschweren gehört offenbar nicht dazu, und für noch zu viele Leute ist klar: Frauen mit Kindern sollten größtenteils Mutter sein und nicht mehr. Zu meinem eigenen Gefühl passt der Buchtitel »Wer bin ich – und wenn ja, wie viele?«[3]. Wer ich mal war, wer ich sein wollte, was für individuelle Wünsche ich habe, ist zur völligen Nebensache geworden. Ich werde als Mutter definiert von anderen.

Als junge Frau habe ich an den Fortschritt geglaubt. Als Mutter erkenne ich: Wir erleiden, sobald wir Kinder haben, eine Regression. Und wir sind sogar noch schlechter dran als vor Jahrzehnten. Wir sollen die »Alleskönnerinnen« sein – und die Lebensumstände, die Gesellschaftszustände lassen uns neben dem Großziehen der Kinder einen Beruf ausüben, ohne auch nur annähernd gute, verlässliche Voraussetzungen dafür zu haben – wie zum Beispiel zeitlich flexible, auch individuelle Betreuungsmodelle. Warum es diese braucht? Weil das Leben flexibler geworden ist, die Arbeit vielfältiger, andere Arbeitszeiten möglich sind. Während das Wirtschaftsleben sich immer schneller weiterentwickelt, hinken die (meist staatlichen und noch viele kirchlichen) Betreuungsinstitutionen hinterher. In Deutschland, vor allem auf dem Land, gibt es immer noch Kindergärten, die um 14 Uhr schließen. Die Mütter, vor allem diejenigen, die lieber früher als später wieder berufstätig sein wollen, auch gerne in Vollzeit, bleiben dadurch erst recht auf der Strecke.

Seitdem ich Mutter bin, habe ich – in diesem Fall womöglich glücklicherweise – kaum noch Zeit, mir über die Angebote oder deren Mangel Gedanken zu machen. Ich nehme, was ich kriege. Früher als Kinderlose habe ich das Beste angestrebt. Mit Kind(ern) gewöhne ich mich von Woche zu Woche, Monat zu Monat, Jahr zu Jahr mehr daran, Kompromisse zu schließen. Mit dem Kinderkriegen stirbt für mich die rosarote Vorstellung des spätmodernen Familienglücks. Und die Illusion, dass man als Mutter in diesem Land für Nachwuchs belohnt und nicht bestraft wird.

Nebenbei ist das auch inkonsequent: Eine Berufsausbildung oder ein Studium kostet in Deutschland (auch ohne Studiengebühren) mehrere Zehntausend Euro – die Auszubildenden, die Studierenden, die Wirtschaft, den Staat. Bei Frauen lohnt es sich nach aktueller Lage aber offenbar, diese Investition nach nur wenigen Jahren in den Wind zu schießen – nämlich genau dann, wenn sie Kinder bekommen. Weil der Staat und in Teilen auch immer noch die Wirtschaft die Arbeit von Müttern zu oft erschweren, nicht selten unmöglich machen – und das mit gesellschaftlicher Akzeptanz. Das ist ungefähr so, als hätte jemand in ein Start-up investiert, und exakt dann, wenn es als das »neue OpenAI« oder Ähnliches propagiert, kurz bevor sein Wert ins Unermessliche steigen wird, verkauft er seine Anteile. Und der Großteil der Menschen, die das mitbekommen, sagt: »Alles richtig gemacht!«

Neben diesem Kuriosum hätte ich gerne noch folgende Dinge gewusst, bevor ich Kinder bekam:

1. Vater Staat wacht nicht über die Mütter

Mit der Schwangerschaft beginnt das Schlangestehen. Meist ohne Erfolgsaussicht. Nicht mehr viel ist selbstverständlich für eine werdende Mutter in diesem Land. Zwar sind Kleidung, Schuhe, Nahrung für uns alle nur einen kurzen Klick entfernt, die essenziellen Mütter-Bedürfnisse, wie zum Beispiel Kreißsaal-Plätze für die Geburt, sind es nicht.

Als ich im fünften Monat schwanger bin, schaue ich mich nach nahen Krankenhäusern um. Da denke ich noch, das nächste wäre mir das liebste. Anfängerfehler. Alle Kliniken, bei denen ich mich melde, erklären mir, sie seien »belegt« und ich »zu spät« dran. Als könnte man eine Schwangerschaft und die Geburt von vorne bis hinten durchplanen. Ich habe mich ja gerade erst darüber gefreut, dass ich das Kind über den dritten Monat in meinem Bauch behalten konnte. Und nun soll ich »zu spät« sein. Mein Körper ist offenbar eine Maschine und die gewünschte Bedienungsanleitung lautet: »Bitte gebären zum richtigen Zeitpunkt und anmelden nicht vergessen«.

In der Klinik einer mittelgroßen Stadt vor den Toren der Großstadt, in der ich damals lebe, haben sie dann Platz für mich. Im Vorgespräch teilen mir die Hebammen mit, eine werdende Mutter wie ich, auf der dringenden Suche nach einem Platz im Kreißsaal – ich muss offenbar sehr verzweifelt und nach der »Zusage« überglücklich gewirkt haben, sei ihnen nicht fremd. Inzwischen würden mehr als 30 Prozent der Mütter, die bei ihnen gebären, nicht aus dem Landkreis kommen. Und das liegt nicht (vielleicht auch, aber nicht nur) an der guten Ausstattung. Sondern vor allem am Mangel an Plätzen auf den Geburtsstationen. Die Vorstellung, irgendwo auf einem Krankenhausflur zu gebären, schreckt ab und lässt Mütter kilometerweit fahren.

Eine rechtzeitige Anmeldung ist typisch deutsch, der Mangel aber bisher eigentlich nicht. Mütter könnten es daher für einen schlechten Witz halten, wenn ihnen gesagt wird, sie müssten aus dem Zentrum einer Weltstadt für eine Geburt in eine Kreisstadt fahren. Ist es aber nicht. Und vor allem ist es nicht die einzige Überraschung, die mich erwartet: Auch eine Hebamme zur Nachsorge finde ich in der Großstadt erst, als sich eine gute Freundin für mich einsetzt und ihre eigene Hebamme anfleht, mich ebenfalls zu nehmen. Ich habe nämlich riesigen Respekt (und ja, auch eine Heidenangst) vor der ersten Zeit mit meinem ersten Kind. Mein Leben bringt es mit sich, dass ich nicht mehr um die Ecke meiner Eltern wohne, Verwandte in der Nähe habe, die sich kümmern könnten. Nach Wochen der Ungewissheit, ob ich eine Hebamme bekomme, fühlt sich die Zusage wie Luxus an.

Zudem melde ich mich – als ich mein Kind erst wenige Monate unter meinem Herzen trage – in einem Online-Portal für die Verteilung von Kita-Plätzen an. Beim Drücken auf den Button »Abschicken« bin ich noch voll froher Erwartung. Aber die Wochen, Monate vergehen – und das Versprechen wird gebrochen: dass ich als Mutter, die relativ schnell wieder arbeiten möchte, arbeiten kann. »Vereinbarkeit von Familie und Beruf« – nicht für mich. Ich bekomme keinen Betreuungsplatz für meine Tochter und bin nicht die Einzige: Bis heute gehen viele Mütter in dieser deutschen Großstadt (in einem der reichsten Bundesländer) bei der Kita-Platz-Vergabe leer aus. Manche Eltern zahlen über 1000 Euro für private Kindergarten- oder Kita-Plätze, noch mehr, wenn sie mehrere Kinder haben und bei der Verteilung günstiger, städtischer Plätze nicht »bedacht« werden.

Auf dem Land sieht es nicht besser aus: Im Februar 2017 ziehen wir in eine 10000-Seelen-Gemeinde. Ich glaube den Zeitschriften und Artikeln, in denen vom Landleben geschwärmt wird. Vieles wird sicher einfacher, wenn alles etwas übersichtlicher ist. Denke ich. Und liege wieder falsch: Für Kind 1 gibt es auch in der kleinen Vorstadt keinen Betreuungsplatz, sondern nur in einem Kindergarten hinter der Vorstadt. Immerhin. Bedeutet jedoch auch: Ich muss die ersten Wochen vor dem Umzug jeweils eine Stunde hin- und eine Stunde zurückfahren. Hauptsache, ein Platz. Jedoch nur für kurze Zeit, wie sich bald herausstellen wird. Aber dazu später.

Deutschland gilt als ein Staat, der sich kümmert – eine Art Helikopter-Staat. Wirtschaft, Gesellschaft, ja sogar Partnerschaft, kein Lebensbereich, in dem sich »Vater Staat« nicht kümmert. Oder etwa doch? Eine Menschengruppe scheint ihn weniger zu interessieren: die Mütter. Sie sollen sich offenbar vor allem um sich selbst kümmern. Und das nicht im Wellness-Sinne. Nur im Wahlkampf gibt es zahlreiche Slogans und Versprechungen für sie, die vollmundig von den verschiedenen Parteien verwendet werden. Hier einige Beispiele aus dem Jahr 2021:

- Alle größeren Parteien erklären in ihren Wahlprogrammen vor der Bundestagswahl, den Kita-Ausbau vorantreiben und die Qualität der Betreuung steigern zu wollen – aber alle bleiben erstaunlich unkonkret.[4]

- Die CDU/CSU kürt Deutschland zum »Familienland«[5].
- Die FDP will die Betreuungszeiten flexibel gestalten und Betreuungskosten steuerlich absetzbar machen.
- Die Grünen wollen recht allgemein Investitionen in das Kita-System erhöhen. Etwas konkreter werden sie, was die Qualität angeht – sie soll mit dem »Bundesqualitätsgesetz« verbessert werden.

Die Mühlen in der Politik mahlen langsam. Ursula von der Leyen erklärt schon 2010 in einem Interview mit der »Süddeutschen Zeitung« (SZ) – damals in ihrer Funktion als Bundesfamilienministerin: Die Öffnungszeiten der Kitas könnten »noch flexibler« und »die Ausbildung der Erzieherinnen weiter verbessert« werden.[6] Zwölf Jahre später, im Oktober 2022, heißt es in einem Kommentar zur aktuellen Familienpolitik der Bundesregierung in der »Frankfurter Allgemeinen Zeitung« (FAZ): »Der Gesetzentwurf der Bundesregierung zur besseren Vereinbarkeit von Beruf und Familie bringt Eltern (…) keine wesentlichen Fortschritte. (…) Schon im Sommer hätte Deutschland EU-Vorgaben zur familiären und beruflichen Vereinbarkeit umsetzen müssen. Da das noch nicht geschehen ist, hat die EU-Kommission mittlerweile ein Vertragsverletzungsverfahren eingeleitet.«[7]

Das Thema »Kinder und Familie« hat in Deutschland ganz offensichtlich die eigentümliche Eigenschaft, nur für die kurze Wahlkampfzeit Bedeutung zu haben – und dann wieder in der Versenkung zu verschwinden. Um in den folgenden Kampagnen aber natürlich stets wieder aufzutauchen, meist mit den gleichen Slogans. Denn es hat sich in der Zwischenzeit im Elternalltag nur wenig Spürbares getan. Klingt zynisch – ist es auch, aber vor allem vonseiten der Politik. Dass die Versprechen so vollmundig sind und bleiben, hat einen Grund, den die Journalistin Lea Utz in einem Artikel auf »Spiegel Online« wie folgt auf den Punkt bringt: »Wahlkampfzeit ist Familienzeit. Rund acht Millionen Familien mit minderjährigen Kindern leben in Deutschland, das sind Millionen potenzielle Stimmen für die Parteien im Jahr der Bundestagswahl.«[8]

Stimmen, die zu oft enttäuscht werden. Aber warum hinken wir Deutschen in Sachen Familien- und Frauenpolitik, Vereinbarkeit von Beruf und Familie im Vergleich zu vielen anderen europäischen Ländern hinterher, während wir in anderen Bereichen durchaus noch führend sind – liegt es an der deutschen Geschichte? Den Frauenbildern? Den Frauen selbst, den Männern? Oder an allem ein bisschen? Aktuell entscheidender ist, was es bedeutet und welche Situation dieser Zustand verschärft. Laut Berechnung des Statistischen Bundesamtes wird die Bevölkerung im Erwerbsalter von 20 bis 66 Jahren bis 2050 kontinuierlich schrumpfen. »Insgesamt wird das hiesige Bruttoinlandsprodukt um 274 Milliarden Euro niedriger ausfallen als bei konstanter Bevölkerung, eine Lücke, die in den nachfolgenden Jahrzehnten noch deutlich größer wird«, schreibt der Autor und Unternehmensberater Daniel Stelter im »Handelsblatt«.[9]

Und als wäre das nicht genug an Herausforderung, weht ein klitzekleines Virus über mühsam erarbeitete und erkämpfte Errungenschaften der Mütter in diesem Land hinweg. Arbeitszeit muss wieder reduziert, Jobs aufgegeben werden, damit die Kinder betreut und gefördert werden können. Und was macht »Vater Staat«? Er schaut zu.

Wenn ich mich an die Info-Veranstaltungen und Präsentationen an meiner Universität zur Vereinbarkeit von Beruf und Familie erinnere, schön farbig gestaltet und blumig umschrieben, komme ich mir während der letzten Jahre vor, als wäre ich in einer anderen Welt aufgewacht. Dass viel versprochen und so gut wie nichts gehalten wird. Dass Mütter, Familien als eine der ersten gesellschaftlichen Gruppen vergessen werden, wenn Krisen über das Land kommen. Das hätte ich gerne gewusst.

2. Leistung ist nicht gleich Leistung

Seitdem ich Mutter bin, leiste ich, wie ich es nie gedacht hätte, leisten zu können. Nur erstaunlicherweise ist die Anerkennung eine andere. Hieß es zu mir als kinderlose Frau nach gewöhnlichen Erfolgen noch überschwänglich »Toll gemacht!«, so werden meine beruflichen Ambitionen als Mutter mit Worten wie »Echt?«, »Bist du sicher?« oder »Schon so früh?« kommentiert. Diese Kritik, die nach Sorge klingt, verunsichert mich – mehr als ich zunächst zugeben möchte. Mit etwas Abstand betrachtet, fällt mir auf, dass die verschiedenen Müttermodelle einfach noch unterschiedliche Anerkennung bekommen – ohne Logik. Im Folgenden meine »qualitative« Beobachtung:

- **Die Frühstarter-Mütter,** die relativ kurz nach der Geburt ihrer Kinder wieder zu arbeiten anfangen, haben sich noch am meisten zu rechtfertigen. Und müssen »Multitasking deluxe« vorweisen: Sie hetzen in die Rückbildungskurse, die meist vormittags stattfinden, übermalen danach schnell ihre Augenringe mit einem Concealer für die Videokonferenz, die sie aber bald wieder stumm schalten, weil das Baby zu ihren Füßen weint. Die Betreuungseinrichtung hat mal wieder zu oder die Nanny gekündigt. Sie melden sich nur dann krank, wenn das Kind krank ist. Wenn sie es selbst sind, arbeiten sie weiter – wie soll das sonst auch gehen? Statt Anerkennung bekommen sie »on top« eher Vorwürfe oder mindestens ein schlechtes Gewissen serviert. Bestätigung gibt es für sie erst, wenn sie Arbeitszeit reduzieren oder wieder ganz aufhören zu arbeiten.

- **Mütter, die ihre Elternzeit ausschöpfen,** haben es etwas einfacher, sie werden nicht per se verurteilt und sammeln ein paar Bonus-Punkte – vor allem unter Traditionalistinnen. Manche verreisen auch, wenn der Partner die vom Staat gesponserte Extra-Elternzeit nimmt, die eigentlich einen leichteren Einstieg der Mutter in den Beruf ermöglichen soll. Aber nicht wenige unter ihnen – auch diejenigen, die mit der Familie reisen – möchten lieber früher als später wieder arbeiten. Aber dann bekommen sie womöglich keine Kinderbetreuung. Oder das Arbeiten lohnt sich ihrer Ansicht nach und/oder tatsächlich finanziell nicht. Manche von ihnen gruppieren sich daher schließlich zur dritten Gruppe, viele dabei nicht ganz freiwillig und entgegen den ursprünglichen Zielen.

- Die **»Ich-bleib-erst-einmal-zu-Hause«-Mütter,** die sich in den ersten Jahren ausschließlich um die Kinder kümmern, können sich in diesem Land immer noch der größten Zuneigung vor allem unter älteren Generationen sicher sein. Vor allem in Westdeutschland, in dem sozial- und familienpolitisch über Jahrzehnte dieses Modell favorisiert und unterstützt wurde. Aber auch sie werden bewertet und müssen sich nun vor anderen Müttern auf dem Spielplatz, in der Turn- oder Krabbelgruppe rechtfertigen. Ein Vorteil dieses Modells: Die Alltags-Termine und Öffnungszeiten sind immer noch dem Lebensmodell von Hausfrauen angepasst. Der Nachteil dieses Modells, vor allem für die Frauen: Die Politik sichert diese Mütter immer weniger ab. Reformen des Unterhaltsrechts sorgen dafür, dass Frauen, die sich vor allem um die Familie und nicht um ihre eigene Berufstätigkeit gekümmert haben, im Falle einer Trennung viel kürzer und damit weniger gut abgesichert sind als noch zu früheren Zeiten.[10]

Jede Frau sollte frei über ihr Modell entscheiden. Doch sie muss dies im vollen Bewusstsein tun, dass manch gesellschaftlich noch stark akzeptierten Rollenbildern inzwischen die Grundlagen fehlen. In der fragileren Gegenwart und Zukunft müssen sich Frauen noch mehr vor späteren, finanziellen Nachteilen schützen. In einer schneller werdenden (Wirtschafts-)Welt wird es zum Risiko, jahrelang auf die Berufstätigkeit zu verzichten. Die Steine, die Müttern dafür in den Weg gelegt werden, sind in diesem Land noch erstaunlich groß und schwer. Ihr Kampf um bezahlte Arbeit gleicht noch zu sehr einer Verzweiflungstat.

Auch deswegen sind sie schließlich dankbar, wenn sie ihren beruflichen Plänen nachgehen »dürfen«, akzeptieren einfach die Bedingungen der unflexiblen, unverlässlichen Kinderbetreuung und hangeln sich durch den Alltag. In Wahrheit haben sie oft keine Kraft mehr, um sich zu wehren, und springen vor Jubel in die Luft, wenn versprochene Selbstverständlichkeiten passieren. Dabei wäre es besser, nicht »dankbar«, sondern auch wütend zu sein. Denn: »Die Wut gibt den Impuls, eigene Bedürfnisse zu verteidigen. Und einen Platz in sozialen Kontexten zu sichern«, meint die Psychotherapeutin Gitta Jacob.[11] Meinem Selbstwert als junge Mutter hätte Wut nicht geschadet.

Denn in den vergangenen Jahren mit kleinen Kindern muss ich mir den Beifall meist selbst spenden und fühle mich manchmal so, wie Bertolt Brecht es in »Der gute Mensch von Sezuan« schreibt:

»Wir stehen selbst enttäuscht und sehn betroffen //
Den Vorhang zu und alle Fragen offen.«[12]

Tröstlich wäre es gewesen, bei all dem Kampf um berufliche
Freiheit zu wissen: Meine Persönlichkeitsentwicklung hätte
sich durch Förderprogramme oder Vorträge über Gleichberechtigung niemals derart »pushen« lassen, wie meine Kinder
es getan haben. Das Gleiche gilt für: meine Resilienz. Meine
Geduld. Meine Hartnäckigkeit. Meine Ausdauer.

3. Ratschläge sind auch Schläge

Während der Schwangerschaft glaube ich, dass mir jeder,
wirklich jeder Ratschlag helfen wird. Nach der Geburt des
zweiten Kindes weiß ich: Ratschläge bekommen Mütter, ohne
zu fragen – fast immer, fast überall. Das führt bei mir nach
wenigen Wochen Muttersein dazu, dass ich bereits zusam-
menzucke, wenn wieder einmal jemand »Vorschläge« macht.
»Isch möschte das nischt« wird meine innere Haltung – in
Hape-Kerkeling- alias Horst-Schlämmer-Manier. Aber ich
spreche sie nicht laut aus. Damals entscheide ich mich fürs
Ertragen und denke: »Sich zu wehren, führt nur zu mehr Blicken und mehr Geschwätz!«

Erstlingsmütter sind nicht doof, und das, was ihnen oft am
meisten fehlt, ist Zuversicht, Hoffnung, Glaube an sich selbst,
ja, auch ein bisschen Kaltschnäuzigkeit. Eine Redensart be-
sagt: »Rate mir gut, aber rate mir nicht ab«, ein weiteres
Sprichwort drückt es plastischer aus: »Ratschläge sind auch
Schläge!« Tatsächlich verlieren sie im Kontext des Mutterseins in vielen Fällen ihren eigentlichen Sinn. Zu oft sind sie
versteckte Rechtfertigungen des eigenen Tuns. Vor allem,

31

wenn es ums Stillen oder die Berufstätigkeit oder den Umgang mit dem Kind oder der Partnerschaft geht. Vor allem, wenn sie von Frauen ausgesprochen werden.

»The mommy war is <u>not</u> over!« – muss ich leider feststellen. Das hatte ich als Kinderlose gehofft, zumindest, dass wir bei der Kooperation unter Müttern weiter wären. Aber inzwischen befürchte ich, dass in diesem Land die tradierten Modelle und Ansichten noch zu stark verteidigt werden. Das eigene Selbstbild, die Souveränität vieler Mütter noch zu wackelig sind. Und zu wenige scheren sich nicht um die Meinung der anderen, zu viele geben zu viel darauf. Ich lange auch. Als sich mein erstes Kind langsamer als andere entwickelt, nehmen die Ratschläge exponentiell zu: »Mach doch noch dies« oder »Mach doch noch das«. Der Rat-»Schlag« einer Frau diente gar der Tarnung eines versteckten Vorwurfs: »Ich würde sie ja nur auf dem Boden wickeln. Ach, übrigens, hast du sie eigentlich mal vom Wickeltisch fallen lassen?« Ich hätte mutig und selbstbewusst ein Ratschlag-Verbot durchsetzen müssen – bis auf Weiteres. Mindestens bis ich selbst wieder um Ratschläge bat.

4. »Hauptsache, geliebt!« ist wichtiger als »Hauptsache, gesund!«

Ich bin narzisstischer, als ich annehme. Mein Kind soll meine Person erweitern, meinen Stolz vergrößern, mein Tun, mein Sein ergänzen. Das erkenne ich in dem Moment, in dem der Schock nachlässt. Ein paar Monate, nachdem Kind 1 die Diagnose einer kognitiven Behinderung bekommt. Ich trauere lange um meine Vorstellungen, die ich mit meiner gesunden Tochter verbinde. Sie ist erst kurze Zeit auf der Welt, und ich habe schon Pläne. Die nun durchkreuzt sind. Für immer. Das kränkt das Ego. Inzwischen weiß ich: viel zu sehr.

Wenn etwas anders verläuft als geplant, jagt mir das früher zu häufig einen heftigen Schrecken ein. Und ich bin viel zu sehr damit beschäftigt, mich zu fragen, wie das denn kommen konnte. In unbeschwerten Zeiten handelt es sich dabei zum Beispiel um einen Urlaub, der anders verläuft, als ich mir das vorgestellt hatte. Mit besonderem Kind geht es dann erstmals ums Eingemachte, ums Existenzielle, darum, dass alles anders wird, alles anders ist. Dass das Leben fragil ist, früher beendet werden kann, auch das Leben eines Kindes. Eine solche Diagnose ist es bei uns nicht, aber es ist eine, die unser Leben für immer prägen wird. Vor allem aber das Leben unserer Tochter.

Alle Eltern wünschen sich für ihre Kinder, dass sie gesund sind. Klar. Daher gehört kurz nach der Geburt der Spruch »Hauptsache, gesund!« zum allseits abrufbereiten Repertoire von Bekannten und Verwandten – oder die bayerische, rückwärtsgewandte Version: »Hauptsach, da Bua is gsund!« Er impliziert direkt eine Vorstellung. Und eine Voraussetzung: »Hauptsache …«, ja, und wenn nicht? Was dann? Lieben wir das Kind dann nicht? Genügt es uns dann nicht? Eva Luise Köhler, die ehemalige »First Lady« dieses Landes, Gattin von Horst Köhler, bemerkt dazu: »Mich macht es oft nachdenklich, wenn ich werdende Eltern treffe. Dann hört man ja meist: ›Egal ob Mädchen oder Junge: Hauptsache, gesund!‹ Ich aber durfte in so vielen Begegnungen erleben, welche Hingabe Eltern und Kinder verbindet, egal ob das Kind gesund oder schwerbehindert ist. Ich würde mir wünschen, dass wir von einem ›Hauptsache, gesund!‹ zu einem ›Hauptsache, geliebt!‹ gelangen.«[13]

Aber in diesem Land hat in den Augen von noch zu vielen

Glück, Zufriedenheit, auch manchmal Respekt mit Gesundheit zu tun. Das sollte jedoch allen Müttern egal sein, wenn es anders kommt. Denn manchmal habe ich das Gefühl, dass bei uns das Leben lauter, intensiver, fröhlicher gefeiert wird als bei manch anderen Familien – mit gesunden Kindern. Aber das ist natürlich spekulativ.

Und trotzdem bin ich davon überzeugt, dass ein zufriedenes Familienleben anderen Prämissen als der Gesundheit folgen sollte. Meine Erfahrung der vergangenen Jahre zeigt mir: Die Wahllosigkeit, das »Wir-machen-das-Beste-daraus«-Prinzip, verbunden mit dem Zusatz »Jetzt erst recht!«, macht Erstaunliches mit unserem Leben. Bei uns wird sich nicht mehr über »Nichts« aufgeregt, es wird bedingungslos geliebt, sinnvolle Eigenschaften werden trainiert – und gekehrt. Im Hirn.

Seitdem ich Mutter bin, habe ich dadurch auch mehr Ahnung davon, was Resilienz bedeutet. Geschweige denn, wie wichtig es ist, diese zu trainieren. Und wie wichtig eben Aufräumen ist, nicht nur im Haushalt. Auch bei Menschen. Die Diagnose meines Kindes ist wie die kontinuierliche, schwäbische Kehrwoche meines Lebens. Ich muss stets Ordnung halten, meinen Narzissmus im Griff haben, meine Freunde gut kennen, notfalls aussortieren. Ich muss mich fokussieren. Zudem zeigt mir meine Tochter, was ich alles erreichen kann, wenn nichts nach Plan läuft. Warum hatte ich als Kinderlose nur so viele Bedenken bezüglich des Ungeplanten? Oder des Imperfekten? Warum gab es für mich keine Alternative zum Perfekten? Pure Zeitverschwendung.

5. Mentale Gesundheit ist das ganze Mutterleben

In Zeiten, in denen an jeder Ecke neue Coaching-Praxen eröffnen, werden Frauen und Männer ohne Vorbildung Mütter und Väter. In der Schule wird kurz die biologische Komponente angesprochen. Aber sonst? Hilft nur der Instinkt, der Klick zur Bücherbestellung, der Blick ins Fachbuch. Manche Freundinnen oder Bekannte laden ihre alten Ratgeber bei werdenden Eltern ab. Die meisten dieser Nachschlagwerke liegen bei mir noch ungelesen im Bücherregal. Ich bin meistens müde in der Schwangerschaft, danach fehlt die Zeit. Das Internet ist mein treuster Gefährte: »Was tun bei Babys Blähungen?«, »Rote Punkte auf seiner Haut?«, »Wenn Fieber, wann zum Arzt?« – solche Fragen finden bei mir den Weg ins Google-Suchfeld. Was hätte ich nur ohne Suchmaschine gemacht? Definitiv bringt Mutter ein Smartphone und eine schnelle Internetverbindung weiter. Aber auch nur kurzfristig.

Manche Expertinnen fordern schon einen »Elternführerschein«. Vielleicht etwas übertrieben. Wir leben immerhin in einem freien Land, und Elternschaft kann sehr unterschiedlich ausgelegt werden. Aber dennoch: Vorbereitet sind die wenigsten. Zudem bietet der Kontext von spätmodernen Möglichkeiten, aber auch gewissen Zwängen und noch verbreiteten traditionellen Rollenvorstellungen zusätzlich Grundlagen für Unsicherheiten und Überforderung. Vor diesem Hintergrund sind Perspektiven wichtig und Entscheidungshilfen. Der US-amerikanische Psychologe und »New York Times«-Bestsellerautor Shirzad Chamine hat mit seinem Beratungsprogramm den Begriff »Positive Intelligence«[14] geprägt. Seine Methoden werden via App und Videokonferenz trainiert. Er macht vor, wie einfach man sich heutzutage Hilfe holen kann.

Nicht immer kostenlos, aber von zu Hause aus zugänglich. Nur eines von vielen Beispielen.

Darüber hinaus sind in Ländern wie den USA Therapien etwas ganz Gewöhnliches. Eine zu machen ist sogar »cool« und kein Grund für Scham, wie leider hierzulande noch zu oft. Vor allem deutsche Mütter halten noch zu lange zu viel aus – und wenn sie dann gar nicht mehr können, gibt es auf die Schnelle keinen Therapieplatz. Psychologinnen sind Mangelware. Gerade auch für elterntypische Themen oder wenn das Kind sich nicht altersgerecht entwickelt, psychologische Auffälligkeiten hat und die Mutter ebenso Unterstützung braucht, um selbst nicht verloren zu gehen. Ihre Suche kann in Deutschland langwierig sein. Dabei ist die Seele von Müttern mehr wert, als manche Odyssee nach psychologischer Hilfe es ihnen erscheinen lassen mag. Jederzeit gilt heute und für immer: Volle Fahrt voraus, wenn es um die mentale Gesundheit geht. Google hilft da nicht weiter.

6. Was es wirklich mit dem berühmten »Dorf« auf sich hat

»Um ein Kind zu erziehen, braucht es ein ganzes Dorf.« So lautet ein geflügeltes Wort. Mir kommt bei »Dorf« immer recht schnell Ursula von der Leyen in den Sinn. Nicht nur, weil sie in einem kleinen Ort groß geworden ist. Auch sie benutzt diesen Satz vor Jahren in ihrer Position als Bundesfamilienministerin. Als ich ihn damals höre, denke ich: »Romantisch, eine schöne Vorstellung – ich mit Kind, umgeben von vielen.« Als ich dann Mutter werde, ist in meinem Leben weit und breit kein »Dorf« in Sicht. Ich erfahre keine wirkliche Gemeinschaft, sondern eher, was es heißt, völlig auf mich allein gestellt zu sein. Das gewünschte, spätmoderne »Dorf« ist für viele Eltern weiter weg als je zuvor.

Nein, stimmt nicht ganz, es gibt eine Entwicklung, die im wahrsten Sinne mit »Dorf« zu tun hat: Junge Frauen und Männer verlassen nach dem Schulabschluss ihre Heimatorte, wo Eltern, Tanten, Onkel leben, ihr Netzwerk aus Kindheit und Jugend. In ihrem neuen Zuhause, meist größeren Städten, Großstädten, können sie sich schließlich nach kurzer Zeit nicht mehr vorstellen, JEMALS wieder in das »Kaff« – ja, manche sagen »Kaff« – zurückzukehren. Die Jahre gehen ins Land, die ersten Karrierestufen werden genommen, eine größere Wohnung wird bezogen, der Bekannten- und Freundeskreis weitläufiger. Schließlich zeigt der Schwangerschaftstest ein Ergebnis – positiv. Und zack, nach relativ kurzer Zeit wird auf der Suche nach dem »Dorf« ein neuer, alter Wohnort ausgewählt – die Heimat. Die Nähe zu den Eltern, verfügbare Kindergarten- und Kita-Plätze sind nun die ausschlaggebenden Punkte für die Wahl. Und die einst anziehende Großstadt, der mühsam erarbeitete Job wird nicht selten für die Hilfe mit den Kindern aufgegeben. Der sichere »Halt« zählt nun mehr als die »Karriere«, die einst geliebten Möglichkeiten einer Großstadt.

Wovon ich überrascht war, ist, wie schnell sich Einstellungen mit Kindern ändern können und wie allein man dastehen kann, weil kein »Dorf« da ist, keine funktionierende Gemeinschaft. Oder man in diese nicht hineinpasst. Weil der eigene Lebensalltag nicht der Mehrheit entspricht oder Privilegien fehlen.

7. Alles kann bleiben

Wenn eine schwangere Frau sich dem bevorstehenden, einschneidenden Erlebnis der Geburt nicht ganz so freudig hingeben kann, sich beruhigen will, dass mit Kind nicht alles anders werden muss, und sie dies ihrer Umgebung mitteilt, bekommt sie oft den obermütter- oder -väterlichen Kommentar zu hören: »Warte mal ab!« Meist umspielt dabei ein leichtes Lächeln die Mundwinkel der anderen. Unangenehm, mindestens ernüchternd.

Nach der Geburt des ersten Kindes taumeln Mütter bisweilen in einen leichten oder auch schweren Schockzustand. Die Verantwortung für das kleine Lebewesen überrollt sie, und die gewünschte Nervenstärke lässt sich manchmal kaum blicken. Das »Alles-wird-sich-ändern«-Prinzip erscheint zunächst mehr als logisch – und es hallt im Kopf der von Schlaflosigkeit und gefühlter oder echter Überforderung geplagten Neu-Mutter: »Oh Gott, sie hatten recht.« Mütter müssen aufpassen, dass dieser Tenor nicht das Motto des Tages wird. Die Gefahr der »Self-Fulfilling-Prophecy« besteht. Da zu viele, auch nach der Geburt, die Mütter darin bestärken, dass nichts mehr so ist/sein kann wie früher. Immerhin sind jetzt Kinder im Spiel: »Bedenke fortwährend das Kindeswohl« spiegelt die Umgebung. Aber profitiert dieses tatsächlich davon? Und warum soll denn nichts mehr so sein, wie es war?

Fakt ist: Kinder bereichern das Leben. Sie »entreichern« es auch, vor allem, wenn es um Energie und Schlaf geht. Aber durch sie muss sich keine Persönlichkeit ändern. Was wäre das auch für ein Vorbild? Sicher, es gibt weniger Zeit durch den Nachwuchs, aber wenn diese da ist, kann sie genutzt werden – wie früher. Manche Freundschaft, Partnerschaft wird strapaziert, weil sich zu oft auch die Frauen dem »Alles-än-dert-sich«-Prinzip verschreiben. Dabei gilt: Hast du Lust auf Ausgehen? Geh aus. Hast du Lust auf Sport? Mach Sport (not-falls mit App und Baby neben dir). Ist dir das Ganze manch-mal zu viel und du willst einfach nur schreien? Schrei! Egal, was die Nachbarn denken.

Kinder richten nur den Fokus auf die Probleme, die schon vor ihnen da waren – vor ihrer Geburt. Sie lassen sie meist nicht entstehen, sie intensivieren sie. Gibt es davor in der Partnerschaft wenig Gleichberechtigung, wird sie durch Nachwuchs definitiv nicht mehr. Ist davor schon das eine Ego größer als das andere, warum soll sich das nach der Geburt der Kinder ändern? Besteht ohne Nachwuchs schon kein Bock mehr auf den Arbeitsplatz, wird das vielleicht kurz bes-ser (Arbeit kann mit Kind auch eine Verschnaufpause sein), langfristig aber sicherlich nicht. Also, merke: Alles wird »nur« verstärkt, die Emotionen, der Stress, das Miteinander, das Ge-geneinander. Wie sehr DU dich änderst, hängt von dir ab – und davon, welche Umgebung du dir wählst. Freundinnen, Bekannte, die deine Unsicherheiten verstärken, oder Freun-dinnen, Bekannte, die dich bestärken.

8. Such dir deine Blase!

Müttern hilft es, wenn sie Gleichgesinnte finden. Das fängt bei der Liebe an und hört bei der Bekannten auf, die sich auf einmal im Kontext der Mutterschaft als erstaunlich gleich-denkend herausstellt. Auch wenn es in vielen anderen Berei-chen des Lebens für den Geist als wichtig erscheint, An-dersdenkende zu treffen, ihre Meinungen zu hören, sich über Gegensätzliches auszutauschen, raubt es Müttern die letzte

Energie. Zu heftig wird noch über die verschiedenen Ansichten diskutiert, ja manchmal auch gestritten, und am Ende kommt nicht mehr heraus als ein Haufen verunsicherter Mütter. Die Journalistin Katrin Wilkens erzählt: »Aus einem Gefühl der akuten Vereinsamung heraus habe ich im ersten Jahr mit Kind auch diverse Kurse für Mütter mit Kind besucht. Da herrschte teilweise ein gigantischer Druck, weil permanent verglichen wurde, welches Kind schon was kann.«[15]

Für diese Einsicht brauche ich selbst etwas Zeit: In meinem ersten Rückbildungskurs will ich noch mit allen gut auskommen, biedere mich fast schon an. Lächle wie wild im Raum herum, pirsche mich bei Grüppchenbildung langsam heran. »Stillst du?«, werde ich gefragt, und kann noch »Ja« sagen. Puh. Ich will allen guten Bildern von Müttern genügen, einfach dazugehören. Am liebsten bei dem anschließenden Cappuccino dabeisitzen. Damals denke ich, das mache vieles einfacher. Heute weiß ich, dass das nicht stimmt. Statt den Konversationen von Müttern zu lauschen, die es anders machen und deren Überzeugungen nicht selten meine Unsicherheiten verstärken, hätte ich manchmal lieber die zu Hause herumliegenden Ratgeber gelesen. Vermutlich wäre das nützlicher gewesen. Denn manche Zwischenmenschlichkeit ist während der ersten Zeit als Mutter nicht der Einsamkeit vorzuziehen. Die weitverbreitete Annahme, dass Frauen sich ähneln, wenn sie Mütter werden, da gleiche Probleme oder Sorgen vorhanden sind, ist nicht wahr (und überhaupt – warum gilt diese Annahme dann nicht auch gemeinhin für Väter?). Wer Kinder kriegt, wird nicht ähnlicher. Da kann sich manch Mutter verbiegen, wie sie will. Irgendwann kommt's raus. In dem Moment zeigen sich womöglich die Gleichgesinnten – und mit denen trinkt es sich entspannter einen Kaffee. Aber um die zu finden, lohnt es sich, Zeit verstreichen zu lassen.

Manchmal ist die Lösung erst einmal, sich abzuschirmen, in gewissen Situationen zurückzuziehen, einfach mal gewisse Dinge sein zu lassen und Diskussionen zu umgehen. Auch um Übergriffigkeiten zuvorzukommen. Denn wenn es um Kinder geht, ist für viele nichts privat. Jede, wie sie will? Als Mutter braucht es dafür besonders starke Nerven, vor allem bei ihrem ersten Kind. Kommentare können bohrend sein. Da hilft die Flucht in die eigene Blase. Zumindest für kurze Zeit – oder bis die Kinder auf den weiterführenden Schulen sind.

9. Nur früher waren Ferien schön …

Wenn Urlaub anstand, bekam ich als Kind dieses wohlig-warme Gefühl, gepaart mit Aufregung in meinem Bauch. »Das ist die beste Zeit!« – rumhängen, Leben genießen. Ich konnte mir damals überhaupt nicht vorstellen, dass es jemandem anders damit gehen könnte. Zwei Jahrzehnte später als Mutter, kann ich es: Ich bekomme Panik, wenn die Ferien einmal wieder schneller vor der Tür stehen als gedacht. Neben Job und Alltag muss ich die Betreuung gebacken kriegen. Denn während das (bayerische) Schuljahr 66 Ferientage beinhaltet[16], habe ich nur 30 Tage Urlaub. Damit liegt mein Anspruch sogar über dem einer durchschnittlichen Arbeitnehmerin in Deutschland. Aber das ist mit Kindern weniger Grund zur Freude, denn die Konsequenz ist: Ich muss 36 Tage im Jahr jemanden für sie organisieren. Wenn ich Beziehungsratgeber ernst nehme, sogar noch mehr, damit ab und an noch eine kurze Auszeit mit meinem Partner drin ist.

Die langen Sommerferien sind dabei die größte Herausforderung: sechs Wochen Hängepartie. Ein Relikt aus dem Jahr

1964, in dem die damaligen Ministerpräsidenten der Länder – ausschließlich Männer – im sogenannten »Hamburger Abkommen«[17] die Ferienzeiten und -längen festlegten. Die Betreuung musste damals für die meisten Familien nicht organisiert werden, denn Mutter war ja meist zu Hause.

Immerhin ist das Freizeitangebot heute größer – aber nicht billiger. Der »Welt«-Journalist Frédéric Schwilden rechnet mit bis zu 200 Euro pro Woche, um seine zwei Kinder in den Ferien gut versorgt zu wissen. Er findet: »Die Realität der Ferien geht von einem geradezu reaktionären Familienbild aus. Bei so vielen Ferientagen müssen die eigenen Kinder selbstverständlich durch die eigenen Großeltern vor Ort betreut werden. Dazu wird durch die normative Kraft des Faktischen vorausgesetzt, dass mindestens ein Teil der Eltern gar nicht oder deutlich reduziert arbeitet. In der Realität ist das natürlich die Mutter. Weil die statistisch natürlich weniger verdient, und im Gegensatz zum Vater natürlich auch eine egoistische Rabenmutter wäre, wenn sie voll berufstätig wäre. (…) Solange sich da nichts ändert, ist Familienpolitik wohl nur ein Witz im Wahlkampf.«[18]

Kommt sie unter diesen Bedingungen trotzdem wieder, die Freude an den Ferien? Auch für Mütter? Ja, in kurzen Augenblicken kommt sie wieder – und diese genieße ich fortan intensiver. Was früher für mich selbstverständlich war, wie ein ruhiger Moment am Pool oder gemütliches Herumschlendern durch fremde Gassen, ist zwar Luxus geworden, aber wenn es mir gelingt, diese Momente zu organisieren, verspüre ich kindliche Freude. Unbändige kindliche Freude. Die Devise ist: Sie immer behalten, diese kindliche Freude, sich notfalls daran erinnern.

10. Liebe ist Kampf, bevor es wieder schön wird!

Zu gewissen Zeiten im Leben ist es gut, an Trennung zu denken. Umso konkreter die Gedanken sind, umso klarer wird das eigene Leben definiert. Wie sieht die individuelle, finanzielle Lage aus? Wo stehe ich im Beruf? Soll ich aufstocken? Wie stark ist mein Netz? Und überhaupt: Bin ich zufrieden und wenn nicht, was kann ich, was können wir ändern? Kleine Schritte im Alltag zu gehen, Details zu ändern, ist besser, als den großen Knall abzuwarten. Partnerschaftliche Kommunikation ist harte Arbeit, vor allem auch für diejenigen, die dafür keine elterlichen Vorbilder parat haben. Was in Deutschland oft der Fall ist. Historie, über Generationen hinweg gelebte Muster. Über Gefühle zu sprechen, »gut« zu streiten und damit auch produktiv, ist aber die Basis für Augenhöhe in der Partnerschaft. Und so führt manch Disruption in der Liebe am Ende zur wahren Balance.

Ich bin weiterhin überzeugt, dass ich den besten, tollsten Mann überhaupt geheiratet habe. Aber ich hätte nie gedacht, dass es mit diesem besten, tollsten Mann teilweise so hart sein würde. Und ich hätte nie geglaubt, WIE wichtig es ist, seinen Plan für sich zu kennen, diesen nicht bei ersten Widrigkeiten aufzugeben. Immer dafür weiterzukämpfen, dabei die eigene sowie die Individualität des Partners zu respektieren. Oder wie ein geflügeltes Wort zusammenfasst: »Liebe ist nie ohne Schmerz, sagte der Hase und umarmte den Igel.« Sogar Michelle Obama spricht offen darüber, dass sie ihren Barack gar »zehn Jahre nicht ertragen« konnte. Sie wollte weiter Karriere machen, die Care-Arbeit blieb aber auch bei diesem heutigen Vorzeige-Ehepaar an ihr hängen.[19] Eine der bekanntesten, zeitgenössischen Frauen hatte meine Probleme. Auch das ist eine Erkenntnis.

2

»Das hat die Natur
so nicht vorgesehen«

Das Individuum versus »die Mutter«: Warum das Gebären in der Norm angesagt ist, wie stark Etiketten noch wirken, warum das keinen Sinn macht – genauso wie manch politische Maßnahme.

> *»Mütter werden fast ausschließlich als Objekt wahrgenommen. Es geht immer nur um das Wohl der Kinder.«*
> Orna Donath[1]

Das erwachsene Leben soll gerade erst beginnen. In der Schule super Noten. Sie will studieren, weg in eine typische Studentenstadt, nah am Puls des Lebens sein. Die junge Frau ist der ganze Stolz der Eltern, der Großfamilie. Seit einem guten Jahr hat sie einen Freund und hofft, dass das Studium sie nicht entzweit. Die Liebe ist groß, sie haben sich bei den Ministranten in der örtlichen Kirchengemeinde kennengelernt. Zwei völlig normale Teenager ihrer Zeit, sie 18, er 19.

Dann ist sie schwanger. Nicht geplant.

Etwas mehr als ein Jahr vor dem Abitur.

Binnen kürzester Zeit ändert sich das Bild der anderen von ihr – von der Musterschülerin zur jungen Mutter. In der Stadt, der Schule, der Kirche wird getuschelt, andere fragen sie auch hinter nicht vorgehaltener Hand, warum sie nicht abtreibt. Eine Teenagerin im Sturm der gesellschaftlichen Vorstellungen, was für Mütter und junge Frauen die Norm zu sein hat. Und irgendwo dazwischen muss sie eine Entscheidung treffen.

Die junge Frau ist meine Schwester. Damals bin ich zwölf Jahre alt und erstaunt, wie schnell ein Baby Hauptthema der Stadtgespräche werden kann. In dem Gymnasium, auf das ich gehe, behauptet ein Lehrer gegenüber der früheren Klasse meiner Schwester: »Das passiert, wenn ihr von unserem Gymnasium auf das ›Ernährungswissenschaftliche Gymnasium‹ wechselt.« Und er sagt es so, dass jeder weiß, dass diese Schulart unter seiner Würde ist.

Meine Biologielehrerin nimmt mich eines Tages zur Seite und fragt, wie es mir denn gehe. Sie meint es gut, immerhin besser als ihr Kollege, aber meine kindlichen Gedanken kreisen eher um die Frage: »Was ist eigentlich das Problem?« Meine Schwester nimmt keine Drogen, hat kein Verbrechen begangen – sie wird nur Mutter.

Sie selbst geht jeden Tag zur Schule, mit erhobenem Haupt, irgendwann mit Riesenbauch. Nur manchmal höre ich sie neben meinem Kinderzimmer schluchzen. Dann hat wieder irgendjemand etwas gesagt. Wenige Monate nach der Geburt schafft sie das Abitur. Und später kann sie – zwar nicht in einer Studentenstadt, sondern an der Hochschule ihrer Heimatstadt – den besten Studienabschluss ihres BWL-Jahrgangs vorweisen. War das immer leicht für sie? Sicher nicht. Hat sie es unterschätzt? Vielleicht. War es eine enorme Belastung, dass ihre Entscheidung von so vielen Seiten angezweifelt wurde? Da bin ich mir sicher.

Was Kinder angeht, deckt meine Ursprungsfamilie relativ viele Modelle ab: Meine älteste Schwester hat ihr erstes Kind jung und unverheiratet bekommen, ist irgendwann alleinerziehend. Meine mittlere Schwester hat keine Kinder – und wird voraussichtlich auch keine mehr bekommen. Ich selbst bin verheiratet, habe zwei Kinder, aber eines davon entspricht ganz und gar nicht der Norm, zumindest nicht so, wie sie von der Mehrheit definiert wird. Wir sind drei Frauen, die gut ausgebildet, beruflich unabhängig sind.

Wir sind drei Schwestern, die es nicht »geschafft« haben, dem Mütter-, Kinder- und Familienideal zu entsprechen. Zumindest nicht dem Ideal, das wir in der Kindheit von dem Großteil der (privilegierten) Familien in unserer schwäbischen Heimatstadt vermittelt bekamen: Mutter zu Hause, Papa arbeitete, nur ab und an gingen die Eltern der Freunde getrennte Wege, weit entfernt starb mal jemand jung, war »behindert«, ziemlich viele waren ohne wirtschaftliche Sorgen. Manche, vor allem diejenigen, die uns Schwestern spüren ließen, dass wir es nicht »geschafft« haben, würden wohl von »Idylle« sprechen.

Ich habe früh miterlebt, was es bedeutet, aus der Norm zu fallen. Als junges Mädchen hatte ich dadurch eine Ahnung, als Frau die Gewissheit: Die starren und tief in der Gesellschaft verwurzelten Vorstellungen, wie Mütter zu sein haben, sind vor allem eins: eine Entmündigung. Sie stellen das Individuum und seine privaten Entscheidungen infrage. Frauen sollten demnach bei der Geburt ihrer Kinder ein gewisses Alter haben, immer noch am besten verheiratet sein, mindestens in einer Partnerschaft leben, und nicht zuletzt sollte das andere Geschlecht der biologische Vater sein. Zudem sollten sie die ganze Schwangerschaft über gut aussehen, nicht aufgehen wie ein Hefeteig und vor allem nach der Geburt recht schnell schrumpfen – gerne wie ein Wollpullover im 60-Grad-Waschgang. Auch wenn inzwischen kurvigere Models in den sozialen Medien durch die Präsentation ihrer barocken Formen berühmt werden, Frauen sind nach wie vor nicht frei, wenn es um ihre Körper geht. Mütter erst recht nicht.

Sie machen vielmehr die Erfahrung, dass der private Raum zu einem öffentlichen wird – und zwar ganz und gar. Sie werden dauer-bewertet. Und wenn sie nicht aufpassen, meist defizitorientiert:

»Macht sie alles richtig?«

»Stillt sie? Stillt sie nicht?«

»Geht sie arbeiten?«

»Hat sie den Haushalt im Griff?«

»Sieht sie gut aus? Oder doch zu schlecht?«

»Kümmert sie sich neben all dem anderen auch genügend um die Partnerschaft? Wenn nicht, muss sie sich ja nicht wundern …«

Wenn Frauen mit Kindern durch Antworten auf diese Fragen der Mehrheit genügen, vereinfacht sich ihr Leben – vorerst. Weniger Aufmerksamkeit zu erhaschen, bedeutet als Mutter, nicht im Fokus der Kritik (von häufig Wildfremden) zu stehen. Und das erreicht sie, wenn sie irgendwie alles auf die Reihe kriegt, und die anderen in ihren Ansichten nicht stört.

Die Erwartungen, wie Mütter zu sein haben, sind hierzulande immer noch stark von Generalität bestimmt. Während in den vergangenen Jahren für alle anderen gesellschaftlichen Gruppen folgendes Phänomen zu beobachten ist: Die sogenannte Singularisierung[2]. Der Soziologe Andreas Reckwitz beschreibt damit den sozialen Druck, individuell und besonders zu sein. Vor allem die »hoch qualifizierte Mittelklasse« lege an jede große und kleine Lebensentscheidung – von der Art des Wohnens, der Ernährung bis hin zur Zusammensetzung des Freundeskreises – den Maßstab der Besonderheit an.

Zumindest bis sie Eltern, Mütter werden – und den Schock ihres Lebens erfahren: Die Starrheit von tradierten Ansichten, damit verbundenen Rollen und daraus resultierenden Rahmenbedingungen lassen in ihren Leben kaum noch etwas

»kuratieren«[3], wie Reckwitz die neuen Gestaltungsansprüche an das Leben beschreibt. Vor allem nicht, wenn sie unter »besonderen« Umständen Mutter werden, nicht der Norm entsprechen. Dann haben sie sich zusätzlich noch zu erklären und auf keinen Fall zu beschweren: »Hätte man da nichts machen können?«, hören sowohl sehr junge Mütter als auch Mütter von Kindern mit Behinderungen noch heute.

Ihnen wird dadurch das Gefühl gegeben, sie müssten über alles stets die Kontrolle haben und hätten diese gefälligst auch auszuüben. Damit alles in geordneten Bahnen verläuft. Gebären sie außerhalb der Norm, haben sie auf Neudeutsch nicht »performt«. Mütter merken das an Blicken, Kommentaren, an mehr Kampf um Selbstverständlichkeiten.

Im weiteren Verlauf des Lebens spüren das im schlimmsten Ausmaß Mütter, deren Kinder aus der Reihe tanzen, weil sie »verhaltensauffällig«, »verhaltensgestört«, »entwicklungsverzögert«, »entwicklungsgestört« sind, nicht in die normalen Schablonen passen. Und dabei sind sie keineswegs eine kleine Minderheit. Noch vor der Pandemie galten 20 Prozent aller Kinder als »psychologisch auffällig«[4]. Ist das schon recht früh der Fall, oder gibt es andere Besonderheiten, landen Mütter mit ihren Kindern in der staatlich unterstützten Frühförderung. Dort werden sie nicht selten zunächst verhört, als hätten sie etwas falsch gemacht. Sogar wenn eine Diagnose, eine klare Begründung der Besonderheit ihres Kindes vorhanden ist. Manche müssen angeben, ob sie verheiratet sind (was das wohl aussagen mag?), welchen Beruf der Mann hat, welchen sie selbst. Der Datenschutz greift überall um sich, aber Eltern haben für Förderangebote allerlei zu offenbaren. Die dringend benötigte Hilfe macht gläsern und lässt einen schnell sein Einverständnis geben.

Wie stark Etiketten noch wirken – Berufe, gesellschaftlicher Stand, die Art der Partnerschaft –, ist an wenigen Beispielen so gut zu erkennen wie an der Elternschaft. Und vor allem Mütter machen die Erfahrung, dass sich Etiketten schnell ändern können: Eine noch kinderlose Rechtsanwältin wird zunächst dafür bewundert, dass sie sich ehrgeizig ihre Position erkämpft hat, eine Architektin, die einen Preis nach dem anderen abräumt, für ihre außergewöhnliche Kreativität gefeiert, eine Elektrotechnikerin, die sich selbstständig macht, für ihren Mut respektiert. Wenn diese Frauen zügig nach der Geburt des Kindes in ihre doch einst so angesehenen Karrieren zurückkehren, fehlt der Applaus, kommen Fragen auf. Und obendrauf verlieren sie an »Berufsprestige«[5], verlaufen ihre Laufbahnen oft nicht weiter so erfolgreich wie zuvor: Mütter, egal wie lange sie Elternzeit nehmen, verzeichnen laut einer Studie drei Jahre nach dem Wiedereinstieg eher berufliche Rückschläge. Väter dagegen gewinnen mit Kindern an Prestige, machen eher Karriere, sogar besonders diejenigen, die länger Elternzeit nehmen.[6]

Gute Nachricht für die Väter, schlechte Nachricht für die Mütter: Obwohl sie durch ihre Bereitschaft, Kinder zu gebären, und ihren beruflichen Wiedereinstieg das Gesamtsystem unterstützen, lohnt sich der Nachwuchs für sie nicht. Er schadet ihnen sogar – rein wirtschaftlich betrachtet. Sie sammeln im Gegensatz zu Vätern hierzulande mehr negative Etiketten als beruflichen Erfolg. Das Ansehen, der einstige berufliche Stand, den sie vor den Kindern hatten – zu häufig passé. Dann gibt es noch eine andere Art von Etiketten-Erfahrung: Als ich für meine Tochter schließlich einen Kita-Platz habe, bin ich noch Mutter eines gesunden Kindes. Als mein Kind in seiner Entwicklung immer mehr hinter den anderen Kindern zurückfällt, zu häufig krank ist, nehme ich es aus der Einrichtung. Zu diesem Zeitpunkt bin ich davon überzeugt, dass ich schon wieder einen Platz finden werde. Irgendwie. Aber als ich mich erneut auf die Suche mache, bin ich Mutter eines Kindes mit Behinderung. Mit Diagnose. Das eine Kreuz im Anmeldebogen bei »Hat Ihr Kind eine Behinderung?« bleibt nicht mehr leer. Nun hageln die Absagen in noch schnellerer Taktung. Wir haben offensichtlich noch mehr an Wert verloren.

Die Entwertung ist für jede Mutter zu jeder Zeit eine realistische Gefahr. Eine Gesellschaft, die so starke, normative Ideen zu Familien, zu Eltern, zu Müttern, auch zu Kindern hat, setzt unter enormen Druck, diesen Ideen zu entsprechen, um dazuzugehören. Der Mensch ist nun einmal ein soziales Wesen, niemand steht gern am Rand. Zudem führt eine Politik, die in der Realität nicht konsequent an mehr Verlässlichkeit und Entlastung für berufstätige, aber auch Mütter außerhalb der Norm arbeitet, dazu, dass die meisten von uns sich aus rein existenziellen Gründen an Idealen orientieren, die eher versprechen, ein paar Krümelchen vom Kuchen abzukriegen.

Neben der Entmündigung und der lauernden Entwertung gesellt sich noch eine dritte Komponente hinzu, die für manch gestandene Frau eine Überraschung darstellt: Die Infantilisierung. Wenn Frauen Mütter werden, kommen das Duzen und die Bevormundung wieder auf. Sie lesen beispielsweise Hinweise auf Verpackungen, in denen steht, wie »ihr«, »du« dies und das zu tun habt.[7] Oder stoßen auf der Suche nach Informationen auf klare Ansagen, was »du« auf keinen Fall machen solltest. Manch Mutter fühlt sich dadurch in die eigene Kindheit versetzt, als sie noch gehorchen, folgen musste.

Zurück in die Vergangenheit heißt es für Mütter in diesem Land, das doch eigentlich den Fortschritt feiert: Die deutsche Quantencomputer-Grundlagenforschung gilt als weltweit spitze, künstliche Intelligenz wird erfolgreich entwickelt, ja, sogar das Mobilfunknetz in Deutschland wird langsam, aber sicher besser. Aber die Geschichte von Jule Weber zeigt, dass zwei Jahrzehnte in der Mütter-Welt nichts verändern: Die Poetry-Slamerin bekommt ebenfalls sehr jung, aber Jahre später als meine Schwester, ein Kind. In ihrem Text »Mutter werden« schreibt sie: Sie habe sich lange extra bemüht, mehr geleistet, drei Aufgaben auf dem Kita-Fest übernommen, »um die gleiche Anerkennung und Wertschätzung als Mutter zu kriegen wie eine andere Frau, die eigentlich nichts anders gemacht hat, als vielleicht 13 Jahre später geboren zu haben als ich«[8]. Sie habe ihre Tochter bewusst nicht zur Adoption, in eine Pflegefamilie oder ihren Eltern gegeben. Auch »die Babyklappe« schien manchen offenbar eine bessere Option zu sein. Weber beschreibt, wie ihr eine wildfremde Frau im Bus ungefragt erklärt habe, dass sie die Verantwortung für ein Kind unmöglich tragen könne.[9]

Mütter würden noch stark als »gut« oder »schlecht«, als »engagiert« oder eben nicht definiert – oft noch bevor sie sich diesen Merkmalen überhaupt bewusst seien, erklärt Sabine Diabaté, Leiterin der »Forschungsgruppe Familie« am Bundesinstitut für Bevölkerungsforschung: »Die Frage, was eine ›gute Mutter‹ bedeutet, ist eine ganz und gar persönliche Frage. Jedoch ist sie (…) auch eine gesamtgesellschaftliche, von der sich Einzelne schwer lösen können. Und daher sehen sich (werdende) Mütter, aber auch Frauen generell, ob mit oder ohne Kinderwunsch, im Kontext der gesellschaftlichen Definition von Frausein und Muttersein mit vielen Fragen und einer gesellschaftlichen Erwartungshaltung konfrontiert.«[10]

Mit dieser Erwartungshaltung wird ebenso Scham- und Schuldbewusstsein vermittelt, insbesondere bei Frauen, die nicht den Mütter-Idealen entsprechen. Sie verursacht Nebenwirkungen, wenn Mütter als Objekte und nicht als Individuen betrachtet werden. In spätmodernen Zeiten sind viele von ihnen offenbar derart betroffen, dass die Hashtags #momguilt oder #momshaming in den sozialen Medien massenhaft geteilt werden.

Dabei ist Mutter zu sein oder zu werden nach Meinung vieler doch das Schönste und Natürlichste auf der Welt. Aber warum gibt es diesen massiven Druck, häufig befördert durch jene, die das Muttersein penetrant propagieren? Warum tauchen überhaupt Begriffe wie »Scham« und »Schuld« in diesem Kontext auf? Warum wird Skepsis gesät, anstatt Urvertrauen gepflegt? Das könnte nur ein Ärgernis sein, wenn es nicht gravierende Folgen hätte.

Dieses Land kann sich die Ab- und Bewertung von Müttern gar nicht mehr leisten. Die Zeiten ändern sich gefühlt in rasendem Tempo, und wie es aussieht, nicht unbedingt zum Guten: Wir stehen vor einem fundamentalen Wandel, die deutsche Wirtschaft braucht jede Arbeitskraft, unser Land veraltet. Eine Gesellschaft wie die deutsche hat keine andere Wahl und muss propagieren: Hauptsache, Kinder und Chancen für Mütter. Der demografische Wandel ist seit Jahrzehnten bekannt, und trotzdem wird jungen und berufstätigen Müttern das Kinderkriegen und Kinderhaben mehr vermiest als schmackhaft gemacht. Auch weil politische Maßnahmen nicht konsequent durchdacht, angepasst oder daraufhin überprüft werden, ob sie den eigentlichen Zweck überhaupt erfüllen: Eine Studie kommt im Herbst 2022 zu dem Ergebnis, dass seit der Einführung des Elterngeldes im Jahr 2007 innerhalb von 13 Jahren zwar immer mehr Väter die Leistung in Anspruch nahmen – 2019 waren es über 40 Prozent.[11] Im gleichen Zeitraum steigerte sich jedoch die Erwerbstätigkeit von Müttern mit Kindern unter drei Jahren nur von 43 Prozent auf 56 Prozent.[12] Womöglich auch deswegen, weil drei Viertel der Väter, die Elterngeld bezogen, nur zwei Monate in Anspruch nahmen. Dabei konnten die Wissenschaftlerinnen feststellen, dass sich nur bei Paaren, bei denen die Väter mindestens drei Monate in Elternzeit waren, auf Dauer eine gleichberechtigtere Verteilung in Sachen Care-Arbeit entwickelte.[13] Die aktuelle Bundesregierung will bis 2030 erreichen, dass 65 Prozent aller Väter Elterngeld beantragen. An Attraktivität soll dieses dadurch gewinnen, dass ein dritter Partnermonat genommen werden kann. Noch dazu soll ein zweiwöchiger Extra-Urlaub direkt nach der Geburt für den Partner oder die Partnerin möglich sein, bezahlt durch die Unternehmen.[14] Aber die Wirtschaft wehrt sich, und das Vorhaben wird Ende 2022 vom Bundesfamilienministerium aufgrund anderer »Krisen«[15] verschoben.

Währenddessen schreitet die »Schrumpfung« des Arbeitsmarktes unaufhaltsam voran, wie es Enzo Weber, Forscher am Institut für Arbeitsmarkt- und Berufsforschung, beschreibt. Und Ideen, welche laut Weber dem entgegenwirken könnten, werden politisch nicht mit Vehemenz gefördert, wie zum Beispiel die Berufstätigkeit von Frauen und eine höhere Geburtenrate.[16] Ebenso könnten die älteren Generationen länger arbeiten: Je weiter das Renteneintrittsalter nach hinten verschoben wird, desto weniger braucht das Land die berufstätigen Mütter. Im Koalitionsvertrag der aktuellen Bundesregierung wurde jedoch vereinbart, dass es nicht angehoben werden soll. Auch die Möglichkeit zur »Rente mit 63 bzw. 64«[17] für langjährige Beitragszahler bleibt bestehen, die übrigens vor allem von Besserverdienenden mit guter Gesundheit in Anspruch genommen wird.[18]

Wenn es weniger Lösungen durch länger arbeitende Arbeits- und Fachkräfte gibt, sollte das Erkennen des Potenzials einer jeden jungen Mutter, die Erleichterung ihres Alltags nicht nur eine Sache des gesellschaftlichen Anstands sein – sondern auch der wirtschaftlichen und politischen Logik: Die Förderung von Müttern steigert die Attraktivität, in diesem Land Kinder zu bekommen, und führt langfristig dazu, dass es diesem Land besser geht. Wir brauchen die berufstätigen Mütter dringender, als vielen von uns bewusst ist, ja, dringender als je zuvor. Und die Mütter haben das Recht, dass ihre Leistungen einen Wert darstellen, der Gegenleistungen erfordert.

Auch deswegen darf die jahrzehntelange Sozialisation in einem patriarchalischen System, die Mädchen und Frauen in diesem Land immer noch stark prägt, nicht dazu führen, dass man sie als Mütter fallen lässt: Sie »dürfen« beispielsweise zwar inzwischen selbstverständlich studieren, lösen dann aber gemeinhin keine großen Fragezeichen aus, wenn sie erst einmal mit den Kindern hinter der Haustür verschwinden. Dadurch kommt es zu einer schleichenden Entmündigung, die nicht direkt bekämpft, gegen die nicht nach einer Gesetzesänderung gerufen werden kann. Aber die durch tradierte Zwänge und nicht hinreichende Maßnahmen geförderte berufliche Passivität bringt für zu viele Mütter irgendwann Verzweiflung mit sich – und dann Erschöpfung. Wenn sie erkennen, dass die Diskrepanz zwischen dem überkommenen Mutterbild und der spätmodernen Realität zu groß ist.

Seit Jahrzehnten hält sich vor allem in Deutschland hartnäckig die Ansicht, dass zu früh nach der Geburt des Kindes wieder arbeitende und Vollzeit arbeitende Mütter schlecht für die Kinder seien und sie selbst auch unzufriedener als in Teilzeit arbeitende Mütter wären.[19] Dabei werden die Gründe in Lichtgeschwindigkeit auf die Berufstätigkeit gelenkt – nicht auf zu wenig Gleichberechtigung[20], schlechte, nicht verlässliche Fremdbetreuung, gesellschaftliche Abwertung. So ist die arbeitende Mutter das Problem – und von den eigentlichen wird abgelenkt. Dabei müsste vielmehr hinterfragt werden, warum etwas als Schaden gilt, das im Gegenteil von großem Nutzen für das Gesamtsystem wäre. Wegen ihres Potenzials für alle ist die Vollzeitarbeit und/oder der frühzeitige berufliche Wiedereinstieg von Müttern zumindest in anderen Ländern akzeptierter, und »das sind ja nicht Länder voller Psychopathen«[21], wie der Journalist Sebastian Schlösser in einem Interview pragmatisch bemerkt.

Auch die deutsche Politik und Wirtschaft sollte interessieren, dass die Mehrheit der jungen Mütter zunehmend berufstätig sein möchte.[22] Jedoch bei dem Verlassen tradierter Rollen um gute Bedingungen kämpfen muss. Ebenso stellt sich die Frage, warum deutsche Eltern laut einer wissenschaftlichen Arbeit von Karola Ranft ihre Kinder als belastender empfinden, als das Eltern in anderen Ländern tun. Und warum Mütter häufiger als Väter unter Erschöpfungssymptomen leiden.[23]

Wenn Mütter gezwungen werden, sich immer wieder für etwas zu rechtfertigen, das sie für sich als richtig erachten, kann in der Konsequenz ihr innerer Kompass weniger gut geeicht sein. Die Zerrissenheit zwischen überkommenen Rollenbildern, der Suche nach der eigenen Identität, die Nichterfüllung ihrer spätmodernen Bedürfnisse greift ihre Würde an. Im 21. Jahrhundert – mit all seinen Herausforderungen – sollten wir uns dagegen in besonderem Maße dieser bewusst sein. Denn wer die Würde anderer verletzt, verletzt auch die eigene. Davon ist zumindest der Neurobiologe Gerald Hüther überzeugt.[24] Und die Forscherin Sabine Diabaté schreibt: »In dieser Gemengelage sind Mütter (..) auf der Suche nach einer inneren Balance, um ihre eigenen Bedürfnisse mit denen ihrer Umgebung ins Gleichgewicht zu bringen. (…) Vorstellungen und Erwartungen an Mütter, die eine breite Gruppe innerhalb der Bevölkerung für normal hält, spiegeln sich in den Medien, aber auch in alltäglichen Situationen, in denen Menschen miteinander über Beruf, Eltern und Familie sprechen, wider.«[25]

Die Voraussetzungen, unter denen es Müttern besser gehen könnte, unter denen sie freier sein und mehr unterstützt werden könnten, sind seit Jahrzehnten bekannt. Aber offenbar hat die schlechte Lage zu vieler Mütter noch zu viele Vorteile für andere. Generalität und Einordnung machen es Staat und Gesellschaft einfacher, sich auf dem Rücken von ihnen auszuruhen. Das zeigt auch die lange praktizierte, rückwärtsgewandte Familienpolitik, die unter anderem darauf aufbaut, dass Mütter – auch in den aktuell großen Krisen unserer Zeit – funktionieren und ihre Care-Arbeitskraft und Umsicht kostenlos sind. Unter bestehendem Druck wird sogar noch mehr gute »Performance« eingefordert – »Für die Kinder!«, »Für die anderen!«. Das dauerhaft reproduzierte schlechte Gewissen ist Teil der perfiden Strategie, die Mütter immer wieder »zurück an den Herd« bringen wird. Sie müssen für den Staat die Lücken stopfen, weil die politischen Entscheidungsträgerinnen[26] sich vor der Einlösung ihrer Versprechen drücken. Noch kurioser: Die Politikverantwortlichen lösen die Mütter-Krise nicht, während sie selbst und die Wirtschaft darauf dringend angewiesen wären. Nebenbei kommen immer mehr andere Krisen, auch als Folgen der aktuellen, hinzu.

Vor allem die vergangenen Jahre offenbaren die politische Kurzsichtigkeit: Die Anzahl der Mütter, die sich in den ersten Lebensjahren ausschließlich um den Nachwuchs kümmern, wird wieder größer.[27] Und dadurch auch die Macht der Verteidigerinnen traditioneller Frauenbilder, welche vor allem frühzeitige Vereinbarkeit von Familie und Beruf verneinen und die sich nun bestätigt fühlen. Nach dem Motto: »Schaut her, funktioniert halt nicht!« Aber ihr Urteil besteht in keiner ausgewogenen Debatte. Die Gründe des Scheiterns der (frühen) Berufstätigkeit von Müttern haben vielmehr mit Politik-, Institutionsversagen, dem Wegschauen von zu vielen und Schwarz-Weiß-Denken zu tun.

Der »Clash« zwischen den Ansichten wird immer mehr zu einem Problem werden. Die harte Gangart in Diskussionen – auch unter Müttern – muss beunruhigen. Sie ist ein Zeichen dafür, dass wir noch weit von einer spätmodernen, liberalen Mutterschaft entfernt und zu sehr noch in alten Zeiten verhaftet sind. Das nimmt uns Möglichkeiten, engt uns ein. Damit wir als Industrienation nicht weiter abgehängt werden, gibt es keinen anderen Weg, als Mütter voll und ganz zu unterstützen, ja, am besten auch die Vollzeit arbeitenden. Nicht irgendwo hinter den sieben Bergen werden die Steuern gezahlt, die für gut funktionierende Systeme und Infrastrukturen sorgen. Sie werden künftig von einer deutlich geringeren Anzahl von Menschen aufgebracht. In Deutschland wird es in den nächsten Jahren immer weniger berufstätige Bürgerinnen geben, die immer mehr Rentnerinnen und Pensionärinnen[28] unterstützen müssen. Ja, offenbar hängt unser wirtschaftlicher Wohlstand davon ab, tradierte Rollenbilder aufzugeben. Das dürfte jedoch eine der leichteren Aufgaben sein – angesichts anderer Herausforderungen wie der Energiewende, dem demografischen Wandel, einer drohenden Rezession, geopolitischen Spannungen und vielen anderen mehr.

Trotz guter Gründe für den politischen Turbo-Gang werden sich Mütter dennoch aufgrund der Behäbigkeit deutscher Familienpolitik erst einmal wieder sich selbst helfen müssen. Jule Weber, die Poetry-Slamerin und junge Mutter, hat für sich eine pragmatische Lösung gefunden: »Weil ich mir inzwischen so sehr erlaube, Mutterschaft für mich so zu definieren, wie es zwischen mir und meinem Kind gut funktioniert, dass ich einfach das Gefühl habe, in erster Linie bin ich hier jetzt so glücklich mit mir und meiner Umgebung und wie meine Familie aussieht und funktioniert.«[29] Sie wohnt mit ihrer Tochter in einer Wohngemeinschaft, hat sich ein Netzwerk aufgebaut, das sie unterstützt. Und sie rechtfertige sich nicht mehr, wie sie sagt. Seitdem sei sie viel weniger erschöpft als früher und habe mehr Energie für andere Dinge.[30]

3
»Und wo ist das Kind gerade?«

»Frischgebacken« und doch vergessen: Warum Mütterzufriedenheit unterschätzt wird, warum sie ökonomische und generationsübergreifende Bedeutung hat und trotzdem mühsam erarbeitete Fortschritte verloren gingen.

> *»Manche Mütter waren so überlastet, die haben gesagt: ›Ich liebe mein Kind nicht mehr.‹ Da musste selbst ich als Therapeutin schlucken. Da stimmt ganz viel nicht mehr.«*
>
> Ann-Kathrin Schneider[1]

Ein stabiler, vor Eisen strotzender Dampfkessel kann platzen. Wenn zu viel Druck darauf ist. Durch Überhitzung aufgrund von Wassermangel oder durch zu viel Dampf. Meist geht der Explosion ein minimaler Riss in der Kesselwand voraus. In Sekundenschnelle gibt es eine immense Zerstörung. Früher gab es dadurch schlimme Unfälle, daher wurden zur Vorsorge Dampfkesselüberwachungsvereine, kurz DÜV, gegründet. Vorläufer des heutigen TÜVs.[2] Wenn Technik das Thema ist, wird in Deutschland gehandelt, werden Institutionen gegründet – zur Vorsorge, Kontrolle, Regulierung.

Vielleicht wünschen sich deswegen auch manche einen »Mütter-TÜV«. Nicht immer nur aus Spaß, aber womöglich aus typisch deutschen Gründen. Als würde es nur gewisse Vorschriften brauchen, dann klappt schon alles. Als würde eine regelmäßige Überprüfung des »Geräts« Mutter zu einem reibungslosen Ablauf führen. Ich selbst komme nicht wegen des »Mütter-TÜVs« immer wieder auf den Dampfkessel-Vergleich zurück, wenn mich jemand nach meinem Befinden und dem meiner Familie fragt. Ich komme darauf zurück, um schnell und deutlich – vor allem während der Pandemie – anderen meinen Gemütszustand zu erklären: »Ziemlich viel Druck auf dem Kessel!«

Logischer als ein »Mütter-TÜV« wäre wohl ein »MÜV«, ein Mütterüberwachungsverein. Deren Vertreterinnen würden sich um die Mütter sorgen, untersuchen und gegenchecken, wie viel Druck ein Mensch, eine Mutter ertragen kann. Bevor sie Konsequenzen zieht. Aber allein der Name wäre natürlich kritisch. Wobei diese Art von »Überwachung« irgendwie doch gut wäre. Wenn es um die Mütter selbst und nicht »nur« um die Sorge gehen würde, ob sie ihren Kindern und allen anderen genügen. Wenn es eine Institution wäre, die verhindert, dass nichts Schlimmeres mit ihnen passiert. Um Folgen zu vermeiden, die zunächst ihrer Gesundheit und dann der Gesamtheit schaden würden. Eine Art Vor- und Nachsorge-Idee für Mütter.

Derzeit ist das Gegenteil der Fall: Kommt es zu Pandemien, Katastrophen oder anderem, sind die verschiedensten Lobbygruppen sofort vor der Fernsehkamera, in den Zeitungen, verbreiten ihre Botschaften auf Social Media. Sie propagieren ihre Rechte, machen auf Missstände aufmerksam und fordern schnelle Korrekturen, wenn politische Entscheidungen gegen ihren Strich gehen. Sie sind das Megafon ihrer Gruppe. Sie werden laut, wenn es für sie wichtig ist. Ein Megafon der Mütter habe ich bisher nicht entdeckt. Social-Media-Communities, ja, spezielle Gruppen für spezielle Bedürfnisse auch, aber die eine schlagkräftige Organisation à la Deutschem Gewerkschaftsbund oder Bundesverband der Deutschen Industrie? Nein, die gibt es für Mütter nicht. Zumindest nicht mit vergleichbarer Schlagkraft. Dabei hätte diese Lobbygruppe eine Masse hinter sich: In Deutschland leben immerhin acht Millionen Mütter mit mindestens einem minderjährigen Kind im gemeinsamen Haushalt[3], die Doppelbelastung Betreuung und Beruf betrifft über sieben Millionen von ihnen.[4] Und Gründe gäbe es auch: Jede vierte Mutter ist kurbedürftig.[5]

Aber wenn wir es an Organisationen festmachen, haben Mütter offenbar keine Interessen, die es durchzusetzen gilt. In diesem Land sind sie von außen betrachtet vielmehr »frischgebacken«: »Wie geht es der frischgebackenen Mama denn heute?«, wird nach der Geburt eines Kindes gefragt, um meist eine positive Antwort zu erwarten. Die Zutaten, die dem Großteil der Gesellschaft bei den »frischgebackenen« Müttern schmecken, sind Selbstaufgabe, Fürsorge, immerwährende Verfügbarkeit. Das ist der schön glatte Teig ohne viel Kanten. Dabei bestens zu funktionieren der Zuckerguss obendrauf. Nur den Müttern kann das nicht schmecken, es sollte ihnen nicht schmecken. Vor allem, weil nichts besser wird, eher schlechter.

Studien zeigen, dass Mütter in Deutschland sich in ihrer Rolle über die Jahre nicht wohler fühlen. 2010 kommt der »Ravensburger Elternsurvey« zu dem Ergebnis, dass Eltern mit Kindern unter sechs Jahren im Durchschnitt zufrieden sind. Die »Zufriedenheitswerte« zwischen Müttern und Vätern in Paarhaushalten unterscheiden sich kaum. Auch Alleinerziehenden geht es laut den damaligen Zahlen noch relativ gut.[6] Ein paar Jahre später, im Jahr 2018, kommt eine Studie des Deutschen Instituts für Wirtschaftsforschung (DIW) zu dem Ergebnis, dass es bei 30 Prozent der Mütter innerhalb von sieben Jahren nach der Geburt zu einer Verschlechterung »des gesundheitsbezogenen Wohlbefindens«[7] kommt. Nur 19 Prozent erfahren durch die Mutterschaft eine

»substanzielle Verbesserung«[8] ihrer Lebensqualität. Die Wissenschaftlerinnen verglichen die Ergebnisse mit einer Umfrage unter kinderlosen Frauen. Dabei erlangten sie Daten, die nahelegen, »dass zumindest ein Teil dieser Veränderungen genuin durch Mutterschaft und nicht sonstige altersbezogene Effekte erzeugt wird«[9]. Was kann der Grund sein? Und was heißt überhaupt »Zufriedenheit« – und warum ist es wichtig, dass Mütter zufrieden sind?

Zufriedenheit wird beeinflusst durch äußere Umstände, frühere Prägungen, auch die Liebe, der Beruf, Einkommen und Vermögen haben Auswirkungen. Zu gewissen Teilen ist Zufriedenheit planbar, beeinflussbar, zu anderen Teilen nicht.[10] Sie ist wie das Wohlbefinden eine Emotion und wird auch als »kognitives Wohlbefinden« bezeichnet.[11] Die Unzufriedenheit von Müttern kann leise und schleichend kommen, wie und ob sie aufkommt, wird auch dadurch beeinflusst, ob sie erkennen, dass ihre Vorstellungen vom Leben wahr werden – oder nicht. Ob sie darauf genügend Einfluss haben, sie sich in ihrer Individualität entfalten können oder sich in Lichtgeschwindigkeit in starren Frauenrollen wiederfinden. Ob ihre Berufstätigkeit von einer verlässlichen und qualitativ hochwertigen Kinderbetreuung mitgetragen wird. Ob ihnen Männer den Rücken freihalten – nicht mehr nur umgekehrt.

Auch eine sie stützende, wertschätzende Umgebung sind mitentscheidend dafür, ob eine Mutter sich wohlfühlen kann, ob sie die Chance dazu hat. Wenn die nicht beeinflussbaren Grundlagen für Zufriedenheit nicht zum Besten stehen, wenn sie gar schlechter werden, ist es für sie – in Verantwortung für Kinder – umso schwieriger, sich diese zu erarbeiten. Viele Mütter haben gegenwärtig gar keine Zeit, sich darüber Gedanken zu machen, ob sie zufrieden sind oder nicht. Oder sie verdrängen solche Gedanken. Irgendwann platzt aber jeder

Dampfkessel, wird jede Person umgehauen, die Pläne hatte, die immer wieder torpediert werden. Weil sie für die Umgebung nicht wichtig erscheinen – oder vergessen werden.

Die Zufriedenheit von Müttern ist nicht nur für sie selbst von Bedeutung, sondern aufgrund einer (1) ökonomischen, politischen und (2) generationsübergreifenden Dimension auch für das Gesamtsystem:

1. Ein Land, das kaum über eigene Ressourcen verfügt und dessen Wohlstand vor allem auf Talenten und gut ausgebildeten Arbeitskräften beruht, müsste größtes Interesse an zufriedenen, berufstätigen Müttern und dadurch auch an einer exzellenten, gut funktionierenden Kinder-Fremdbetreuung haben. Immer mehr Unternehmen haben durch die letzten (Pandemie-)Jahre hinzugelernt, sind flexibel geworden, zeigen Verständnis für andere Arbeitszeiten, ermöglichen Homeoffice, bieten eigene Betreuungseinrichtungen an. Doch die staatlichen Institutionen hinken hinterher. Weil Probleme nicht vor Jahren schon gelöst wurden, explodieren sie nun.

   Drei von vier Kindern gehen in Deutschland in eine Kita, die über zu wenig Personal verfügt.[12] Milliarden Euro steckte die Politik in die Beitragsbefreiung (ohne dass sie bis heute flächendeckend ermöglicht wurde) und offensichtlich nicht in die Ausstattung, die Qualität, die gute Versorgung von Menschen. Die Bertelsmann-Stiftung kommt auf 13,8 Milliarden Euro pro Jahr, die notwendig wären, um Kitas unter anderem mit mehr Personal zu versorgen.[13] Das aktuelle »KiTa-Qualitätsgesetz«[14] sieht vier Milliarden Euro Investitionen vor – für einen Zeitraum von zwei Jahren.[15] Und auf einmal hat auch aus diesen Gründen die überkommene Meinung, dass Fremdbetreuung schlecht für die Entwicklung des Kindes sei, wieder Zulauf.[16]

Bund und Länder müssen mehr Geld investieren, die Kommunen sind in Verantwortung, genügend Kita-Plätze zur Verfügung zu stellen – zur Not für bessere Finanzierung zu kämpfen. Das Verständnis für den Mangel sinkt bei Eltern, in der Wirtschaft, ebenso in der Rechtsprechung, wie ein Urteil des baden-württembergischen Verwaltungsgerichtshofs in Mannheim vom November 2022 zeigt. Eltern hatten gegen die Ablehnung eines Kita-Platzes für ihre Tochter aufgrund von »Kapazitätsmängeln« geklagt. Das Gericht gab ihnen recht und erklärte: »Der Antragsgegner *(Anm.: die betroffene Stadt)* verkenne offensichtlich den Umfang seiner Verpflichtung, die auch in Baden-Württemberg nicht nur darauf gerichtet sei, bei den gemeindlichen oder privaten/freien Einrichtungsträgern das Vorhandensein von freien Betreuungsplätzen abzufragen.« Und weiter: »Könnten sich die Träger der Jugendhilfe auf eine fehlende Erfüllbarkeit wegen Kapazitätsauslastung berufen, drohte der vom Gesetzgeber ausdrücklich als Rechtsanspruch ausgestaltete § 24 Abs. 3 SGB VIII leerzulaufen.«[17] Was auch bedeutet: Kommunen und die darin wirkenden Kommunalpolitikerinnen können sich aufgrund des Rechtsanspruchs der Eltern nicht vor eigener politischer Tatkraft und pragmatischer Umsetzung drücken. Und sollten dies auch nicht tun – aus Eigeninteresse.

Denn sinkt die Zufriedenheit von Müttern und Eltern, nimmt das wichtigste Gut für gewählte Amtsträgerinnen ab: Laut Daten des Wirtschafts- und Sozialwissenschaftlichen Instituts sei bei keiner anderen gesellschaftlichen Gruppe das Vertrauen in die Politik derart gering wie unter Eltern. Nur noch jeder zehnte Elternteil sagt, er habe »hohes« oder »sehr hohes« Vertrauen in die Bundesregierung. Solche Werte habe es laut Institut bisher noch nie gegeben.[18] Ein Grund dafür sei, dass viele politische Maßnahmen für Eltern nicht spürbar seien oder sich ihre Lage dadurch nicht merklich verbessern würde.[19]

Im ökonomischen Kontext bedeutet das: Mütter, die sich unsicher sind, ob ihre Kinder gut versorgt werden, fühlen sich belastet, die sogenannte Work-Life-Balance wird für sie zu einem schlechten Scherz. Und so werden faktisch Arbeitnehmerinnen im besten Alter vom Arbeitsmarkt ferngehalten oder von ihrer Arbeit abgelenkt. Dabei ist die Wirtschaftskraft, das Bruttoinlandsprodukt, in Deutschland Grund für vieles. Auch gerne mal für einen schnellen, politischen Strategiewechsel, wenn es nötig ist. Oder gar für die Aufgabe der eigenen Werte. Ein Beispiel: Ein Großteil der Deutschen boykottiert die Fußball-WM 2022 in Qatar, Politikverantwortliche schwingen große Reden mit viel Moral – und fast zeitgleich werden Verträge über Gas-Importe mit demselben Land geschlossen.[20]

Aber wenn Mütter das Bruttoinlandsprodukt mit ankurbeln könnten, indem man ihnen die Berufstätigkeit unter guten Bedingungen ermöglicht, dann geht in diesem Land alles nur schleichend voran und werden gar Errungenschaften wieder rückgängig gemacht oder vernachlässigt. Für Mutters Potenzial, für ihren Ausgleich, für ihre Zukunft schließt niemand Verträge, gibt es keinen Boykott. Dabei ist die Zufriedenheit von Müttern auch wichtig für eine weitere Dimension, eine, welche die nachfolgenden Generationen betrifft.

2. Das Allererste, was ein Baby auf dieser Welt wahrnimmt, ist die Wärme der Mutter. In ihrer gemeinsamen Blase er-

fahren beide ein Gefühl der Seligkeit. Ruhe, eine sichere Umgebung, Hilfe in dieser ersten, sensiblen Zeit sind wichtig. Der Stress einer Mutter wird unter Wissenschaftlerinnen »als stärkster Umwelteinfluss auf das Wohlbefinden des Kindes«[21] angesehen. In Asien gibt es daher für Frauen nach der Geburt wochenlang Zeit für die körperliche Erholung, ermöglicht durch Verwandte oder Pflegerinnen. In China existieren gar ökonomisierte Erholungszentren. Ein Großteil der asiatischen jungen Mütter sei dankbar für die Karenzzeit und würde laut der FAZ-Korrespondentin Petra Kolonko erstaunt nach Europa schielen, wo beispielsweise britische Prinzessinnen wenige Tage nach der Geburt mit Frischgeborenem vor die Kameralinsen treten.[22]

Neben der »Work-Life-Balance« wird für hiesige Durchschnittsmütter ebenso der Begriff »Wochenbett« zu einem schlechten Scherz. Zwar gibt es einen »gesetzlichen Mutterschutz«, aber immer weniger »Dörfer«, die Mütter pflegen, auffangen. Ihre Erschöpfung beginnt dadurch nicht selten direkt nach der Geburt. Mit möglichen Folgen für den Nachwuchs: Die Entwicklungen der letzten Jahre zeigen, dass der Stress bei Kindern ohnehin zugenommen hat. »Fast drei Viertel der Kinder und Jugendlichen, konkret 73 Prozent, fühlen sich (…) psychisch belastet. Das ist die zentrale Erkenntnis einer interministeriellen Arbeitsgruppe«, erklärt Angelika Slavik in ihrem Artikel »Die jüngsten Verlierer« in der »SZ«.[23] Forscherinnen gehen zwar von einer großen Resilienz bei Kindern aus[24], aber es sei entscheidend, wie sie aufgefangen werden. Wie ihre Möglichkeiten sind, alles zu verarbeiten. Ob ihre engsten Bezugspersonen selbst genügend Kraft haben.

Eine spätmoderne Gesellschaft, eine alternde noch dazu, muss zunehmend andere Antworten und Lösungen finden als Plattitüden wie »Dann muss halt die Mutter mehr zu Hause bleiben!« oder »Wer Kinder will, soll sich nicht beschweren!«.

Der Begriff »Mütterzufriedenheit« hat nicht bei allen den besten Ruf, manche negieren sie, manche meinen, diese zu erreichen, sei nun mal ausschließlich die Sache eines jeden selbst – und doch auch gar nicht eine solche Herausforderung. Auch die Mütter setzen ihre Zufriedenheit oft nicht oben auf die Agenda, zuerst sind noch andere Dinge zu erledigen. Oder sie knüpfen ihre Zufriedenheit an die Glaubenssätze anderer, die oft wenig mit ihren eigenen Bedürfnissen zu tun haben.

Die Konsequenz: Viele Mütter »funktionieren« ziemlich lange ziemlich gut. Wenn sie es nicht mehr tun, werden sie im besten Fall zur Kur geschickt. Und da kommt das nächste Problem um die Ecke: Ihr Wohlbefinden wird nicht als etwas Individuelles angesehen – eine deutsche Mutter, die ausgelaugt von ihrem Familienalltag ist, geht immer noch meist mit Kind(ern) zur Kur. Auf ein System, das Mütter zu häufig auf eine solche Art »auffängt«, trifft dann auch noch eine Pandemie. Die – neben der Angst und Sorge – berufstätige Frauen mit kleinen Kindern organisatorisch noch mehr unter Druck setzt. Mütter leiden, spüren eine »besonders starke Abnahme ihrer allgemeinen Lebenszufriedenheit, aber auch ihrer Zufriedenheit mit dem Familienleben«[25]. Manche Wissenschaftlerinnen sprechen davon, dass nach den Opfern und ihren Angehörigen die Mütter »die größten Leidtragenden der Corona-Pandemie« waren.[26]

Zumindest die Frage »Wo ist das Kind gerade?«, die vor der Pandemie gerne gestellt wurde, wenn Mütter allein unterwegs waren, kommt in dieser Zeit nicht mehr auf. Wo sollen sie auch sein? Die Kinder sind nun 24 Stunden bei ihnen – sie werden von ihnen betreut, gefördert, Berufstätigkeit und Care-Arbeit irgendwie auch noch erledigt. Das überhöhte Mutterbild in diesem Land hat einmal wieder (kurzfristig) Vorteile für die Politik, die Gesellschaft, zunächst auch für die Wirtschaft. Solange das Multitasking funktioniert, arbeiten vor allem die berufstätigen Mütter irgendwie für alle. Nur wenige fragen, wie. Warum auch. Die eigenen Kinder und deren Wohl lassen leisten, leisten, leisten – meistens unbezahlt für andere. Jede Fünfte von ihnen reduziert im zweiten Lockdown ihre Arbeitszeit.[27] »Spiegel-Online«-Journalistinnen fassen die Zahlen zur Aufteilung der Care-Arbeit zusammen: »In einer Umfrage des Marktforschungsunternehmens Ipsos für die Bertelsmann Stiftung gaben 69 Prozent der Frauen an, sich während des ersten Shutdowns überwiegend um den Haushalt gekümmert zu haben. Von den Männern waren es nur 11 Prozent. Das Bild bei Betreuung und Homeschooling ist ähnlich, jede zweite Mutter sah sich verantwortlich, aber nur jeder siebte Vater. War das jüngste Kind noch keine zwölf Jahre alt, betreuten die Mütter den Nachwuchs täglich acht bis zehn Stunden lang. Die Väter kümmerten sich vier bis sechs Stunden, das zeigen die Daten des Bundesinstituts für Bevölkerungsforschung.«[28]

Aus den Fortschritten der vergangenen Jahre zu mehr Gleichberechtigung werden wieder Rückschritte: Vor der Corona-Pandemie hatte sich die Einstellung der Männer bezüglich der Berufstätigkeit von Frauen zunehmend zum Positiven verändert.[29] Aber dann kommt das Virus: Mütter, Väter, Familien liefern, unterstützen den Staat, die Gesellschaft und machen immer weiter, versuchen es zumindest. Erst sind die Kindergärten zu – für die meisten Eltern ohne Alternative. Nur langsam werden die Bedingungen für die Notbetreuung erweitert. Dabei wird die sogenannte Systemrelevanz einer jeden Mutter, eines jeden Vaters überprüft. Und schließlich, wenn das Kind entweder in der Notbetreuung ist oder die Kindergärten wieder für alle geöffnet sind, gibt es nicht wenige Mütter, die beim Klingelton des Smartphones, der den Kindergarten ankündigt, zusammenzucken. »Könnten Sie Ihr krankes Kind bitte abholen?« Schon die kleinste Schnupfennase, die minimalsten Anzeichen einer Erkältung sind der Anlass. Als also etwas Entlastung eintreten könnte, wieder ein gewisser Freiraum möglich wäre, zerschmettert ein Klingeln das kurze Durchatmen. Zu Hause rennen nun gelegentlich auch vermeintlich kranke Kinder quietschfidel durch das Wohnzimmer.

Diese familiäre Ausnahmesituation hat Folgen: Väter mit kleinen Kindern revidieren wieder ihre Ansichten zu Geschlechterrollen, fallen ins traditionelle Rollenverständnis zurück: »Nachdem 2016 noch rund 60 Prozent der Väter sehr egalitäre Einstellungen hatten, waren es ein Jahr nach Ausbruch der Corona-Pandemie rund 54 Prozent – ein Zehntel weniger«, analysiert das Deutsche Institut für Wirtschaftsforschung.[30] Dabei sei »der Effekt« bei westdeutschen Vätern junger Kinder am stärksten, und der Rückgang falle noch größer aus, wenn man davon ausgehe, dass sich der Trend zu mehr Egalität ohne Pandemie höchstwahrscheinlich fortgesetzt hätte.[31] Ein Virus katapultiert uns in Sachen Gleichberechtigung und Mütterzufriedenheit wieder um Jahre zurück: »Das wird nicht aufzuholen sein, wenn man daran denkt, wie viel Zeit es gebraucht hat, das aufzubauen«, erklärt die Soziologin Jutta Allmendinger.[32]

Bei den Frauen ändert sich durch die Pandemie die Einstellung zu ihrer Berufstätigkeit nicht. Ein großer Teil der Mütter mit kleinen Kindern will immer noch arbeiten und relativ schnell in den Beruf wieder einsteigen. Aber nicht wenige fügen sich den schlechten Bedingungen, jene, die sich es leisten können, verlassen den Arbeitsmarkt vorerst wieder ganz. Somit ist klar: Durch das Vergessen der Politik von Familien und ihren Belastungen sowie der mangelnden Solidarisierung der Gesellschaft mit ihnen sind gesamtwirtschaftliche Kosten entstanden.[33] Die nächsten Jahre werden zeigen, wie hoch sie ausfallen. Und wie viel daraus gelernt wurde. Und ob wir bei der nächsten unvorhergesehenen Katastrophe wieder zuerst über Friseure & Co. sprechen, bevor Familien und deren Bedürfnisse in den Fokus rücken. Das alles wird Auswirkungen darauf haben, wie lange Frauen als Hauptleidtragende solcher Entwicklungen bereit sind, zum Schutz und Wohl der Gemeinschaft die Last zu tragen – und das am Ende völlig umsonst.

Eine Studie führt im November 2022 zu einer für sie niederschmetternden Offenbarung: Die Schließung der Kitas war unnötig, sie waren keine »Infektionsherde«[34]. Die Mehrfachbelastung aus Kinderbetreuung, Berufstätigkeit und Haushalt war ohne Grund. Manche Mütter haben dafür mit mehr bezahlt als nur ein paar Nerven: Nicht alle Partnerschaften haben diese Zeiten überlebt, Mütter landen in Kliniken. Das dortige Personal beobachtet erschreckende Entwicklungen: Die Patientinnen kommen kränker, mit komplexeren Krankheitsbildern, darunter Depressionen, Angst- und Panikattacken. Sie wenden sich später an Einrichtungen, sie brauchen länger, um sich zu erholen.[35] Davon sind Mütter aus allen gesellschaftlichen Schichten betroffen, aber vor allem die aus mittleren sowie unteren.

Probleme, die vor der Pandemie nicht gelöst wurden, verstärken sich von kleinen zu großen Rissen. Auch Gewalterfahrungen von Müttern nehmen wieder zu.[36] Der Dampfkessel platzt, nur hören zu wenige die Explosion. Der Aufschrei bleibt aus, es gibt keine allgemeine Empörung in diesem Land und die Mütter schreien, wenn überhaupt, in sich hinein. Von den Agenden der Politikerinnen, die das »Familienland« Deutschland noch in Wahlkämpfen bewerben, verschwindet die Lage der Mütter einmal wieder viel zu schnell – oder ihre Verbesserung wird verschoben auf später.

Was macht es eigentlich mit Menschen, wenn sie vergessen werden? Britische Wissenschaftlerinnen um den Psychologen Devin G. Ray veröffentlichten 2019 gleich mehrere Studien zu dem Thema und stellten bei den Probandinnen Folgendes fest: »Vergessen worden zu sein erzeugte in ihnen das Gefühl, dem anderen nicht wichtig zu sein, und verschlechterte ihre Stimmung. Viele gaben an, sich Gedanken zu machen, warum das passiert war, ob der andere zu beschäftigt sei, generell ein schlechtes Gedächtnis habe oder ob die Beziehung zu der Person für diese unbedeutend sein könnte. Für die Probanden fühlte sich dies so an, als ob sie ausgeschlossen würden und nicht mehr dazugehörten.«[37]

Gilt das auch für die Masse an Müttern oder einen Teil von ihnen? Fakt ist: Die Kur-Plätze sind ausgebucht, die Wartelisten lang, Plätze bei Psychologinnen sowieso. Die Erschöpfung, der sogenannte Mental Load, die Belastung, die durch das Organisieren des Alltags entsteht, wird nicht weniger, und es ist keine schnelle Hilfe in Sicht, wenn die Selbsthilfe-Mechanismen nicht mehr funktionieren. Die Fachärztin für Psychiatrie und Psychotherapie, Stephanie Tieden, zieht einen Vergleich zwischen Belastung und mangelnder Anerkennung. Laut ihr mussten sich manche Mütter während der Pandemie gar den Hinweis gefallen lassen, man hätte ja keine Kinder bekommen müssen. Eine »Abwertung pur«, wie sie feststellt. All das könne »zur Verstärkung von vielleicht schon vorhandenen Selbstwertproblemen und Selbstzweifeln führen«[38].

Aber viele Mütter sind Anpassungswunder. Für diejenigen, deren Leben nicht völlig aus der Bahn geworfen wurde, geht es irgendwie weiter. Manch eine von ihnen denkt allerdings im Stillen darüber nach, was jenen Müttern passiert ist, die es nicht »geschafft« haben, ohne Blessuren aus der Pandemie herauszukommen. Und sie fragen sich vermutlich: Was passiert bei der nächsten Krise? Hält das die Familie noch einmal aus? Die Partnerschaft? Werden uns staatliche, staatlich geförderte Institutionen und Politikverantwortliche dieses Mal schneller unterstützen, die Familien, die Mütter, die Kinder nicht vergessen? Werden wir gut versorgt sein?

Und junge, noch kinderlose Frauen, die beobachten, wie erschöpft und am Ende ihrer Kräfte manche Mütter sind, werden vermehrt das vermeintliche »Mutterglück« infrage stellen. Diejenigen, die immer Kinder wollten, wird die Lage der Mütter womöglich nicht davon abhalten, sie zu bekommen. Aber was ist mit den Unentschlossenen? Sie werden immer weniger glauben, dass Kinder zur Zufriedenheit einer Frau dazugehören. Sie werden sich öfter trauen, die bewusste Entscheidung für ein Leben ohne Kinder für sich zu treffen. Und der aktuelle Zeitgeist, der Wille der jüngeren Generation wird dazu führen, dass die Stimmen nicht mehr ganz so laut und weniger werden, die sie dabei hinterfragen. Muttersein wird immer weniger attraktiv.

Inzwischen gibt es explizit Seminare, die sich an junge Frauen richten und sich vor allem der Frage widmen: »Will ich Kinder?«[39] Auch Psychologinnen ist es nicht fremd, wenn sie mit ihren Patientinnen diesem essenziellen Bedürfnis oder eben Nicht-Bedürfnis, der »Mutter aller Fragen«[40], auf den Grund gehen sollen. Die Journalistin Daniela Gassmann schreibt im SZ-Magazin: »Mir steckt das Frausein in den Knochen. (…) Ich fürchte, meine Autonomie zu verlieren oder dauernd dafür kämpfen zu müssen. Will ich mich ohne Not verwundbarer machen, nur um gleichzeitig noch stärker werden zu müssen? (…) Ein Kind verändert alles? Richtig müsste es heißen: Ein Kind verändert alles für die Frau. (…) Es ist nicht schön, in dieser Gesellschaft Mutter zu sein. Das kann ich sehen, das belegen Zahlen, das ist ein Fakt.«[41] In vielen anderen Lebensbereichen nimmt die Freiheit und Gleichberechtigung stetig zu, aber laut Eindruck der Vertreterinnen der Generation Y und Z offenbar am wenigsten im Kontext der Mutterschaft.

Schließlich gibt es noch das Klima – oder besser dessen Wandel. Und Studien, die den Verzicht auf ein Kind mit CO_2-Einsparungen gegenrechnen.[42] Immerhin könnten wir uns ohne Nachwuchs – recht sarkastisch gesehen – alle zurücklehnen: Für wen müssen wir dann noch die Welt retten? Es würde außerdem zur Inkonsequenz der politischen Entscheidungen gegenüber Familien und Müttern passen. Denn der Verzicht auf Kinder wird sich erst in ein paar Jahrzehnten auswirken. Und dann? Gibt es viele gleichgesinnte Altersgenossen in der Gesellschaft, die sich weniger verbal aneinander reiben müssen, weil alle ähnliche Anliegen und Probleme haben. Wenn beispielsweise der Roboter, der pflegt, nicht richtig funktioniert. Dumm ist nur, auch er verbraucht Energie. Eine gute Lösung sieht anders aus und nebenbei offenbart die Ansicht, Kinder könnten schaden, eine äußerst abwertende Sicht auf sie und ihre Mütter. Anstatt für die Risikobereitschaft und den körperlichen Energieverbrauch, den der Nachwuchs mit sich bringt, wertgeschätzt zu werden, ist nun offenbar von manchen Scham gewollt. Auch das steigert keine Zufriedenheit.

Kinderlosigkeit ergibt nur Sinn für die, die es wollen. Die anderen sollten sich trauen dürfen. Sie stehen aktuell nur zwischen zwei Polen: So gibt es auf der einen Seite den Ideal-Typus der Mutter, der stets funktioniert, wenn er gebraucht wird. Auf die nicht und nur in geringer Teilzeit berufstätigen Mütter lässt es sich am einfachsten kompromisslos verlassen. Was auch bedeutet: Die traditionellen Mütterbilder helfen der Politik, um nicht erledigte Hausaufgaben vor allem auf das weibliche Geschlecht abzuwälzen. Langfristig – daher auch die zunehmenden »Versprechen« an junge Frauen während ihrer Ausbildung – braucht der Staat jedoch einen anderen Typus: Mütter, die berufstätig sind, die alle Bälle in der Luft halten. Frauen, die Kinder bekommen und gleichzeitig der wirtschaftlichen Verantwortung nachkommen, um dieses Land mit am Laufen zu halten.

Derzeit ist vieles gewollt, einiges wird von Müttern tatsächlich geschafft. Aber zu viele Frauen wissen nicht, wohin, wenn die Lage derart angespannt bleibt: Geradeaus in die Zukunft – oder zurück in die Vergangenheit? Wo immerhin Gewissheit besteht, Pole hin oder her: Mütterzufriedenheit ist mehr, als in Ruhe einen Cappuccino zu trinken. Mütterzufriedenheit ist das Finden der eigenen Lösung. Und sie ist eine Aufgabe für alle, für Politik, Wirtschaft, Gesellschaft, Generationen.

4

»Das Kind ist viel zu
warm angezogen«

Was Mangel und unechte Sorge mit Müttern macht: Viele Systeme in diesem Land funktionieren noch für viele, aber schon nicht mehr für Familien, für Mütter, Väter, ihre Kinder. Warum das nicht nur sie, sondern alle dringlichst kümmern sollte.

> *»Alle zwei Minuten stirbt laut UN eine Frau während der Schwangerschaft oder bei der Geburt des Kindes. (…) Es gab Fortschritte zwischen 2000 und 2015, danach kamen die positiven Entwicklungen aber weitgehend zum Stillstand oder kehrten sich sogar um.«*
>
> Bericht der Weltgesundheitsorganisation[1]

Mangel macht müde, vor allem, wenn er nicht ernst genommen wird. Die Angst, etwas nicht mehr zu bekommen, ist in der heutigen Zeit etwas Surreales. Sie erinnert an Zeiten, in denen unsere Groß- und Urgroßeltern gelebt haben. Als der Mangel zum Alltag gehörte und noch andere Bedingungen herrschten. Heute ist er das Ergebnis von wirtschaftlichen Strategien wie »just in time«-Produktion, politischer »Aufschieberitis«, zu viel anstatt zu wenig Bürokratie. Er wirkt dadurch weniger bedrohlich, er wirkt verhinderbar. Unbefriedigte Bedürfnisse von Familien – von Kita-Plätzen bis hin zu Medikamenten – werden zudem ab und an infrage gestellt: »So schlimm kann es doch nicht sein. Wir leben hier immerhin in Deutschland!« Dadurch verlagert sich das unsichere Gefühl ins Verborgene, bleibt dort existent.

Ende des Jahres 2022 erleben Mängel eine neue Blüte in diesem Land und lassen erahnen, dass die echte Sorge um Mütter, Väter und ihre Kinder eine Illusion ist. Das macht ihnen nicht zuletzt auch ein Vergleich deutlich: Der Mangel an Klopapier zu Beginn der Corona-Pandemie erschüttert die Republik. Er gilt für alle. Kurze Zeit, nachdem er entsteht, sind die Medien und die Vorratskammern voll damit – die einen mit der Thematik, die anderen mit dem Produkt. Nach wenigen Wochen wird wieder aufgeatmet: So schlimm war er nicht, dieser Mangel. Und im allerschlimmsten Fall kann sogar ohne Klopapier ausgekommen werden. Puh. Oder Bäh. Egal. Es ist kein Mangel von existenzieller Natur, und er hält nicht auf Dauer an.

Zweieinhalb Jahre später sind wichtige Medikamente für Kinder, auch für Klein- und Kleinstkinder, nicht mehr verfügbar. Vor allem Rabattstrukturen der Krankenkassen, die Verlagerung von Produktionsstätten ins Ausland, die daraus folgende Abhängigkeit von wenigen Großstandorten, Produktionsdrosselungen während der Pandemie und fehlende Lagerhaltung[2] führen zu langwierigen Perioden, in denen sich – dummerweise gerade im Winter – die Hausapotheken leeren und aufgrund von »Lieferschwierigkeiten« keine neuen Medikamente in den Apotheken parat sind. Dieser Mangel zieht weniger Aufmerksamkeit auf sich als der Mangel an Utensilien, mit denen man sich den Hintern putzt. Und der Eindruck entsteht: Klopapier ist wichtiger als Kinder und deren Gesundheit.

Zudem bleiben die Regale mit wichtigen Medikamenten sehr lange leer und es stellt sich heraus: Politik und Wirtschaft wussten schon jahrelang, dass ein solcher Mangel möglich werden kann, dass die Lieferketten bei Medikamenten äußerst fragil sind.[3]

Viele Konversationen, die Eltern mit anderen führen, klingen nach Sorge: »Das Kind ist zu warm angezogen« oder »Willst du nicht das oder jenes mit ihm ausprobieren?«, heißt es da oft. Die Gegenprüfung, ob diese Fragen tatsächlich mit Sorge verbunden sind, lässt sich nun im Winter 2022/2023 durchführen. Als gleich mehrere für Eltern kräftezehrende Entwicklungen im Gange sind und kaum schnelle Lösungen in Sicht.

Denn das eine Jahr endet mit Mängeln und das neue geht mit Mängel-Perspektiven weiter. 2023 gibt es zu wenig Kita-Fachkräfte[4] – 98 600 an der Zahl, an Schulen sieht es nicht besser aus: Im Jahr 2025 sollen mehr als 25 000 Absolventinnen für das Grundschulamt fehlen – vielleicht noch mehr. Der Mangel ist damit laut der Bertelsmann Stiftung größer als noch vor wenigen Jahren erwartet.[5] Eltern hören nach diesen Meldungen erstaunliche Vorschläge, darunter auch den einer »Vier-Tage-Schulwoche«[6]. Bei nicht wenigen entstehen dadurch Schweißperlen auf der Stirn. Andere Informationen lösen Fragezeichen aus: »Nur gut die Hälfte der Lehrkräfte an allgemeinbildenden und beruflichen Schulen hat eine volle Stelle. Die Ständige Wissenschaftliche Kommission der Kultusministerkonferenz geht davon aus, dass durch die Aufstockung aller Teilzeitkräfte 205 000 ›Vollzeiteinheiten‹ besetzt werden könnten.«[7]

Mangel ohne Lösungen bedeutet auch, sich nicht mehr verlassen zu können. Dass alle Sinne auf Dauer im permanenten Überprüfungsmodus sind: Was ist Lösung B, wenn A nicht funktioniert? Was kann ich tun, wo finde ich Ersatz, wie bekomme ich ihn – und zwar schnell? Und dennoch werden die Sorgen auch als sogenannte First-World-Probleme, Privilegierten-Probleme abgetan: »Euch wird schon geholfen!«, »Jetzt wartet mal ab!«. Auch in Krisensituationen wissen viele noch viel mehr besser. Jegliches (vermeintlich) bessere Wissen verstummt nur, wenn Mängel sich Bahn brechen. Wenn doch deutlich wird, dass sie auch die Schwächsten der Schwachen treffen: Säuglinge mit Lungenentzündung werden im Winter 2022/2023 an deutschen Krankenhäusern aufgrund der Mangelsituation abgewiesen, im besten Fall mit Überwachungsgerät nach Hause geschickt. Eltern bringen eigene Medikamente in Krankenhäuser mit, weil diese auch dort knapp sein könnten. Eltern von chronisch kranken Kindern verlieren ihre Liebsten, weil die durch den Mangel notwendig gewordenen Verlegungswege zu lang waren.[8]

An der ein oder anderen Stelle hört man in diesen Zeiten, das müsse man schon etwas geraderücken, das treffe schließlich nicht die Mehrzahl, die gesunden Kinder.[9] Aussagen, die tief in manch deutsche Seele blicken lassen und eine Botschaft beinhalten: »Mutter, kriege am besten ein gesundes Kind, dann werden deine Sorgen weniger sein. Bekommst du ein krankes, anfälliges Kind, na gut, dann musst du mit dem leben, was zu kriegen ist.«

Die Folgen der Pandemie zeigen jedoch immer mehr Eltern schonungslos, was es bedeutet, sehr kranke Kinder zu haben, von denen manche ohne ärztliche Behandlung auskommen müssen: Durch die Kita-Schließungen haben vor allem die in den Jahren 2019 und 2020 geborenen Kinder keinen oder wenig Kontakt zu Viren gehabt. Ihr Immungedächtnis ist nicht so gut ausgebildet wie unter normalen Bedingungen. Der sogenannte Respiratorische Synzytial-Virus sorgt daraus folgend nicht wie gewöhnlich nur bei wenigen Prozent der Kinder für schwere Verläufe, sondern nun bei einigen mehr. Die Betten in Krankenhäusern werden knapper, viele Kinderstationen sind überfüllt.[10] Ein Déjà-vu, das in diesem Falle vor allem Eltern von kleinen Kindern erleben »dürfen«.

Wegen des gleichen Virus war unsere Erstgeborene 2016 im Krankenhaus. In Isolation. Quarantäne. Ich erinnere mich an dauerhafte Sauerstoffzugabe, ein alarmierendes Piepen, wenn wieder zu wenig davon beim Kind ankam. Pflegerinnen und Ärztinnen, die oft nur einmal am Tag vermummt kurz den Kopf ins Quarantänezimmer hineinstreckten. Sechs Jahre später tue ich alles dafür, dass ihr kleiner Bruder nicht dorthin muss. Auch ihn hat das Virus erwischt, wir inhalieren und inhalieren. Meine Hoffnung: »Bitte, bloß kein Krankenhaus!«

Was bei Kind 1 noch eine Erlösung war, will ich bei Kind 2 verhindern. Damals fühlte ich mich noch gut aufgehoben in einem Land, das weltweit für seine Krankenhäuser und Ärztinnen bewundert wird. In dem circa 440 Milliarden Euro jährlich für das Gesundheitssystem ausgegeben werden.[11] Damals beruhigte mich der Satz: »Wir sind hier in Deutschland!« Nur wenige Jahre später bin ich meilenweit von Beruhigung entfernt – und die gleichen Worte lösen bei mir eher Panik als Entspannung aus. In der Nacht, mit krankem, schwer röchelndem Kind, mit der Gewissheit, dass das System komplett überlastet ist, sind meine Mutterinstinkte erst einmal das Einzige, was ihm und mir bleibt.

Es gibt Ärztinnen, die klar sagen, dass die Kindersterblichkeit in Deutschland wieder steigen wird, auch die Müttersterblichkeit. Erste Zahlen deuten darauf hin, dass ihre Einschätzungen stimmen könnten.[12] Sie sprechen im Dezember 2022 von »chaotischen Zuständen«[13] auf Kinderstationen. Das Schlimmste sei, berichtet eine Ärztin aus Freiburg, dass ihre Klinik »einfach kein verlässlicher Partner mehr« für die

Familien sein könne.[14] Mütter berichten von »ständiger Angst«. Weil sie nicht mehr sicher sind, dass ihre Kinder gut versorgt werden, wenn es darauf ankommt. Oder sie beschreiben die »schlimmsten Momente« in ihrem bisherigen Leben, weil auf die Schnelle kein Krankenhausbett für ein schwerstkrankes Kind verfügbar war.[15] »Dieses Gefühl, keine Aussicht auf Hilfe zu haben, potenziert die Angst ins Unendliche«, beschreibt eine von ihnen.[16]

Die Verzweiflung trifft auch andere gesellschaftliche Gruppen, die schon stark belastet sind. Die Präsidentin des Deutschen Roten Kreuzes, Gerda Hasselfeldt, erklärt ebenso im Dezember 2022: Immer häufiger schlage die Verzweiflung von Eltern in Gewalt gegen das Klinikpersonal um. Eine gute Einbindung der Eltern sei nicht möglich. Diese Informationsverluste würden zu mehr Beschwerden und mehr Anspannung führen.[17] Auch wenn Bundesgesundheitsminister Karl Lauterbach eine »Revolution«[18] anstrebt, die Anreize zu »billiger Medizin«[19] in der Kindermedizin anprangert: Experten gehen davon aus, dass es Jahre dauern wird, bis spürbare Veränderungen eintreten. Wenn überhaupt könnte die »Digitalisierung«[20] alles schneller voranbringen. Auch kommt es auf die Konsequenz der Politik an, ob die Vorhaben der einen Bundesregierung von der darauffolgenden weiter umgesetzt werden.

Das sind nicht unbedingt beruhigende Aussichten für Eltern, vor allem aufgrund ihrer Erfahrungen mit konsequenter Umsetzung politischer Versprechen in diesem Land – bei Entlastung sowie Digitalisierung.[21] Ihr Alltag wartet nicht, kennt keine Pause, geht unerbittlich weiter. Denn neben all den anderen Entwicklungen ist auch die institutionelle Betreuung nach Jahren der Ausnahmesituation durch die Pandemie ebenso durch eine Krankheitswelle im Winter 2022/23 betroffen: Sie führt bei immer mehr Einrichtungen zu eingeschränkten Öffnungszeiten oder gar Notbetreuung.[22] Auch hier erleben Eltern ein Déjà-vu.

Krankes Betreuungspersonal, kranke Kinder, im schlimmsten Fall eine kontinuierliche Abwechslung dieser Zustände bedeuten nicht nur Sorge, sondern auch existenzielle Probleme – lassen Eltern fragen: Wie kann eine Berufstätigkeit auf Dauer so bewältigt werden? Wie können wir standhalten? Reicht die Versorgung auch für uns? Mentale Belastungen solcher Art werden in unserem System nicht aufgezeichnet: In Deutschland gibt es zwar »Abrechnungsziffern«[23] der Kliniken, an denen sich ablesen lässt, wie viele Menschen mit welchen Krankheiten behandelt werden. Sie zeigen aber nicht, welchen Leidensweg eine Familie auf sich nehmen muss, bis sie ein Krankenhausbett für ein krankes Kind bekommt. Und die »Süddeutsche Zeitung« (SZ) stellt fest: Ende der 1990er-Jahre gab es 25 000 Betten in deutschen Kinderkliniken, 2022 sind es noch 18 000. Währenddessen steigt die Geburtenrate wieder leicht.[24]

Eine Oberärztin vergleicht die Suche insbesondere nach Intensivbetten für Kinder mit dem Spiel »Tetris«, der SZ-Journalist Werner Bartens führt aus: »Es wird zwischen den Kliniken mittlerweile geschachert wie auf dem Basar: ›Ich nehme ein beatmetes Kind, dafür nehmt ihr ein Kind mit Diabetes und den Säugling.‹ Und so fahren Krankenwagen aus Starnberg nach Ulm, Deggendorf oder Landshut. Belegt mit schwer kranken Kleinkindern oder schwangeren Müttern, die dringend entbinden müssten.«[25] Die Gründe haben auch mit sogenannten Fallpauschalen[26] zu tun – oder kurz zusammengefasst: Kinderkliniken sind einfach nicht lukrativ.

Am Ende zeigt dieser Zustand Familien vor allem eines: Kinder sind nicht die Zukunft dieses Landes, sonst würde es in ihre Gesundheit und deren Absicherung investieren. Hierzulande sind Behandlungen für Erwachsene, Operationen bis ins hohe Alter (vor allem von Privatpatienten) für Krankenhäuser attraktiv, die Kindermedizin ist es nicht.[27] Und für Mütter sieht es nicht besser aus: Keine Zahl zeigt an, wie lange sie suchen müssen, um einen Platz für die Geburt zu ergattern oder um eine Hebamme für ihre Vor- und Nachsorge zu bekommen. Auch mit ihnen kann offenbar nicht genug Geld verdient werden.[28]

Im Dezember 2022 beschließt der Bundestag schließlich das Krankenhauspflegeentlastungsgesetz, das ihre Versorgung verbessern soll.[29] Überfällig, denn in den vergangenen Jahren nimmt die Präsidentin des Deutschen Hebammenverbandes, Ulrike Geppert-Orthofer, in der Mütterversorgung eine Verschlechterung wahr: »Was deutlich schlimmer wurde, ist der Personalmangel in den Kreißsälen: Eine Hebamme betreut unter der Geburt parallel deutlich mehr Frauen als noch vor einigen Jahren. (…) In jedem dritten Dienst kümmern sich 50 Prozent der Hebammen um drei Frauen gleichzeitig. Ein Drittel von ihnen sogar um vier und mehr Frauen gleichzeitig. Das ist weder den Frauen noch den Hebammen zuzumuten.«[30] In Ländern wie Großbritannien sei dagegen eine 1:1-Betreuung die Normalität. Ihre dortigen Kolleginnen würden staunen, sagt Geppert-Orthofer, wenn sie die Betreuungsquoten für Mütter in deutschen Kreißsälen erfahren würden, da das deutsche Gesundheitssystem doch so einen guten Ruf habe.

Die Weltgesundheitsorganisation stellt 2019 klar, »dass qualitativ hochwertige Hebammenbegleitung mehr als 50 Gesundheitsfaktoren im Leben einer Familie positiv beeinflussen kann«[31]. Doch in Deutschland werde die Qualität der Geburtshilfe laut den Beirätinnen des Deutschen Hebammenverbandes, Andrea Ramsell und Ursula Jahn-Zöhrens, am »Outcome des Kindes und an der mütterlichen Mortalität sowie der Frühgeburtsrate«[32] gemessen. Nicht am psychischen und physischen Allgemeinzustand der Mutter.[33]

Inzwischen organisieren sich vermehrt Eltern, um gegen diese Zustände zu protestieren. In den Ministerien komme langsam an, »dass die Geburtshilfe verbessert werden muss«, sagt Geppert-Orthofer. Zudem würde die Medizin weiblicher. Vor allem jüngere Ärztinnen würden sich vermehrt dafür einsetzen, dass eine Geburt eine einschneidende Erfahrung für die Frauen sei. Umso besser sie ablaufe, umso schneller würden sie sich erholen, was für alle nur Vorteile habe – nicht zuletzt auch für die Wirtschaft. Traumata würden die Mütter noch Jahre später belasten. »Müttergesundheit ist aber nicht nur ein ökonomischer Faktor«, sagt Geppert-Orthofer. Gute Geburtserleben seien für das Empowerment der Frauen essenziell.

Die Hoffnung für viele Mütter ist, dass die schlechten Zustände politisch nicht mehr mit dem Gießkannen-Prinzip bearbeitet werden: Immer mal wieder ein paar Hundert Euro Extra-Unterstützung für Familien, für das sie pflegende oder betreuende Personal, gerne auch mal 300 Millionen Soforthilfe für Kinderkliniken, was nach viel klingt, aber bei 330 Kinderkliniken in Deutschland nicht viel ist. Und überhaupt kommt offenbar eine solche Direkthilfe bisher nur selten dort an, wo sie dringend gebraucht wird.[34]

Der (Zeit-)Mangel in Krankenhäusern und ebenso in Kinderarztpraxen hat noch andere Auswirkungen: Mütter treiben, vor allem beim ersten Kind, viele Sorgen um, die Intuition bildet sich gerade erst heraus. Manche Sorgen sind berechtigt, andere nicht. Das zu erkennen, regelt dann die Erfahrung. Aber nicht selten wird sich sorgenden Müttern schon recht früh ein schlechtes Gewissen gemacht, warum sie sich denn überhaupt Sorgen machen würden. Wenn sie beispielsweise nur wegen eines leichten Infekts anstatt eines richtig schwerwiegenden mit ihrem Kind zum Arzt gehen. Mit einem Helikopter werden sie verglichen. Und als taff und erfahren jene bezeichnet, die mit ihren Kindern lange keine Hilfe suchen. Doch was vermeintlich als souverän gilt, birgt Gefahren: Sind Mütter wirklich zunächst die besseren Ärztinnen oder Therapeutinnen für ihre Kinder? Kann das auch schiefgehen? Und ist das am Ende nicht eher eine Grundlage für mehr Überforderung? Wenn Mütter, die sich aus Unsicherheit medizinischen Rat holen, womöglich eine Abwertung erfahren? Und diejenigen geschätzt werden, die ihren Kindern allein wieder auf die Beine helfen, die das Gesundheitssystem nicht belasten?

Vermeintliche Wertschätzung kann ebenso dazu dienen, dass bestehende Mängel auf dem Rücken der Mütter und ihrer Kinder ausgetragen, dass wieder die Lücken mit ihnen gestopft werden. Und wartet eine Mutter zu lange, bis sie mit dem Kind zum Arzt geht, und es passiert etwas, ist ihr die Schuldzuweisung gewiss.

Solche Entwicklungen führen langfristig ebenso nicht zu mehr (psychischer) Stabilität bei Müttern. Wenn ihrer Intuition keine Zeit gegeben wird, sich zu entwickeln. Wenn sie danach handeln, was vorhanden oder was nicht vorhanden ist. Nicht weil es gut für sie ist. Mangel macht nur vermeintlich abgebrühter. Nicht zum Wohl des Kindes, nicht zum Wohl der Mütter.

Diese Entwicklung bringt wieder eine Frage mit sich: Warum sorgt sich ein Land, das die Mutter und ihre Aufgaben in Familie und Haushalt im Vergleich zu anderen Ländern noch derart hochhält, nicht wahrhaftig um sie, sondern pflegt stattdessen so lange die Mängel? Ist die Sorge nur Fake? Mütter, die der psychischen Belastung nicht mehr standhalten, könnten dieses Gefühl bekommen. Mütter, die deswegen ihre Familie verlassen. Nicht einfach so, sondern weil sie nicht mehr können. Sie werden um ein Vielfaches mehr abgewertet als Männer, die gehen.

»Das Handy blieb stumm«, beschreibt eine Betroffene in einer Fernsehreportage ihre Situation kurz nach dem Auszug.[35] Sie habe stets perfekt funktioniert – genäht, gebastelt, gekocht »wie la Mamma«[36]. Dann fällt sie in einen Abgrund, sie küsst die »Hölle«, hat schlimmste Panikattacken, kann teilweise ihre Beine nicht mehr bewegen. Sie geht, verlässt die Situation, die sie krank gemacht hat – aber nicht ihre Familie, sie bleibt weiter Mutter für ihre Kinder. Wird für sie gesund. Viele ihrer Mitmenschen wechseln trotzdem nun die Straßenseite, wenn sie sie sehen. Wollen nicht mehr mit ihr sprechen. Aber reden über sie und ihre Entscheidung zu gehen, als wäre es das Schlimmste, was ein Mensch tun könne. Als hätte sie in dieser existenziellen Notlage eine Wahl gehabt. Sie fragen nicht nach. Ein »Wieso ist das so?« hätte für sie viel geändert, sie hätte sich erklären, es zumindest versuchen können.[37] Das wäre doch alles schon schwer und traurig genug gewesen[38] – und dann kommt noch die Ausgrenzung hinzu. Ihre Genesung beschleunigt das nicht. Sie fängt an, zu viel Alkohol zu trinken, ihre Gefühle zu betäuben, die Einsamkeit. Dabei hat sie aus Selbstschutz nach einem völligen Zusammenbruch die Reißleine gezogen, damit sie nicht vollständig untergeht. Und ihre Umgebung antwortet mit Abwertung.

»Ich finde es immer wieder erstaunlich, wie viele negative Impulse kommen und wie viele Leute es wagen, Abwertungen auszusprechen. Logisch wäre, als Erstes zu fragen: Was brauchst du? Wie geht es dir? Wie können wir dich unterstützen? De facto ist es aber so, dass ganz viele bewerten«, erklärt Felizitas Ambauen als Therapeutin die Situation.[39] Ein Grund für sie: Viele derjenigen, die bewerten, würden die Situation einer ihnen oft auch fremden Frau auf sich beziehen. Solche selbstbestimmten Handlungen von Frauen würden immer noch Ängste bei Außenstehenden auslösen. Das Abwerten habe laut Ambauen viel mit der eigenen Geschichte zu tun.

Keine Mutter verlässt ihre Kinder einfach so, keine Mutter bricht einfach so zusammen, keine Mutter kann einfach so nicht mehr. Das gilt für Väter übrigens ebenso. Aber bei einer Mutter sind die Gründe für das Gehen häufig ungenügend, jedenfalls für ziemlich viele. Die Mutter hat für ihre Familie, ihre Kinder, ihre Umgebung zu funktionieren. Ihre Entscheidungen werden nicht hinterfragt, sondern direkt bewertet – zu größten Teilen negativ. Empathie und Verständnis, ehrliche Sorge erfahren Mütter weniger als Väter. Die Gefährdung ihres mentalen Wohlbefindens ist somit gar gesellschaftlich gewollt, mindestens akzeptiert. Doch diese Akzeptanz, dass die Mutter sich aufzugeben hat für ihre Liebsten, ist eine Belastung für unser aller Zukunft. Die Inakzeptanz, wenn Mütter »aufgeben«, weil sie nicht mehr können, auch.

Die oft sehr strenge Umgebung achtet zwar oberflächlich, vermeintlich penibel darauf, dass Kinder gut aufwachsen. Sie erkennt aber zu wenig an, dass das nur möglich ist, wenn es den Müttern gut geht. Zu große Anforderungen an sie, zu wenig Empathie gegenüber ihnen fördern gerade das, was diejenigen, die sich mit »Sorge« einmischen oder aufgrund von »Sorge« bewerten, vermeintlich verhindern wollen: dass es den Kindern schlecht geht. Und sie verneinen damit auch die Erfahrungen von Müttern, die nach einer massiven Erschöpfung Konsequenzen ziehen. Diese berichten, dass ihre Kinder sie als entspannter wahrnehmen. Die Zeit für sich lässt wieder mehr Platz für Emotionen und Wahrnehmung.

Und nur die nicht echte Sorge lässt Mütter glauben, dass nur, wenn sie funktionieren, nicht alles den Bach runtergeht. Dabei führt eine solche Einstellung dazu, dass sie immer weniger gut funktionieren können. Die Journalistin Ulrike Légé beschreibt ihren »Eltern-Burnout« so: »Ich setzte mich unter Druck: Irgendwie müsste ich es schaffen, ihnen trotzdem eine heile, sonnige Kindheit zu kreieren. (…) Damals erschien mir das alles völlig logisch und unbedingt, unverhandelbar nötig. (…) Ich fühlte mich zunehmend unwohl in meiner eigenen Haut. Um möglichst viel zu schaffen, wurde ich immer kontrollierender und unflexibler. Ich hetzte meinen Listen hinterher und war kurz angebunden, dünnhäutig und harsch, wenn etwas nicht nach Plan lief. Weder meine Kinder noch mein Mann konnten ein entspanntes Miteinander leben mit dieser getriebenen ›machen, machen, machen‹-Mama. Wenn sie sich mir aber entzogen, fühlte ich mich noch schlechter und erhöhte meinen Druck. Ein scheußlicher Teufelskreis.«[40]

Manche enden in der Erschöpfung, der Körper zieht die »Notbremse«[41], andere halten durch und suchen vermeintlichen Trost. Eine Mutter erzählt, dass das zweite Kind die Wendung brachte, hin zu diesem »falschen Freund«[42], wie sie den Alkohol nennt. Als sie nicht mehr arbeiten ging, zu Hause blieb. Erst fing sie mit ein paar Gläsern Wein an. Schließlich begann sie den Tag mit einer Flasche Wodka, direkt nachdem ihr Mann morgens das Haus verließ. Um ihr Leben auszuhalten, das nichts mehr mit ihren eigentlichen Plänen, mit ihrem Ich, zu tun hatte: »Ich wurde immer unsicherer. Das war ja dann auch die Zeit, wo ich nicht rauskam. Ich war ja eigentlich in dieser Situation gefangen. Ich habe keinen Ausweg gesehen für mich, dass es in irgendeine Richtung gehen könnte.« Der Alkohol wurde notwendig, erzählt sie, »damit ich dann wieder vor anderen funktionieren konnte. Aber letztendlich war es wirklich: ich war bei meinem Freund.«[43]

In den sozialen Medien gibt es die Hashtags #winemoms oder #mamabrauchtwein. Vordergründig versuchen die Frauen anhand von Posts oder Reels auf lustige Art klarzustellen, dass sie gerade viel Belastung haben. Der Wein ist die Belohnung für das, was sie alles am Tag geschafft haben. Für manche ist sie der Beginn eines Leidensweges. Die US-amerikanischen Soziologinnen Harmony Newman und Kyle Anne Nelson sehen darin ein Phänomen vor allem der weißen Mittel- und Oberschicht in ihrem Land. Bei den Postings gehe es zwar um die Belastungen, die mit Elternschaft einhergehen, und nicht um die Glorifizierung von Rausch. Am Ende sei es aber ein Werben für den Alkohol als Mittel zur Bewältigung ihres Alltags – und auch eine Fluchtmöglichkeit.[44] Eine deutsche Mutter beschreibt es als »zurück ins Leben trinken«[45]. Diese Entwicklung zeigt auch, dass sich Mütter Ventile suchen. Für die Erwartungen, die an sie herangetragen werden. Für die generalisierten Schablonen, die über sie und ihre Leben gelegt werden. Die getrunkenen Gläser Wein am Abend sind für zu viele Mütter ein zeitsparendes Mittel, um Druck abzulassen.

»Die Unvereinbarkeit zwischen Arbeit und Kinderbetreuung ist real, die Belastung dadurch größer«, sagt Sandra Schmid, Leiterin einer der größten Suchtkliniken in Bayern, in einem Interview mit der Wochenzeitung »Die Zeit«. Sie sehe vor allem Alleinerziehende und Akademikerinnen in höheren Positionen, die zunehmend unter Druck stehen und schnelle Entlastung und Zerstreuung suchen.[46] Auch dass Kinder immer mehr zu einem Projekt würden, das erfolgreich sein müsse, hat laut einer Betroffenen einen großen Einfluss: »Aber daran kann Alkohol natürlich nichts ändern, das kann nur die Gesellschaft tun.«[47]

Um die (Gefühls-)Lage von Müttern zu verbessern, braucht es pragmatische Hilfe, gezielte Angebote, mehr freie, schneller verfügbare Plätze in Kliniken. Noch zu oft werden Kuren von den Krankenkassen abgelehnt und erst ein Widerspruch führt zum Erfolg.[48] Die Akzeptanz, dass die geschilderten Probleme echt sind, ist bitter nötig. Ebenso wie die Erkenntnis, dass jegliche Aufschiebung ihrer Lösung mehr Leid mit sich bringen wird.

Die seelischen Belastungen der Mütter stiegen schon vor der Pandemie an, die Folgen durch die vergangenen drei Jahre lassen sich erst langsam erahnen. Im »AXA Health Report« heißt es: »Die sich beschleunigt ausbreitende Pandemie der Seele trifft auf begrenzte medizinische Kapazitäten. (…) Nach der ärztlichen Diagnose vergehen im Schnitt (…) drei bis neun Monate, bis die Betroffenen einen Therapieplatz bekommen. Diese Verzögerung überfordert die seelischen Widerstandskräfte vieler Menschen, erschwert die erfolgreiche Behandlung der durch die Pandemie ausgelösten mentalen Probleme und führt im schlimmsten Fall sogar zu chronischen psychischen Störungen.«[49] Insbesondere Frauen könnten von Langzeitfolgen durch die Pandemie betroffen sein: Für 44 Prozent von ihnen nahmen laut den AXA-Zahlen die allgemeinen Herausforderungen und Probleme während der letzten Jahre zu – bei den Männern galt das für 31 Prozent. Das Stresslevel von Frauen stieg laut dem Report zusätzlich, wenn sie Kleinkinder hatten und ohne unterstützende Betreuung auskommen mussten. Zudem heißt es: Die mentale Belastung von deutschen Müttern wäre erheblich höher als die des europäischen Durchschnitts gewesen. Nur deutsche Frauen ohne Kinder hätten daruntergelegen.[50] Knapp 60 Prozent der Mütter hierzulande gaben an, dass sie es in den vergangenen (Pandemie-)Jahren nur selten geschafft hätten oder nie schaffen würden, neue Kraft zu tanken. Viele von ihnen haben in der Pandemie zum ersten Mal unter psychischen Beschwerden gelitten.[51]

Die Erfahrung der vergangenen Jahre zeigt, was passiert, wenn Probleme nicht gelöst werden: Mit der Pandemie traf eine Krise auf eine Versorgungslandschaft, die eigentlich schon seit Jahren nicht mehr gut funktionierte, und brachte diese fast zum Bersten.[52] Nicht wenige Rehakliniken, Genesungswerke für Mütter kämpften teilweise und zeitweise um ihr Überleben, fuhren Defizite ein, auch weil staatliche Unterstützungsleistungen relativ schnell eingestellt wurden, die Auflagen aber erhalten blieben – was mehr Material- und auch Personalkosten mit sich brachte.[53]

Das sind keine rosigen Aussichten für die gesundheitliche Versorgung, speziell für Mütter, vor allem wenn der Begriff »Belastung« einmal genauer betrachtet wird. Unter was leiden die, die nicht mehr können, und welche Auswirkungen hat es auf den weiteren Verlauf ihres Lebens? Die »Erschöpfungsdepression« oder auch »Stressdepression« wird laut WHO bis zum Jahr 2030 zu den häufigsten Krankheitsbildern zählen. Wenn der »positive« Stress, der beispielsweise die Konzentration steigern kann, auch »Eustress« genannt[54], nicht abgebaut werden kann, sondern sich zu einem negativen, lang andauernden Stress – zum »Distress« – entwickelt, wird es für die Betroffenen zunehmend problematisch.[55] Sie haben meist über einen langen Zeitraum stark über ihre Grenzen gelebt, Höchstleistungen erbracht, obwohl sie schon zu lange erschöpft waren, fühlen anhaltende Anspannung, »bis sie Gefühle der Ohnmacht und körperliche Beschwerden erleiden«[56].

Silvia Selinger-Hugen, Leiterin einer Rehaklinik für Frauen auf Norderney, beschreibt in einem Interview mit dem NDR-Magazin »Visite« die drastischsten Folgen: Ausgeprägte Erschöpfungssyndrome, gepaart mit Atemwegserkrankungen, Muskel-Skelett-Erkrankungen, Hauterkrankungen, Schmerzsyndromen.[57] Gründe für dauerhafte Erschöpfung liegen womöglich auch in der Kindheit, an fehlenden und gestörten Beziehungen. Darauf weist die Ärztin und Therapeutin Dr. Mirriam Prieß in einem Interview hin: »Man ist eine Zeit lang davon ausgegangen, dass zu viel Arbeit für Erschöpfung und Burnout verantwortlich ist. (...) Stattdessen steht der Beziehungsaspekt zentral im Vordergrund. Das zeigte sich dadurch, dass die Patienten entweder konfliktreiche berufliche oder private Beziehungen oder wenige soziale Kontakte hatten. Jeder von ihnen hatte zudem die Beziehung zu sich selbst verloren. Das heißt, dass sie ein Leben geführt haben, das ihnen nicht wirklich entsprochen hat. Sie haben funktioniert und nach einer Vorstellung von sich, wie man zu sein hat, gelebt.«[58]

Was es heißt, »Beziehungen« zu führen, lernen Kinder in den ersten Jahren ihres Lebens. Sie beobachten ihre Bezugspersonen, wie sie mit sich selbst und untereinander umgehen. Sie erleben die Atmosphäre, die »tagtägliche Beziehungsatmosphäre«[59]. Eine Erkenntnis ist für ihre gute Entwicklung zentral: dass sie gut sind, so wie sie sind. Und Wertschätzung nicht an Bedingungen oder eine Funktion geknüpft ist.[60] Wenn sie dagegen sehen, dass ihre Mütter mit sich und ihren individuellen Bedürfnissen wenig behutsam umgehen – was macht das mit ihnen? Eine Folge könnte sein, dass über Generationen hinweg gelebte, ungesunde Muster immer wieder von Neuem an Kinder weitergegeben werden.

Im schlimmsten Fall verändert sich gar der Hirnstoffwechsel von Kindern traumatisierter oder depressiver Mütter schon in jüngsten Jahren. Die andauernde Konfrontation mit Stress produziert bei ihnen geringere Mengen an Cortisol. Dabei schützt genau dieses eigentlich vor »negativen emotionalen Spitzen«[61], wie Studien zeigen. Wenn es schon in der Kindheit zu wenig produziert wird, können später unter anderem Angststörungen die Folge sein. Auch wenn das wiederum nicht die Mehrheit betreffen wird, bergen Zeiten wie diese durchaus die Gefahr, dass sich Depressionen unter Müttern häufen, mindestens die Erschöpfungssyndrome. Und Auswirkungen haben. Ein guter Selbstwert der Eltern, genau zu wissen, was die eigenen Bedürfnisse sind, ist laut der Psychologin Prieß ein wichtiges Fundament für die gesunde Entwicklung eines Kindes: »Wenn die Eltern dies vorleben, besteht die Chance, dass die Kinder von heute nicht die erschöpften Erwachsenen von morgen sind.«[62]

Für die Geschäftsführerin des Müttergenesungswerks, Yvonne Bovermann, sind die immer noch sehr etablierten patriarchalen Strukturen in diesem Land mitverantwortlich, warum Muttersein immer noch ein »Gesundheitsrisiko«[63] darstelle. Und sie kritisiert, dass die Bundesregierung zu wenig die Belastungen durch Care-Arbeit in den Fokus nehme. Im aktuellen Koalitionsvertrag der Regierungsparteien kämen sowohl Mütter wie auch Väter und pflegende Angehörige nicht vor.[64] »Der Vertrag ist sehr kinderzentriert, was auch gut ist. Es geht nicht darum, das eine gegen das andere auszuspielen. Doch die beste Kinderförderung wird schwer gelingen, wenn die Eltern nicht auch im Fokus stehen.«[65]

In Ländern wie Großbritannien gibt es die sogenannte Parenting-Forschung, bei wissenschaftlichen Studien in Deutschland stand dagegen lange ebenso das Kind im Vordergrund. Inzwischen öffnet sich das Feld für breitere Ansätze, die Rahmenbedingungen für Eltern genauso mitdenken.[66] Genügend Gründe dafür gibt es: »Es macht etwas mit Menschen, wenn sie so krank werden und sich so verletzt fühlen, dass sie die Grundversorgung ihrer Bedürfnisse gar nicht mehr stemmen können. Das ist ein Verwundbarkeitsgefühl, das einen noch ganz lange begleitet. Das lässt sich mit Kosten im Gesundheitssystem gar nicht mehr beziffern«, sagt Bovermann.[67]

Was bedeutet das für den Wohlstand eines Landes? Welche Kosten entstehen? Wäre die Prävention nicht günstiger, als im Nachhinein mühsam die Scherben aufzukehren? Moderne Familienpolitik und fortschrittliche, gleichberechtigte Gesellschaften zeichnen sich auch dadurch aus, dass Frauen und Mütter spüren, dass ihre Leben ebenso frei sind wie die der anderen gesellschaftlichen Gruppen. Um dies zu erreichen, darf die Gesellschaft Kosten und Lasten nicht mehr abwälzen, nicht mehr externalisieren auf Mütter und ihre Verantwortung nicht mehr internalisieren – also sie, die ja die Kinder schließlich »selbst wollten«, als Verursacherinnen sehen und die Folgen allein ausbaden lassen.[68]

Deutschland ist für seinen Wohlstand und seine Wirtschaftskraft auf Menschen angewiesen. Das gesunde Aufwachsen der im Wirtschaftsjargon genannten »Human Resources« ist die Basis, die auch in Zukunft noch den Unterschied machen kann und wird. Weil das deutsche Betreuungs- und Bildungssystem in den nächsten Jahren unter Mangel leiden wird[69], kommt Eltern eine noch wichtigere Rolle zu, um die jüngere Generation zu prägen und zu fördern. Dafür müssen sie gestärkt werden, muss die Sorge um sie echt sein. Ihre Gesundheit hat entscheidende Auswirkungen auf die Zukunftsfähigkeit dieses Landes. Sie muss eine größere Rolle in der öffentlichen Diskussion und Wahrnehmung sowie in den politischen Entscheidungsgremien einnehmen. Die dringend notwendigen Veränderungen müssen mit mehr Druck und Willen vorangetrieben werden als bisher. Mit mindestens so viel Druck wie dem, der auf Eltern und insbesondere den Müttern seit Jahren lastet.

5

»Wir freuen uns aufs Babysitten«

Auf der Suche nach Verlass: Tradierte Rollen überdauern die Jahrtausendwende, haben Einfluss auf die heutige Infrastruktur. Warum junge Mütter ihre Vorstellungen von einem zeitgemäßen Leben im 21. Jahrhundert erkämpfen müssen und was eine falsche »Logik« damit zu tun hat.

> »Enttäuschung ist nur dort möglich, wo Täuschung bestanden hat. Deshalb ist Enttäuschung immer, so schmerzlich sie auch sein mag, ein Schritt der Wahrheit entgegen, eine wertvolle Befreiung von Irrtum und Illusion.«
>
> Hans Kruppa[1]

Eine Beziehung, in der ein großes Ungleichgewicht zwischen Macht und Vermögen herrscht, kann nicht gleichberechtigt sein. Derjenige, der mehr davon hat, ist sich dessen bewusst und gibt den Ton an, dem anderen bleiben nur Unterwerfung, Verweigerung, Rückzug, Trennung oder Aufstand. Die heutige Lage von deutschen Müttern ist eng verbunden mit der Entwicklung von Beziehungen über die Jahrhunderte hinweg, mit der lange vorherrschenden Glorifizierung der Hausfrau und der gelebten und nicht gelebten Solidarität zwischen den Generationen. All das kommt nicht ohne Illusionen, Täuschungen und Enttäuschungen aus. Umso drängender wird die Befreiung davon. Während über die Jahrzehnte hinweg das Individuum bedeutender wird, verharren das Muttersein und gesellschaftliche Vorstellungen dazu in starren Konventionen. Das politische und gesellschaftliche System bildet sich darum herum – und lässt gegenwärtig junge Mütter im Stich.

Das Wohl der Familie, der Kinder ist nach Auffassung der (westdeutschen) Mehrheit lange an ein Modell gekoppelt, das bei seiner Erfindung vor allem dem Ansehen und dem Machterhalt von Männern dienen sollte: das Hausfrauen- oder auch sogenannte Ernährer-Modell.[2] Ab Ende des 19. Jahrhunderts ist es für die »bürgerliche Gesellschaft« die vermeintlich sinnvollste Art des Familienlebens. Nach Meinung manch Vertreterinnen vor allem älterer Generationen beruht es auch heute noch auf absoluter Logik und jahrhundertealter Erfahrung. Ein Irrtum.

Das Hausfrauen-Konzept für die nicht-adlige Gesellschaft kam erst vor circa 150 Jahren auf. Kuriorserweise führte es in Zeiten nach (!) der »Aufklärung«, die sich der Vernunft, der Selbstbestimmung des Menschen verschrieb[3], für Frauen Chancen barg, in Zeiten des Fortschritts durch die Industrialisierung zu folgender Entwicklung: Zunächst fanden sich immer mehr »bürgerliche Frauen«[4] in der Position der Hausfrau wieder. Ihr Status galt in den ersten Jahrzehnten des deutschen Kaiserreichs, geprägt von wirtschaftlichem Aufstieg und gesellschaftlichen Veränderungen[5], auch als Abgrenzung zu unteren Schichten.[6] Diese nahmen sich jedoch die bürgerliche, städtische Gesellschaft zum Vorbild und das Hausfrauen-Konzept setzte sich in der Folgezeit ebenso auf dem Land und in der Arbeiterklasse durch.[7] Mit einem gravierenden Unterschied: Nur die oberen Gesellschaftsschichten und der Adel konnten sich Personal leisten, das die Aufgaben im Haushalt erledigte. Die Ehefrau als Hausfrau in weniger vermögenden Familien übernahm allein die unentgeltliche Arbeit – oder anders ausgedrückt: Der Lebensstandard der Eheleute ließ sich unterhalb der Oberschicht »nur durch die Ausbeutung der Ehefrau halten«[8].

Obwohl es mit einer Abwertung und Entwertung von Arbeitsleistungen einhergeht, überdauert das Hausfrauen-Konzept seitdem schon mehrere Generationen. Der Ökonom Henrik Kleven hat international erforscht, dass Frauen, die traditionelle Rollen in der Familie ein- und dadurch »Gehaltslücken« hinnehmen, diese Einstellung auch an ihre Töchter weitervererben. Er geht sogar davon aus, dass schon die Rolle der Großmutter mütterlicherseits »einen Einfluss auf die Gehälter der Enkelinnen hat«[9].

Viele Mütter fügen sich über die Jahrzehnte, weil die Mehrheitsmeinung da angreift, wo sie am verletzlichsten sind: am Wohl ihrer Kinder. Auch heute noch – obwohl das Modell in der jüngeren Generation immer weniger gelebt wird[10] – bleibt die Abwertung von Frauen, vor allem derjenigen, die frühzeitig nach der Geburt wieder arbeiten, erstaunlich stabil. Ebenso wie die schlechten Bedingungen für einen frühen Wiedereinstieg in den Beruf. Nebenbei sorgt das »Ehegattensplitting«, von Kritikern auch »Hausfrauen-Subventionierung« oder »Hausfrauen-Rabatt«[11] genannt, immer noch dafür, dass die Arbeit der Frau – vor allem in gut situierten Haushalten – sich aus Steuergründen nicht »lohnt«. Wohlgemerkt während der Ehe. Falls diese endet, ist die schon zuvor ausgeübte Berufstätigkeit der Frau oder die Weiterverfolgung einer Karriere für sie von hohem individuellen Wert. Nicht selten ihre Versicherung vor sozialem Abstieg. Eine Frage, die sich dadurch stellt: Ist es nicht verwunderlich, dass eine Steuererleichterung in einer Industrienation mit dazu beiträgt, dass manche Frauen eher keine Berufstätigkeit aufnehmen oder weniger arbeiten, obwohl diese (neben persönlichen Vorteilen für sie) mehr als förderlich für die Wirtschaft wäre?

Die Kulturwissenschaftlerin Sarah Diehl erklärt, dass die Familie von heute wieder flexibler werden, mehr Menschen in die Betreuung von Kindern einbeziehen müsse – was schon vor dem Trend zur Hausfrau durchaus gewöhnlich war: »Die Gesellschaft hat verlernt, dass sich alle umeinander kümmern können.«[12] Bis zum 19. Jahrhundert sei es völlig normal gewesen, dass mehrere Menschen sich für die Kinder verantwortlich fühlten. Hausfrauen und Männer als Haupternährer beendeten dieses Teamwork, was mit der Fokussierung auf nur eine Hauptbezugsperson einherging.

Inzwischen ist die Elternschaft erneut im Wandel: Väter wollen laut einer Studie der TU Braunschweig deutlich mehr Zeit mit ihren Kindern verbringen. Die Rolle des alleinigen Ernährers sagt ihnen nicht mehr zu. Nur noch 12 Prozent der deutschen »Nach-Boomer«-Väter[13] sehen es als ihre Aufgabe an, allein für den finanziellen Unterhalt der Familie zu sorgen. Woran es jedoch noch hapert: Erziehungsmaßnahmen werden weniger gerne gleichberechtigt geteilt. Väter wollen am liebsten »Kumpel« sein, auch in Abgrenzung zum eigenen Vater.[14] Dennoch: »Mutter- und Vaterschaft lösen sich in Elternschaft auf«, der Trend gehe hin zu einem »Alle-erfüllen-alle-Rollen« und dies möglichst perfekt. Dabei werden viele Väter ihren eigenen Vorstellungen von guter Vaterschaft nicht immer gerecht: »Hier zeigen sich Parallelen zur Mutter als Allrounderin, die im Job erfolgreich sein muss und gleichzeitig liebevoll die Kinder und ihre Verwandten umsorgt.«[15]

Beide Elternteile stehen immer mehr unter Erwartungsdruck und sind gleichzeitig mitten in der Transformation zu neuen, anerkannten Rollen. Optimistisch könnte man sagen, dass mehr Reibung, mehr Ehrlichkeit, mehr Offenheit die Scheidungsrate aktuell wieder leicht zurückgehen lässt.[16] Aber geschieden wird dennoch zu viel vor dem Hintergrund, dass sich noch bis zu einem Fünftel der Frauen auf das Versorgungssystem Ehe verlässt.[17] Die Unterhaltspflicht endet dagegen immer früher, aktuell mit der Vollendung des dritten Lebensjahres des jüngsten Kindes, mit nur wenigen Ausnahmen.[18] Dadurch müssen Mütter nach einer Trennung schneller finanziell für sich selbst sorgen, oftmals neben der hauptsächlichen Erziehung und der Betreuung der Kinder. Oftmals in Jobs, die nicht ihrer eigentlichen Ausbildung und Befähigung entsprechen, sodass sie auch niedrigere Einkommen hinnehmen müssen. Dies gilt vor allem, wenn Frauen wegen des Nachwuchses mehrere Jahre beruflich pausiert haben oder nur mit geringer Teilzeit wieder eingestiegen sind. Auch aus diesen Gründen ist die frühzeitige Vollzeit-Arbeit oder vollzeitnahe Berufstätigkeit eine Absicherung – und verdient keine Abwertung.

Die in Deutschland noch weitverbreitete Auffassung, dass die Mutter die wichtigste Bezugsperson in den ersten Monaten und Jahren für ein Kind sei, muss hinterfragt werden. Dafür hilft auch ein Blick über die deutschen Grenzen hinaus: 95 Prozent der Weltbevölkerung gestalten das Aufwachsen von Kindern vollkommen anders. Die Entwicklungspsychologin Heidi Keller kritisiert vor diesem Hintergrund, dass die sogenannte Bindungstheorie in Deutschland eine gewisse Allgemeingültigkeit hätte, obwohl ihre Grundlagen wissenschaftlich nicht fundiert und dazugehörige Experimente ethisch fragwürdig seien.[19] Sie ergänzt in einem Interview: »Ich habe in vielen Kitas gesehen, dass ErzieherInnen die Bindungssicherheit der Kinder beurteilen – und damit oft auch die Eltern gleich mit (›Na ja … bei deeeen Eltern …‹). Kinder solcherart zu klassifizieren – und das auch noch auf sehr fraglicher Grundlage – führt zwangsläufig zu Vorurteilen und wird der Individualität, die in den pädagogischen Programmen ja ganz oben steht, in keiner Weise gerecht.«[20] Auch weitverbreitete Eingewöhnungsmodelle wie das sogenannte Berliner-Modell stellt sie infrage: Es habe eine zu starke Fokussierung auf die Mutter und das Ziel, ihre Rolle auf die Erzieherinnen zu übertragen. Dabei brauche es vielmehr »ein zeitgemäßes, unsere Lebenswelt abbildendes, kultursensitives Eingewöhnungsmodell«[21]. Laut Keller werde die Bindung zu Gleichaltrigen, zu anderen Erwachsenen als den Eltern dabei völlig unterschätzt. In vielen anderen Kulturen der nicht-westlichen Welt würden Kinder immer noch von Netzwerken betreut. Die Hypothese der kooperativen Erziehung habe zudem eine große Bedeutung in der Geschichte der Menschheit, schreibt Keller in ihrem Buch »Mythos Bindungstheorie«: »Es gibt sie wahrscheinlich, seit der Mensch aufrecht gehen kann.«[22]

Laut dem Kinder- und Jugendpsychiater Dr. Karl-Heinz Brisch muss die Hauptbindungsperson sogar keinesfalls die Mutter sein, auch die Verwandtschaft sei nicht entscheidend, sondern vor allem bestimmte Verhaltensweisen: »Das Kind entwickelt eine Art Bindungspyramide: Wer am meisten Sicherheit gibt, kann am schnellsten trösten und steht an der Spitze der Pyramide. Ist diese Person nicht verfügbar, greift das Kind auf die zweit- oder drittbeste Bindungsperson zurück. Die Hauptbindungsperson kann dabei auch wechseln und zum Beispiel erst die Mutter, später der Vater sein, wenn sich dieser intensiv und feinfühlig um das Kind kümmert.«[23]

Ebenso muss das sensible Thema »Stillen« hinterfragt werden: Eine Frau, die ihr Baby ausschließlich stillt, verbringt vor allem am Anfang mehrere Stunden am Tag mit der Ernährung ihres Kindes. Dass nur sie als Frau das kann, ist nicht zu ändern, aber ihre Möglichkeiten sind es. Unternehmen sind bis zum ersten Geburtstag des Kindes laut Mutterschutzgesetz verpflichtet, Mütter bis zu einer Stunde am Tag fürs Stillen freizustellen. Aber nur »auf Verlangen der Frau«[24]. Die Zeit ist knapp, wenn sie mehr arbeiten möchte. Und es kommt noch eine andere Erschwernis hinzu: Stillen im öffentlichen Raum – trotz Mehrheits-Überzeugung, dass es das Beste für das Kind sei – wird laut Umfragen immer noch von zu vielen Menschen in Deutschland abgelehnt.[25] Solange man stillt, möge man das doch bitte im privaten Raum machen, so offenbar deren Ansicht.

Durch diese Erschwernisse findet zu häufig eine frühzeitige Berufstätigkeit nur im Homeoffice (wenn Großeltern oder Nanny verfügbar sind) oder gar nicht statt. Wenn diese jedoch vermehrt von Frauen gewollt und von der Wirtschaft gebraucht wird, muss sich die Gesellschaft wandeln, müssen sich auch die Unternehmen dafür öffnen. Die Wahlmöglichkeiten für Mütter müssen mehr werden. Eine stillende, berufstätige Frau muss dafür genauso selbstverständlich werden wie eine daran angepasste Infrastruktur und entsprechende Betreuungsmodelle.

Ebenso muss die Abwertung von Frauen aufhören, die nicht stillen. Aktuell betrifft dies viele Mütter, die relativ kurz nach der Geburt wieder berufstätig sein wollen und keine guten, flexiblen Bedingungen vorfinden. Wir müssen uns fragen, ob es nicht einen enormen Rückschritt in Sachen Emanzipation und Entscheidungsfreiheit bedeutet, wenn Frauen vermittelt wird, es bestehe für das Wohl des Kindes eine Ausschließlichkeit des Stillens. Und sich ebenso stillende Mütter, die nicht Hausfrau sein möchten, großen Schwierigkeiten gegenübersehen.

Frauen erkämpfen sich immer mehr gesellschaftlichen Rückhalt, was ihre Körper sowie auch die freie Entscheidung für oder gegen eine Schwangerschaft angeht. Davon ist jedoch nur noch wenig übrig, sobald sie Mütter werden. Denn wenn

Mutters Körper verdächtigt wird, nicht dem »Kindeswohl« zu gehorchen (am besten im Privaten), wird ihr Versagen per Fragen ermittelt: »So früh gehst du wieder arbeiten? Stillst du denn nicht?« Die Abwertung von Müttern, die nicht stillen, nicht stillen können, nicht stillen wollen, steht für die Unfreiheit des weiblichen Körpers. Die Ablehnung von stillenden Müttern im öffentlichen Raum auch.

Das Leben von Müttern hat sich in den letzten Jahrzehnten verändert, aber zu viele Einstellungen und Bedingungen passen sich nicht daran an. Zu viele notwendige Debatten werden nicht oder zu leise geführt. Währenddessen bleibt bis zu einem Fünftel der Frauen in Großstädten inzwischen kinderlos, unter Akademikerinnen ist es sogar ein Drittel.[26]

Eine damit einhergehende Folge: Der Anteil von Müttern mit minderjährigen Kindern wird in der Gesellschaft kleiner, der Einfluss anderer gesellschaftlichen Gruppen größer. Vor allem ältere Generationen prägen aufgrund ihrer Mehrheit Meinungen und haben Einfluss auf die Gestaltung von Familienpolitik. Darauf, ob sie eher die spätmodernen Familienmodelle fördert – oder zu lange die traditionellen. Der langsame und nicht konsequente Ausbau der Kinderbetreuung bekommt dadurch einen faden Beigeschmack und lässt fragen:

- Ließ sich die Politik von gesellschaftlichen Gruppen beeinflussen, die gar nicht auf diese Institutionen angewiesen waren (und sind), weil sie größtenteils das Ernährer-Modell lebten und ihre Kinder zudem inzwischen erwachsen sind?
- Hat die Politik dadurch die jüngere Generation vernachlässigt, die in einem vermeintlich (spät)modernen Land zeitgemäß und frei von überkommenen Normen leben will und die an gegebene Versprechen glaubt(e)?

- Haben Politikverantwortliche und ältere Generationen – trotz seit Langem verfügbaren, besseren Wissens – die Betreuungsinfrastruktur deswegen nicht schnell genug ausgebaut?
- Und damit junge Eltern im Stich gelassen, die immer weniger Wahlfreiheit haben, da sie aufgrund von Entwicklungen wie dem demografischen Wandel immer mehr berufstätig sein sollten?

Bei der letzten Bundestagswahl war die Mehrheit der 60,4 Millionen Wahlberechtigten älter als 50 Jahre – 58,1 Prozent.[27]

Hinzu kommen weitere Unterschiede zwischen den Generationen: Neben der politischen gehört auch die finanzielle Macht in diesem Land zunehmend den Älteren. Die Haushalte mit den größten Vermögen sind in der sogenannten »Boomerinnen«-Generation zu finden – also unter den Deutschen, die zwischen Mitte der 1950er- und Ende der 1960er-Jahre geboren wurden. Für die jüngeren Generationen entscheidet sich die Vermögensfrage immer mehr anhand von möglichen Erbschaften. Die Mehrheit von ihnen hat nicht die gleichen Chancen, durch Einkommen und günstige Bedingungen (vor allem durch erschwinglichen Wohnraum) ein eigenes Vermögen mit den eigenen Händen aufzubauen.[28]

Wenn dann noch Kinder und mit ihnen unzuverlässige, staatliche oder teure, private Fremdbetreuung hinzukommen, es fragilere Familiensysteme und keine Großeltern unter dem Dach oder in der Nähe gibt, die den Familien kostenlos den Rücken freihalten, verschlechtern sich ihre Möglichkeiten zusätzlich. Wenn Jüngere zunehmend erkennen, dass sie zwar mehr leisten, indem immer häufiger beide Elternteile arbeiten, aber trotzdem weniger auf dem Konto ankommt – beziehungsweise dort liegen bleibt –, wird die Gerechtigkeitsfrage zwischen den Generationen drängender. Vor allem wenn die Solidarität nicht zu-, sondern womöglich eher abnimmt. Nicht wenige Familien spüren den Zusammenprall zwischen Anspruch und Wirklichkeit schmerzhaft in ihrem Alltag: In ihrem Mikrosystem beispielsweise an nicht verfügbaren Verwandten, wenn die institutionelle Betreuung einmal wieder nicht möglich ist. Im Makrosystem an den verlässlichen Rentenerhöhungen bei gleichzeitig nicht verlässlicher Familienpolitik.

Dabei gäbe es gute Gründe für alle, insbesondere für die Parteien, die Bedürfnisse der jüngeren Generationen konsequent mitzudenken und Lösungen für ihre Probleme verlässlich umzusetzen. So schreibt der US-amerikanische Wirtschaftswissenschaftler Nouriel Roubini in seinem Buch »Megathreats«: »In Industrienationen weltweit, auch in Deutschland, entwickelt sich ein Ungleichgewicht: Ein immer größerer Anteil des Nationaleinkommens entfällt nicht auf junge Arbeitnehmer, sondern wird darauf verwendet, den Lebensstandard der Älteren zu sichern. Diese Unwucht wird von Jahr zu Jahr größer. (…) Noch lehnen sich die jungen Arbeitnehmer nicht dagegen auf, dass sie ihre Zukunft für die Finanzierung der Rentner hergeben sollen, doch irgendwann wird es so weit sein.«[29] Die »impliziten Schulden«[30], also die »verdeckten Schulden«, finanzielle Verpflichtungen, die in absehbarer Zukunft auf uns zukommen – vor allem durch die alternde Bevölkerung sowie den Klimawandel –, sind laut Roubini eine der »Mega-Bedrohungen«[31] der Zukunft. Das Wirtschaftswachstum werde schrumpfen und zwinge die jüngeren Generationen, immer mehr zu arbeiten, um annähernd ihren Lebensstandard zu erhalten.

Wenn Aufstieg nicht mehr selbstverständlich ist, ändert das auch den Druck auf junge Eltern, auf junge Mütter. »Werden meine Kinder es noch gut haben?« ist zu einer konkreten Frage geworden. Sie beeinflusst das Handeln, alles Mögliche tun zu müssen, um die Kinder abzusichern – bei zunehmend schlechteren Bedingungen, als die älteren Generationen sie hatten. Dana Fennert, Referentin für »Gleichberechtigungspolitik und gesellschaftliche Vielfalt« bei der Konrad-Adenauer-Stiftung, konstatiert in einer Studie, dass Bildungsdruck sowie Erziehungsdruck, den vor allem auch sozial schwache Familien erleben, den Alltag von Eltern immer mehr erschweren. Im Vergleich zu früheren Generationen fürchten die heutigen Eltern, nicht mehr genügen zu können, während sich gleichzeitig die Anforderungen an sie erhöhen. Auch die reale oder gefürchtete Arbeitslosigkeit ist bei Eltern über die Jahre laut Fennert größer geworden.[32] Denn je weniger verlässlich die Fremdbetreuung ist, desto weniger verlässlich können wiederum Arbeitnehmerinnen für ihre Arbeitgeberinnen sein. Der Fachkräftemangel bietet gut ausgebildeten Eltern noch Schutz. Aber nicht auf Dauer, vor allem wenn die Zeit für eine Berufstätigkeit nicht aufgebracht werden kann.

Generationengerechtigkeit wird zum Thema, weil sie immer weniger automatisch in den Familien gelebt wird, gelebt werden kann und es keinen Ersatz gibt. Denn bei der Kinderbetreuung durch die ältere Generation kommt ein weiterer Aspekt hinzu: Immer mehr der Großmütter arbeiten inzwischen, wenn die Enkelinnen und Enkel klein sind, und können nicht mehr selbstverständlich zu allen Zeiten die Betreuung übernehmen. Die zunehmende Berufstätigkeit von Frauen hat dadurch für junge Mütter ebenso einen faden Beigeschmack: Obwohl die Hilfe bei der Betreuung der Kinder von viel größerer Bedeutung für ihr Wohlergehen wäre als früher, zu Zeiten, als viel weniger Mütter berufstätig waren, bleibt sie immer häufiger aus. Über die Hälfte der Eltern, die sich mehr Hilfe durch die Großeltern bei der Betreuung der Kinder wünschen, geben an, dass das aufgrund von deren Erwerbstätigkeit nicht möglich sei, wie ein Forschungsprojekt des Bundesinstituts für Bevölkerungsforschung und des Deutschen Instituts für Wirtschaftsforschung ergab.[33] Das bedeutet aber auch: Würde die Betreuung durch Familienmitglieder heute verlässlich durch gute Fremdbetreuung ersetzt, würde auch der Druck zwischen den Generationen abnehmen.

Die älteren Altersgruppen in Deutschland sollten daher an einer qualitativ hochwertig ausgebauten Kinderbetreuung ebenso interessiert sein – und dementsprechend wählen und Parteien auf ihre Versprechen hin überprüfen. Auch die Erkenntnis, dass mehr junge, berufstätige Mütter gebraucht werden, damit für die älteren Generationen die kostenintensiven Rentenversprechen irgendwie gehalten werden können, sollte zur Erleuchtung von uns allen führen. In einer Solidargemeinschaft wäre das mehr als ein guter Grund, die Versprechen gegenüber Eltern, gegenüber Frauen und Müttern umzusetzen. Denn wenn vor Jahren schon von einem »Risiko« durch Kinder insbesondere für Mütter gesprochen wurde, ist dieses Risiko heute noch größer geworden. Steigende Belastung bei gleichzeitig schlechter werdenden Bedingungen kann zu einer tickenden Zeitbombe werden und hat auch Einfluss auf künftige, noch nicht geborene Generationen.

Junge, kinderlose Frauen befinden sich ohnehin schon in einem Klima der Unsicherheit. Laut Studien nimmt die Angst unter ihnen zu – und das mit Folgen: So zögern weltweit 40 Prozent in der Altersgruppe der Sechzehn- bis Vierundzwanzigjährigen, Kinder zu bekommen.[34] Während Nachwuchs noch zu Wirtschaftswunderzeiten, in den 1950er- und 1960er-Jahren, als Zukunftsabsicherung galt und für den Großteil der

Menschen in diesem Land selbstverständlich zur Lebensplanung dazugehörte, ändert derzeit das Krisenbewusstsein diese Einstellung. Anhänger von Bewegungen wie den sogenannten »Birth Strikern« oder »Antinatalisten«[35] bekommen keine Kinder, weil sie ihnen ein Leben auf dieser Erde nicht zumuten wollen – sie sind der »Gipfel im aktuellen Apokalypse-Gebirge«[36] der jüngeren Generation. Als Gründe nennen sie vor allem die Ressourcenverschwendung, die angesichts ihres offenbar mangelnden Optimismus ein neues Leben immer unzumutbarer erscheinen lassen. Diese Entwicklungen zeigen eine Wende, auch eine Art »Zeitenwende« in der Einstellung zu nachkommenden Generationen – und bergen Ungerechtigkeiten. Denn ob die Nicht-Geborenen das selbst genauso sehen würden, bleibt stets fraglich.

Die Verschiebung der Einstellungen gegenüber Kindern und die Ängste der jungen Generation bergen eine traurige Perspektive für die Zukunft einer Gesellschaft, eines Landes – die nun mal aufgrund unseres eigenen Sterbens Kinder ausmacht. Ein Mangel an Solidarität sowie unausgewogene Aufmerksamkeiten, die Themen und Problematiken der unterschiedlichen Altersgruppen gewidmet werden, dürfen nicht unterschätzt werden: Die Zukunft wird beeinflusst, wenn sich heutige Eltern immer mehr abgehängt fühlen, weil ihre realen Sorgen immer weniger gesehen werden.

Die Expertin Dana Fennert fasst zusammen, was sich ändern müsste: »Was Eltern brauchen, ist zuallererst eine stärkere Wertschätzung und Anerkennung ihres Lebenskonzeptes. Zentrale Punkte sind die verbesserte Vereinbarkeit von Familie und Beruf, eine verbesserte Betreuungssituation auch in qualitativer Hinsicht, verbesserte öffentliche Bildungssysteme, ein breites Beratungsangebot und eine verbesserte finanzielle Wertschätzung.«[37]

Die deutsche Politik tut sich vor diesem Hintergrund nicht mit innovativem, neuem Denken hervor, was auch an Vorschlägen und darauf aufbauenden Debatten zu sehen ist: Während Mütter und Väter unter der Doppelbelastung ächzen, wird im Sommer 2022 über einen »Pflichtdienst« für junge Menschen diskutiert – angeregt durch eine Idee des Bundespräsidenten Frank-Walter Steinmeier.[38] Ein späterer Renteneintritt ist dagegen kaum Thema, geschweige denn im Fokus einer breiten, gesellschaftlichen Debatte.

Dadurch steigt das Misstrauen zwischen den Generationen, das offenbar schon heute gravierend ist. So bestätigt die Studie »Voices of the Leaders of Tomorrow« des Nürnberg Instituts für Marktentscheidungen und des St. Gallen Symposiums – erhoben unter anderem unter Managerinnen und Studentinnen: »Die Ergebnisse zeigen ein erhebliches Misstrauen, das zwischen den Generationen herrscht«, schreibt die Journalistin Dorothea Siems. Die Älteren glauben, »dass sie es sind, denen man bei Fragen der Zukunftsgestaltung die größten finanziellen Opfer aufbürde«. Die Jüngeren bemängeln, dass ihnen zu wenig Verantwortung übertragen, Macht zu wenig geteilt werde.[39]

Generationenkonflikte gibt es schon seit Generationen. Aber was ist der Unterschied zwischen den früheren und den heutigen? Die Belastungen des Klimawandels und der dadurch drängendere Verzicht treffen die »Boomerinnen«-Generation im Alter, in einer Zeit also, in der sie die direkte Verantwortung meist wieder nur für sich selbst tragen. Viele von ihnen müssen zudem ihr Vermögen nicht mehr aufbauen – wenn sie es denn haben. Die, die es nicht haben, können immerhin noch auf eine Rente zurückgreifen und sich auf eine Politik verlassen, welche die Mehrheit der größer werdenden Rentnergruppe im Blick hat.

Zwar erkennt die »Boomerinnen«-Generation die Bedrohungslage: Die Mehrheit glaubt beispielsweise, dass der Klimawandel ein großes Problem sei.[40] Doch Fakt ist auch, dass diese Erkenntnis ihr Leben in der Gesamtbetrachtung weniger tangieren wird. Sie haben ihre Reisen gemacht, ihre Erfahrungen und Erinnerungen gesammelt. Aber offenbar manche noch nicht genug: Eine Studie aus Norwegen zeigt, dass der CO_2-Abdruck der Über-60-Jährigen über die letzten Jahre immer mehr steigt: »Die Forschenden vermuten, dass die ›neuen Alten‹ sich anders verhalten, weil sie den Zweiten Weltkrieg nicht erlebt haben. Die Generation vor den Boomern sei sorgsamer mit Ressourcen umgegangen, weil sie gewusst habe, wie es ist, wenn Mangel herrscht. Außerdem habe sie im Alter weniger Geld zur Verfügung gehabt.«[41]

Und noch eine Art qualitativer Beobachtung kommt hinzu: Immer mehr deutsche »Boomerinnen« teilen jüngeren Generationen und insbesondere auch Familien ihre Ansichten zum Klimawandel mit – und was dagegen zu tun sei. Manche fordern die Jüngeren gar direkt auf, nun keine größeren Autos oder Häuser mehr zu brauchen.

Mir treibt das manchmal Schweißperlen auf die Stirn: Wir haben zwei Kinder, eines davon mit besonderen Bedürfnissen, weshalb wir noch für mehrere Jahre sperrige Hilfsmittel mitnehmen müssen, dazu kommt ein Assistenzhund, dann der Kinderwagen für unseren Säugling, ein Maxi-Cosi sowie ein Kindersitz für die Ältere. Bei dem Gepäck, das wir haben, wäre auch eine Dachbox keine Lösung. Vielleicht ein Anhänger.

Stimmt. Immer mehr E-Autos sind inzwischen mit Anhängerkupplung zu haben. Wir mieten also einen Anhänger. Fakt ist nur ebenso: Ein größeres E-Auto ist immer noch teurer als ein Verbrenner und hat auch noch nicht den gleichen Stauraum.[42] Oder wenn es mehr Platz für Gepäck gibt, ist dafür die Reichweite geringer. Braucht es häufigere, längere Batterieladezeiten bei einer Reise, so ist das nicht förderlich mit kleinen Kindern auf der Rückbank. Die Langeweile der Kinder wird sich nie ändern. Aber Batterien werden hoffentlich kleiner und effektiver, ermöglichen dadurch mehr Stauraum und Reichweite. Immerhin eine Hoffnung für künftiges, anerkanntes Reisen von Familien.

Aktuell müssen sie jedoch schon die Debatten führen, während es gleichzeitig für ihre Bedürfnisse noch keine ausreichenden, adäquaten Lösungen gibt. Aus ihren Erfahrungen folgt: Die Offenheit sowie die eigene Reflexion werden immer wichtiger, und zwar um einiges wichtiger, als voreilig abzuwerten. Die Berücksichtigung der verschiedenen Chancen auch. So wäre es eine wichtige Prämisse, den Aufstieg weiter möglich zu machen. Und zum Aufstieg, zur Freiheit gehört auch Mobilität. Familien brauchen mehr Lösungen anstatt Einschränkungen. Mehr Möglichkeiten anstatt Verurteilungen. Wir alle sollten mehr auf Reisen und vor allem Flugreisen verzichten. Und wenn die Telefon-Antwort von manch privilegierten, älteren Generationen bei dringenden Betreuungsanfragen dann nicht mehr so häufig heißt: »Oh, das tut mir leid, wir sind gerade beim Skifahren!« oder »Machen gerade Urlaub auf Lanzarote!«, dann wird Verzicht generationengerecht.

Die allgemeine Berücksichtigung der Bedürfnisse von Menschen in unterschiedlichen Altersspannen ist hoffentlich nicht mehr fern. Die Bereitschaft der Generationen zur echten Zusammenarbeit ist laut Umfragen vorhanden. »Obwohl es an manchen Stellen zwischen den Generationen knirscht, gibt es auch ein überraschendes Maß an Gemeinsamkeiten«, sagt Claudia Gaspar, Leiterin der erwähnten Studie zu den

Vorstellungen junger und älterer Wirtschaftsvertreterinnen sowie Studentinnen.[43]

Entscheidend ist nun, dass die Bereitschaft in Ergebnisse umgewandelt wird. Manche Kommentare aus der »Boomerinnen«-Generation lassen dabei die Jüngeren aufhorchen, ja, auch etwas verzweifeln. So bittet die Journalistin Susanne Beyer in einem »Spiegel«-Leitartikel mit einer fragwürdigen Begründung um Verständnis: »Etliche von uns kämpften um ihre Arbeitsplätze, kämpften darum, den Ansprüchen dort und gleichzeitig denen der Familie gerecht zu werden, kämpften um die raren Betreuungsplätze für unsere Kinder und gebrechlichen Eltern. Uns fehlte dann offensichtlich die Kraft für den eigentlichen Kampf. Und die Wohlhabenden unter uns sehnten sich zu sehr nach Belohnungen: eine Urlaubsreise im Flugzeug, ein dicker Wagen, ein Einfamilienhaus.«[44]

Diese »Kraft für die eigentlichen Kämpfe« sollen offenbar die Jüngeren nun haben. »Rare Betreuungsplätze« gibt es heute noch, zudem immer weniger gut ausgestattete Pflegeplätze für ihre Eltern, es herrscht »Pflegenotstand«[45] bei gleichzeitig immer mehr Menschen, die gepflegt werden müssen. Die sinnvollste Erkenntnis aus diesem Kommentar ist, dass wir uns austauschen müssen – und zusammenarbeiten.[46] Und weniger nach Ausreden suchen sollten.

Laut dem Politikwissenschaftler Emanuel Richter wäre der Vorteil einer »Gerontokratie«, also einer »Herrschaft der Älteren«, wenn es gelänge, die Älteren weiterhin aktiv im Leben zu halten, wenn es gelänge, Alt und Jung zusammenzubringen. Wenn die Lasten zwischen ihnen aufgeteilt würden, auch durch Übernahme von mehr Verantwortung für Kinder. Richter erklärt: »Es ist nicht so sehr ein Appell an die Jüngeren, sondern an die Älteren: Führt euch die Probleme der Generationengerechtigkeit vor Augen, schaut über den Tellerrand eurer eigenen altersspezifischen Interessen und engagiert euch zum Wohl einer Gesamtheit.«[47]

Wenn die Kinderbetreuung eine gesamtgesellschaftliche Aufgabe wäre, würde sich vieles für Familien und insbesondere Mütter verbessern. In den letzten Jahren traten immer mehr »Leih-Omas und -Opas« auf den Plan, versprachen Entlastung. Nur wenige von ihnen kosten- und selbstlos, aber immerhin. 2022 scheint in manchen Teilen Deutschlands der private Betreuungsmarkt auf Angebotsseite jedoch wie leer gefegt, obwohl er nach jahrelanger Belastung durch die Pandemie und verschiedener Mängel viel stärker gebraucht werden würde als je zuvor. Und manche jungen Mütter meinen dadurch zu erkennen, dass die frühere Entscheidung von Frauen, nur für »die Kinder da zu sein«, gegenwärtig nicht automatisch auch eine Entscheidung ist, sich zeitintensiv um Enkelkinder oder andere Kinder zu kümmern. Dabei hat die über Jahre kommunizierte Abwertung der Fremdbetreuung von Kindern – in privaten, aber auch politischen Kreisen – mit dazu geführt, dass die Bedingungen für heutige Mütter mit Kleinkindern nicht an die modernen Herausforderungen angepasst wurden.

Das Thema braucht vor diesem Hintergrund auch mehr Fokussierung. Doch heute ziehe jede »Grimasse von Elon Musk«[48] mehr mediale Aufmerksamkeit auf sich als Kinder, bemerkt der SZ-Journalist Nils Minkmar. Es sei ein besorgniserregender Trend zur Privatisierung und Individualisierung, der mit der Hege und Pflege von Kindern einhergehe, stellt er fest. Manche würden in Deutschland Bonsaibäumchen züchten, andere »eben diese kleinen Menschen zu Hause«[49]. So zumindest Minkmars – wie er zugibt – etwas sarkastische Einschätzung der Lage.

Die mediale und gesellschaftliche Debatte hält sich vielmehr erstaunlich lange bei den schlechten Bedingungen für das Betreuungspersonal in Kitas und Kindergärten auf. Während über Eltern und ihre Lage deutlich weniger debattiert wird. Woraus diese folgern: Die vermeintlich schlechten Gehälter für Erzieherinnen sind in diesem Land wichtiger als die Mehrfachbelastung von uns. Und das, was die nicht gegebene Verlässlichkeit der Betreuung aus unseren Leben macht. Dabei könnte man die schlechte Bezahlung von Betreuungspersonal als erledigt betrachten[50], zumindest einmal für die nächste Zeit, denn wenn es um Löhne geht, hat sich bei den Erzieherinnen etwas zum Guten gewandt: In den letzten Jahren gab es für alle von den Kommunen Beschäftigten sukzessive mehr Geld, auch die Kirchen, eine der größten Arbeitgeberinnen für Betreuungspersonal in diesem Land, ziehen nach.[51]

Mehr gut bezahltes Personal führt hoffentlich zu mehr Verlass. Allerdings nur für die Eltern, die einen Platz bekommen. Diese Unsicherheit wird erhalten bleiben, solange es Mangel gibt.[52] Auch weil die Macht von Kita-Leitungen und Kita-Trägern immer noch (zu) groß ist – und damit auch der Anteil intransparenter Vergabemechanismen. Die »Bewerbung« gleicht zu oft einem Spießrutenlauf, das Verfahren ist intensiver als für manch einen Job. Noch dazu setzt der Mangel Eltern untereinander einem Konkurrenzkampf aus: Ihnen stellt sich die Frage, warum die und nicht wir. Und zwar immer weniger hinter vorgehaltener Hand. Bleiben die Zustände, wie sie momentan sind, so müssen vor allem Mütter noch lange dankbar sein, wenn ihre »Punkte« für einen Platz in einer qualitativ hochwertigen Einrichtung ausreichen. Und sie dadurch berufstätig sein »dürfen« und »können«.

Wenn Eltern sich von Institutionen, vom »Goodwill« von Kindergartenleitungen oder der verfügbaren Zeit von Großeltern unabhängig machen wollen, gibt es für sie noch die »großbürgerliche Lösung«: ein Kindermädchen oder neudeutsch eine »Nanny«. Nicht selten ist die Verzweiflung von Eltern inzwischen derart groß, dass sie bereit sind, große Teile ihres Gehalts in diese Lösung zu investieren. Doch in diesem Land gestaltet sich die Suche nach einer geeigneten Person nicht selten als beschwerlich. Nur die für wenige Monate eingeführte Impfpflicht für Gesundheitsberufe sorgte bei Familien, die suchten, für eine erstaunliche Bewerberanzahl.

Bei nicht ausreichenden Kita-Plätzen versprechen diese Lösungen eine Entlastung für Eltern, die sie sich oft gar nicht leisten können. Und es entsteht ein immenses, finanzielles Risiko. Die emporsprießenden Nanny-Agenturen mit horrenden Gebühren verheißen nichts Gutes. Sie weisen nicht auf einen überdimensionalen Vermögenszuwachs von Eltern hin, sondern eher auf eine verzweifelte Nachfrage nach Hilfe bei der Kinderbetreuung. Die »Nanny-Lösung« funktioniert nicht für viele in Deutschland. Zum einen fehlt das Geld, zum anderen zu viele gute, ausgebildete Kräfte. Die meisten haben zudem keine Vertretungen, wenn sie sich krankmelden. Und noch dazu sind die Subventionen für diese Art der Familienunterstützung zu gering.[53]

Die »Au-pair-Lösung« ist ebenso nicht (mehr) das Gelbe vom Ei, vor allem aufgrund der strikten Begrenzung der Arbeitszeit. Mit nur 30 erlaubten Arbeitsstunden pro Woche ist sie keine ausreichende Entlastung für zwei berufstätige Elternteile. Die mögliche Ausbeutung von Au-pairs bleibt ein wichtiger Aspekt, den es zu verhindern gilt. Aber es sollte dem Staat ähnlich am Herzen liegen, dass Mütter nicht ausgebeutet werden, und er sollte Modelle wie dieses dahin gehend überprüfen, wie sie besser unterstützen könnten. Immerhin kommen durch die gesellschaftlichen Veränderungen neue

Modelle hinzu: Bei sogenannten »Granny-Au-pairs« gibt es für Familien größere Flexibilität. Die Konditionen können »Leih-Omas« oder sicher auch »Leih-Opas« aus dem Ausland direkt mit den Familien verhandeln.[54] Die mögliche Ausbeutung ist bei ihnen von staatlicher Seite offenbar kein Thema: Sie dürfen nicht einmal ein »Taschengeld« erhalten – beziehungsweise nur, wenn sie eine Arbeitserlaubnis haben. Das haben die wenigsten, die Beantragung ist viel zu aufwendig. Darüber hinaus könnte es hierzulande der Anfang 2023 »eingeführte« Wegfall (bei vorzeitiger Rente) oder die Steigerung von Hinzuverdienstgrenzen für deutsche Rentnerinnen wieder attraktiver machen, Familien unter die Arme zu greifen.[55]

Und es wäre schon eine Hilfe, wenn Mütter gemeinhin im Wunsch nach einer Berufstätigkeit bestärkt würden. Wenn sie vermittelt bekämen, dass das so was von in Ordnung für das Kind sei. Denn gegenwärtig stechen deutsche Mütter mit ihrem schlechten Gewissen hervor: So berichtet die Kita-Leitung einer Einrichtung für EU-Beamte in Brüssel laut dem Podcast der Unternehmerinnen Verena Pausder und Lea-Sophie Cramer[56], dass bei ihnen vor allem die Kinder der Deutschen erhebliche Anpassungsprobleme hätten. Ihre Erklärung: Deutsche Mütter würden ihnen beim Abschied jeden Morgen dieses schlechte Gewissen mit auf den Weg geben, mit traurigem Gesicht, manche würden sich gar bei ihren Kindern entschuldigen. Dieses Verhalten sei bei Angehörigen anderer Nationen nicht zu beobachten. Deren Kinder würden sich dadurch viel schneller einleben und den Kita-Alltag genießen.[57] Die dahintersteckende »Logik« ist offenbar eine, die zu mehr Verlass führt, zu mehr gutem Gewissen.

Auch wenn jede Generation ihre jeweils eigenen Herausforderungen hatte. Die Älteren unter uns noch Krieg und die Folgen davon miterlebten. Verletzungen, Verlust, Traumata, die sich auch auf die nächsten Generationen verlagerten, auf deren Erziehung auswirkten. Der Unterschied zu aktuell jüngeren Generationen – von X, Y bis Z – ist: Sie könnten auf eine gewisse Weise die geballte Ladung abbekommen. Und bei jungen Müttern werden heutige und künftige Krisen noch von dem Umstand begleitet, dass ihre Mütter und Väter, anstatt wie früher selbstverständlich den Lebensabend im Dienste der Familie zu verbringen, im Alter noch einmal richtig Gas geben können. Auch für die Mütter-Generation mit aktuell kleinen Kindern wäre das natürlich eine wunderschöne Perspektive, die auch Kraft geben könnte – aber derzeit ist nicht für alle klar, ob sie den Lebensabend gesund und abgesichert verbringen werden. Bei zunehmender Anspannung, finanzieller und körperlicher Belastung werden Möglichkeiten wieder weniger, wird der Horizont bezüglich des Alters wieder kleiner.

6
»Toll, wie du das alles schaffst!«

Einmal Multitasking, bitte: Mütter bestehen zwischen multiplen Ansprüchen, während sie Mühe haben, ihre eigenen durchzusetzen. Warum das auch mit Kindergeburtstagen, Familiengerichten und Vätern zu tun hat.

> »Im Kern bedeutet Freiheit, zu lernen, dass unsere Entscheidungen nicht der Zustimmung anderer bedürfen. Der entscheidende Faktor ist unsere Bereitschaft, zu enttäuschen, zu verärgern oder zu verdutzen.«
> The School of Life[1]

Lob kann stinken, nicht nur das eigene. Zunächst ist die Wertschätzung, Anerkennung der eigenen Taten wie eine sanfte, angenehme Brise, die um das gute, alte Ego weht. Manch Lob ist nur einmalig. Manch anderes kommt immer und immer wieder. Das Kuriose daran: Das einmalige oder selten geäußerte Lob ist oftmals das ehrlichere: »Du, was ich dir schon immer mal sagen wollte …« klingt nach langer Überlegung, ergänzt durch »Du machst XY großartig!« wird es zu echter Wahrnehmung. Wenn aber Lob zu Kalauern wird, wirkt es von Mal zu Mal abgedroschener. Vor allem wenn es für Engagement gedacht ist, das Menschen immer weniger gut aufbringen können. Wenn es in Situationen gebraucht wird, die eigentlich von Erschöpfung geprägt sind. Wenn ein »Toll, wie du das alles schaffst!« auf einen Menschen trifft, dem das

»alles« schon längst zu viel ist. Dann lobt womöglich jemand, der sich etwas vom Hals schaffen will. Oder jemand, der unbedingt etwas vom anderen will. Beides möglich. Lob kann Mittel zum Zweck sein. Einen Menschen, der schleichend zugrunde geht, den lobt man besser nicht, sondern reicht ihm die Hand.

Mütter werden recht oft umschmeichelt – zumindest oberflächlich. Mit Sätzen wie: »Wow, das könnte ich nicht!« Die eigene Abwertung ist dann das Lob. Meist wird dieser Satz im Kontext einer Besonderheit gesagt, die man eigentlich für sich selbst keinesfalls möchte. Aber sogar solche Sätze hören sich für Mütter zunächst gut an. In einem belasteten Alltag können sie kurzfristig Lichtblicke sein: Wenn sie irgendwie die Bälle in der Luft halten. Bis einer herunterfällt. Und dann ist hoffentlich nichts Schlimmeres passiert. Alle leben noch, sind heile. Kurze Erleichterung, aber keine Ruhepause. Alles muss weitergehen. Ein Tätscheln auf die Schulter, eine gewisse Aufmerksamkeit kann der Schub sein, der in diesem Moment dringend gebraucht wird. Vergleichbar mit einer Maschine (apropos Mütter-TÜV), die eigentlich schon nicht mehr funktioniert, aber mit ein bisschen Öl noch einmal schön ins Schnurren kommt. Der Mechanikerin ist allerdings klar: Das ist nur eine Übergangslösung, auf Dauer wird's erneut rattern und eher früher als später wartet der Schrottplatz auf sie.

Worte können über Tatsachen hinwegtäuschen, sie weniger real erscheinen lassen. Sie schaffen Nebenschauplätze im Bereich der Eitelkeiten. Wer sich geschmeichelt fühlt, gibt danach wieder etwas mehr Gas. Ein Lob wie »Toll, wie du das alles schaffst!« hilft zu verdecken, wie es wirklich um viele junge Mütter steht, wie schlecht ihre Lebensbedingungen, wie lückenhaft ihre Unterstützung geworden ist. Besser als Lob wäre Veränderung, eine Anpassung der institutionellen Hilfe an das spätmoderne Leben. Verbunden mit den Fragen, die andauernd wiederholt werden sollten: WIE schaffen die Mütter das heutzutage eigentlich alles? Und wenn sie es nicht mehr schaffen, was können wir tun?

Perspektivwechsel werden auch deshalb für diese Gesellschaft, die Wirtschaft, die Politik immer wichtiger, damit die Verbindung zwischen den verschiedenen Teilen nicht auseinanderbricht, damit wir als Ganzes weiter funktionieren und das Fundament, von dem ein nicht zu unterschätzender Teil der Wohlstand ist, nicht gefährden.

Denn Wohlstand ist ein gesamtgesellschaftlicher Anspruch, auch ein äußerst starker Anspruch der Deutschen an ihr Land. Sie sind ihn seit Jahrzehnten gewohnt. Werden dafür gelobt, anerkannt. Die staatliche Förderbank Kreditanstalt für Wiederaufbau, kurz KfW, verkündet Anfang 2023 jedoch die »Ära schrumpfenden Wohlstandes«: Die letzten Jahrzehnte sei dieser zwar fast durchgehend gewachsen, es habe dafür ausgereicht, dass die deutsche Wirtschaft im internationalen Wettbewerb mithalte, Schocks wurden gut verdaut. Aber: »Diese Zeiten sind vorbei. Das Fundament für weiteres Wohlstandswachstum bröckelt.«[2] Die Bank schlägt eine Reihe von Maßnahmen vor, die den Wohlstand erhalten könnten, und fordert dabei ebenso vor allem den Abbau von »kulturellen und finanziellen Hürden für Frauen«, die sie bislang daran hindern würden, mehr zu arbeiten.[3]

Was Menschen zu sehr gewohnt sind, wird vor allem in einer Wohlstandsgesellschaft zu einem selbstverständlichen Anspruch. Aber alles, was selbstverständlich ist, ist gefährdet. Wenn nicht mehr auf den Erhalt geachtet wird – und darauf, was für diesen nötig ist. Wohlstand basierte in Deutschland über lange Zeit auf der starken mittelständischen Wirtschaft, ergänzt von Großkonzernen, auf Innovationsbereitschaft, auf gut ausgebildeten Arbeitskräften. Er baut sich vor allem – früher wie heute – auf den mittleren Jahrgängen auf. In denen zunehmend berufstätige Mütter mit Kleinst- und Kleinkindern zu finden sind. Dass die goldenen Zeiten hinter uns liegen, ist in ihrem Alltag schon seit Längerem spürbar, auch aufgrund vieler Krisen, die in immer kürzeren Abständen ihr Leben beeinflussen. Damit sind für sie ebenso die Zeiten vorbei, in denen etwas übertüncht, mit Lob weggewischt werden sollte.

Immer mehr Mütter hetzen heutzutage. Von Job zu Kind, nach Hause, zur Freizeitaktivität des Kindes, wieder zurück zum Abendessen. Betreuen, kümmern, arbeiten, planen, koordinieren, organisieren. Die effiziente Nutzung von Zeit macht im Leben einer Mutter der Gegenwart zunehmend den Unterschied, ob sie das alles schafft. Und ebenso gilt: Eine Mutter in Teilzeit macht unter aktuellen Bedingungen den Familienalltag einfacher – wenn sie früher von der Arbeit zu Hause ist und gleich für ihre Liebsten weiterarbeitet.

Wenn die Kinder dem Kindergartenalter entwachsen sind, Hausaufgaben erledigt werden müssen, gilt das umso mehr. Im deutschen Schulsystem ist für das Vorankommen intensives Lernen mit den Eltern inzwischen Voraussetzung, auch für jene Kinder, die es nicht nur knapp auf die jeweils weiterführenden Schulen geschafft haben. Die Integration der Eltern in den Schulalltag der Kinder belegt ihre zunehmend geringere, freie Zeit. Eine paradoxe Entwicklung: Obwohl inzwischen häufiger beide Elternteile mehr berufstätig sind, haben staatliche Institutionen gefühlt den Anspruch, dass Mutter und Vater mehr statt weniger Aufgaben übernehmen, lagern weiterhin Verantwortung aus. Neben Mehr-Belastung für Familien bedeutet das laut Studien auch: Ressourcenstärkere Familien nehmen durchschnittlich mehr Angebote in den Schulen wahr, engagieren sich mehr als ressourcenschwa-che.[4] Mit Folgen für die Repräsentation der unterschiedlichen gesellschaftlichen Schichten in den Schulgremien. Und fast schon nebenbei, für Eltern immerhin nicht überraschend, werden auch Hortplätze zum neuen Gold im Eltern-Alltag.

Was steckt hinter dieser Entwicklung? Wird davon ausge-gangen, dass die Mütter es schon einsehen werden? Wieder weniger arbeiten, sich »wieder« mehr kümmern, mehr ihrer Zeit in das (ehrenamtliche) Engagement stecken? Nach dem Motto: »Früher war's doch viel besser!« Ein Spruch, der selten irgendetwas besser gemacht hat – und es auch in diesem Kon-text nicht tun wird: weil die Berufstätigkeit von Müttern nicht ihr Hobby ist, sondern gebraucht wird. Vor diesem Hinter-grund müssten Strukturen auf den neuesten Stand gebracht werden, der Staat und seine Institutionen die Ansprüche sei-ner Bürgerinnen erfüllen, nicht umgekehrt.

Während Mütter auf der einen Seite nicht einmal selbstver-ständlich auf institutionelle Unterstützung zurückgreifen können, wachsen zudem auf der anderen Seite die gesell-schaftlichen Ansprüche, der Druck auf früher selbstverständ-liche Gewohnheiten: Die Mutter, die ihre Kinder im Auto zum Kindergarten, zur Schule bringt, ist beispielsweise inzwi-schen eine Art Feindbild und wird von manchen zweifach abgewertet – als Klimasünderin und als Helikoptermutter. Die Frage: »Was könnte dahinterstecken?«, bleibt aus. Manch eine Mutter muss vielleicht direkt danach zur Arbeit, wohnt für das Lastenrad zu weit weg, würde für die Bringdienste ohne Auto zu viel Zeit verbrauchen. Abwertung ohne Hinter-grundwissen ist ganz besonders sinnlos. Autofahrten sollten vermieden werden, ja, aber Mütter mit mehr Belastung brau-chen Entlastung genauso wie Eltern aus früheren Generatio-nen. Am wenigsten dürfen sie zur Zielscheibe bezüglich Themen werden, die uns alle angehen. Nicht pauschal. Nicht ohne Alternativangebot.

Die abwertenden Ansprüche werden auch durch Entertainment geprägt: Die sympathische Mütter-Heldin in Mainstream-Komödien ist eher chaotisch, zerzaust. Die Antiheldin ist die Mutter, die überall präsent ist, alles perfekt auf die Reihe bringt und verzierte Törtchen auf das Schulfest-Büfett stellt – »right in time«. Sexy für ihren Mann ist sie sowieso. Ja, wir haben verstanden, aber müssen es denn immer diese Schubladen sein? Müssen denn die »guten« Mütter die Chaoten-Heldinnen sein? Die ihre Kinder wahrhaftiger lieben als diese anderen Mütter in ihrem »perfekten« Leben (das löst sich natürlich über den Plot hinweg auf, diese Perfektion). Die Chaoten-Mutter als Heldin orientiert sich aber irgendwie dann doch an diesen anderen Müttern, vergleicht sich, glaubt, ihren Kindern nicht genügen zu können, und hat natürlich – ein schlechtes Gewissen. Das plagt sie meist bis zum Happy End, das wiederum zu häufig noch den Mann beinhaltet, der sie aus dem Chaos rettet und ihrem Leben wieder Struktur gibt, der Fels in der Brandung, mindestens ist er ein Lichtblick.

In der Realität geht nicht jede »gute« Mutter im Chaos unter, nicht jede »perfekte« ist eine »schlechte«. Ganz bestimmt ist nicht der selbst gebackene Kuchen ihr Problem – auch nicht der aus dem Supermarkt. Vielleicht ist er, wenn überhaupt, das i-Tüpfelchen zu viel. Ein größeres Problem sind die Narrative, die durch solche Handlungen befeuert werden: Mütter gegen Mütter. Die tatsächlichen Gründe für mütterliche Erschöpfung werden am Rande betrachtet, manchmal auch einfach ausgespart.

Und ist es nicht so: Die Bewertung der vermeintlich übertriebenen Ansprüche von Müttern an sich selbst ist auch nur eine andere Form der Schablonisierung und Abwertung. Ebenso das Verneinen, dass eine zum Beispiel berufstätige Mama nicht auch einfach gerne Kuchen backt oder kocht oder gerne ihrem Kind am Kindergeburtstag eine richtig fette Fete schmeißen will und damit nicht gleich als die Über-Ambitionierte gilt. Vielleicht liegt es am schlechten Gewissen ihren Kindern gegenüber, weil sie nicht so oft da ist, wie sie vermeintlich sollte. Aber wissen wir es? Und schadet der Kindergeburtstag, der Kuchen? Höchstwahrscheinlich nicht. Und solange sie und Kind sich damit wohlfühlen, ist das ihre Sache.

Das Einzige, was definitiv schadet, ist das mögliche schlechte Gewissen. Ohne dieses Gefühl würden Mütter vieles befreiter machen. Und wenn sie dabei erschöpft aussehen, wäre eine Option, erst einmal Hilfe anzubieten, nachzufragen. Ein Gespräch hilft mehr als tausend negative Gedanken. Mütter haben vor allem zu kämpfen, wenn ihre ganzen Mühen um ihr Kind, die Anstrengungen, damit es Spaß und Freude hat, beurteilt und hinterfragt werden. Mütter scheitern an den Ansprüchen der anderen, an denen, die nicht ihrer Natur entsprechen. Und ebenso an denen, die sie meinen, in ihr Leben integrieren zu müssen, und die gar nicht zu ihnen passen.

Erstaunlich ist zudem, dass sich Ansprüche im Kinder-Kontext hierzulande meist immer noch auf Mütter beziehen. Das zeigt auch der Zustand an, dass von 2,6 Millionen deutschen Alleinerziehenden[5] der größte Teil Frauen sind: Neun von zehn Kindern bleiben nach einer Trennung bei ihnen[6] und leben im sogenannten Residenz-Modell. Ein schönes Wort, das aber beschreibt: Die hauptsächliche, zeitliche Verantwortung für den Nachwuchs lastet auf den Müttern. Sie selbst haben oft den Anspruch, diese Rolle übernehmen zu müssen. Weil viele von ihnen vor der Trennung aufgrund traditioneller Rollenaufteilung den zeitlich größten Bezug zum Kind hatten.[7] Auch die in Deutschland durchschnittlich spät in Anspruch genommene Fremdbetreuung hat Einfluss darauf, warum sogenannte Wechsel-Modelle oder auch Nest-Modelle[8] nicht häufiger gelebt werden. Obwohl eine Studie der Universitäten Duisburg-Essen und Marburg aufzeigt, dass diese Modelle gerade für Mütter von Vorteil wären. Insbesondere das Wechsel-Modell würde im Vergleich zum Residenz-Modell für mehr Lebenszufriedenheit sorgen, weniger Stress auslösen und könnte Konflikte zwischen den Getrennten reduzieren. Zudem sei das »ökonomische Wohlbefinden«[9] der Mütter bei einem Wechselmodell bedeutend besser.

Nicht jeder Mutter ist jedoch eine Wahl vergönnt, wie eine von ihnen ernüchtert feststellt – und gibt nicht nur den Männern daran die Schuld: »Der Staat und die aktuelle Gesetzeslage machen es einem Vater verdammt leicht, sich seiner Verantwortung zu entziehen. Fährt er bei Rot über die Ampel, bekommt er einen Bußgeldbescheid und Punkte in Flensburg. Kümmert er sich nicht um seine Kinder, passiert nichts!«[10] So gelte die Prellung des Unterhalts durch den Vater hierzulande noch als eine Art »Kavaliersdelikt«[11], fügt eine Alleinerziehende in einem Bericht des WDR-Magazins »Frau tv« hinzu. Das Deutsche Jugendinstitut und die Katholische Universität Eichstätt-Ingolstadt kommen durch eine Studie, basierend auf Daten aus dem Jahr 2016, zu folgendem Ergebnis: »Von den Kindern, für die laut Auskunft der befragten Alleinerziehenden Unterhaltszahlungen vereinbart oder festgelegt wurden (81 Prozent), erhalten mehr als ein Drittel (37 Prozent) keinen oder nur unvollständigen Unterhalt vom anderen Elternteil. Bei ungefähr der Hälfte von diesen kommt gar kein Unterhalt an.«[12] Dabei würde sich in den meisten Fällen der Lebensstandard von alleinerziehenden Müttern deutlich verbessern, wenn sie nicht auf staatlichen Unterhaltsvorschuss angewiesen wären und die Kindsväter ihrer Verantwortung direkt nachkommen würden. Experten fordern daher mehr Unterstützung der Mütter bei der Durchsetzung ihrer Ansprüche.[13]

Und erneut zeigt sich ein Kuriosum: Alles Erdenkliche wird in Deutschland reguliert, bestraft, wenn es nicht penibelsten Vorschriften entspricht, manch Haus muss abgerissen werden, weil es nicht so gebaut wurde, wie Ämter es vorgegeben haben. Jedoch werden gewisse Elternteile (in Deutschland nun einmal hauptsächlich Väter), die zum Unterhalt verpflichtet wurden, nicht zur Zahlung gebracht?

Vergangenheit wird für einen Mann dadurch zur geschickten Angelegenheit: Solange eine Frau (wie damals Mama?) Erleichterung im Alltag verschafft, die Kinder sein Leben noch versüßen, ist er sich ihrer bewusst. Wenn sie zur Vergangenheit, zur Belastung werden, Ansprüche stellen, dann ist das Vergessen für manche Männer offenbar erstaunlich einfach – und wird ihnen erstaunlich einfach gemacht. Dadurch lehrt die Erfahrung die Mutter: Der Mann kommt durch, die Frau nicht.

Natürlich hat Deutschland auch grandiose, engagierte Väter, die am Leben ihrer Kinder teilnehmen wollen. Viele von ihnen leiden unter Trennungen und der daraus folgenden geringeren Zeit, die sie mit ihren Kindern verbringen können. Oder unter den finanziellen Belastungen, wenn sie hohen Unterhalt zahlen und die Mütter nicht von dem Residenz-Modell abrücken wollen. Von ihnen wünschen sich immer mehr andere Modelle. Diese Väter haben aber ebenso kein Problem damit, wenn nicht mehr vermittelt wird, es beruhe auf einer Art von Freiwilligkeit, sich nach einer Trennung finanziell um Kinder zu kümmern.

Zu viele Mütter, vor allem diejenigen ohne engagierte Väter ihrer Kinder, fühlen sich als Alleinerziehende nicht gesehen, im Stich gelassen, ungerecht behandelt, diskriminiert.[14] Weil bei ihnen die Diskrepanz zwischen Ansprüchen, die von außen an sie gestellt werden, und die Nichterfüllung ihrer Ansprüche, die sie an den anderen Elternteil, den Staat, die Gesellschaft haben, zu groß ist. Die schon bestehenden strukturellen Probleme, die bereits in einer Partnerschaft herausfordernd sind, werden zudem bei ihnen noch potenziert: Das »Gender Pay Gap«, befristete Arbeitsverträge sowie kaum flexible Betreuungszeiten machen das ökonomische Auskommen noch schwieriger, wenn man allein ist.[15] Ein großer Teil dieser Frauen hat nach der Elternzeit Probleme, Arbeit zu finden. 65,5 Prozent der alleinerziehenden Mütter arbeiteten im Jahr 2020 ausschließlich in Teilzeit[16] – im Gegensatz zu nur 7,1 Prozent bei den alleinerziehenden Männern.[17] Dabei würden viele von ihnen gerne mehr arbeiten, circa 40 Prozent der alleinerziehenden Mütter gelten als »einkommensarm«[18]. Zwar sinkt seit 2015 der Anteil von Alleinerziehenden, die Sozialleistungen erhalten: Von 36 Prozent auf 34 Prozent in den westdeutschen Bundesländern, von 43 auf 33 Prozent in den ostdeutschen Bundesländern. Trotzdem bleibe laut der Bertelsmann Stiftung ihr Anteil an den Haushalten, die Leistungen beziehen, knapp fünfmal höher als in Familien, die aus zwei Elternteilen bestehen.[19] Ihre ökonomische Lage wird zudem durch Inflation und hohe Energiekosten prekärer.

Durch zu hohe Hürden werde »eine ganze Generation Mütter heruntergewirtschaftet, die eigentlich mit Power, Bildung und Engagement diese Gesellschaft mitprägen könnte«, beschreibt eine »Betroffene«.[20] Und zu viele Kinder sind aufgrund dessen von Armut bedroht. Durch die Einführung der Kindergrundsicherung[21] will Bundesfamilienministerin Lisa

Paus zumindest diesem Zustand entgegenwirken. Ebenso soll der Zugang zu Leistungen durch ein »digitales Kinderchancenportal«[22] einfacher werden. Denn offenbar wissen viele Eltern von vielen Leistungen nichts. Oder es ist zu kompliziert, sie zu erhalten. Ganze 85 Prozent, die staatliche Zuschüsse für ihre Kinder abrufen könnten, tun dies nicht – laut einer Studie des Paritätischen Wohlfahrtsverbandes.[23] Aber auch bei guten Ansätzen bleiben keine Kuriosa aus: Zur Finanzierung der Kindergrundsicherung plant Paus in der Einkommenssteuer die Kinderfreibeträge von besserverdienenden Eltern abzusenken. Nach dem Motto: Familien zahlen für Familien – und der Rest der Gesellschaft bleibt von Ansprüchen verschont.[24]

Wenn Mütter nicht alleine sind, ergeben sich andere Ansprüche. Manch ein Mann[25] macht noch vor der Geburt des ersten Kindes eine erstaunliche Transformation durch. Mit der Folge: Die Care-Arbeit verlagert sich in die weibliche Hemisphäre. Obwohl zuvor jeder sein Süppchen kochte.

Eine mögliche Erklärung: Durch den hohen Prozentsatz von Hausfrauen in den 1970er- und 1980er-Jahren sind viele der heutigen, jungen Väter (aus den alten Bundesländern) von einem bestimmten Mutterbild geprägt: Die Frau kümmert sich mit ausreichend Zeit um Wäsche, Küche, Freizeitgestaltung und vieles mehr. Manche oder viele von ihnen hatten auch keine anderen Ambitionen. Völlig in Ordnung, aber: Inzwischen suchen sich beispielsweise Akademiker bewusst überdurchschnittlich häufig Frauen mit Hochschulabschluss.[26] Logisch wäre, dass sie ihre Erwartungen anpassen, dass ihre Wahl den Rückfall in alte Muster aufhält. Aber offenbar erinnert sie Nachwuchs an ihr Leben als Kind. Die Soziologin Franziska Schutzbach beschreibt die möglichen Hintergedanken: Männer hätten oft konservativere Beziehungs- und Familienideale, sie würden schließlich davon viel mehr profitieren.[27] In ihrem Buch »Die Erschöpfung der Frauen« legt Schutzbach eine weitere Problematik dar: »Wenn Frauen ihre Plätze verlassen und beanspruchen, was traditionell Männern zusteht – Zeit und ein Leben für sich –, werden sie gehasst. Die mehr oder weniger unterschiedlich stark wirksame Norm, der eine Frau unterworfen ist, lautet auch heute noch: Nimm nicht Dinge, die du **ihm** geben sollst.«[28]

Die Muster und Ansprüche aus der Vergangenheit wirken ebenso auf Frauen, wenn sie selbst in Westdeutschland geboren und in einer Hausfrauenehe sozialisiert wurden. Zwar kämpfen sich in heutigen Zeiten immer mehr junge Frauen mit Kindern, deren Mütter sich noch vollständig für Partner und Familie hingaben, in den Beruf zurück. Für sie ist »früher« immer weniger besser – und daraus ziehen sie Konsequenzen. Doch manche geben auch bald wieder auf, fügen sich entgegen ihren eigentlichen Wünschen als noch Kinderlose den tradierten Rollen. Entweder glauben sie den sich hartnäckig haltenden Narrativen doch, vertrauen darauf. Oder das »Zu-Hause-bei-den-Kindern-bleiben« wird ihnen einfacher als die Berufstätigkeit gemacht.

Ohne Umdenken und ohne Männer wird es nicht gehen: Die Literaturnobelpreisträgerin Annie Ernaux sieht darin den entscheidenden Unterschied, der für die weitere Emanzipation von Frauen und damit auch Müttern, gebraucht wird: »Wenn sich die Männer ihrer Art zu leben nicht bewusst werden, wird die Befreiung der Frau nie stattfinden.«[29] Der Autor und Vater Tobias Moorstedt macht folgende Beobachtung: »Es ist leicht, in Deutschland als moderner Vater zu glänzen: Da geht man mit seinen Kindern auf den Wochenmarkt und wird vom Verkäufer gepriesen: Ganz alleine mit den Kindern unterwegs? Toll! Drei Schalen, sechs Euro! Auch von meiner

Mutter und Schwiegermutter werde ich regelmäßig gelobt, ›dass ich so viel mache‹. Und eine Freundin würdigte einmal vor ihrem Mann, dass ich bei einer Spielverabredung die Rutschsocken meiner Tochter nicht vergessen hatte. Komplimente, die Mütter selten bekommen, denn bei ihnen gelten diese Tätigkeiten als normal und selbstverständlich.«[30]

Eine von ihm in Auftrag gegebene Studie kommt zu dem Ergebnis, dass nur 30 Prozent der Väter sich an anderen Vätern orientieren oder sich mit ihnen austauschen: »Für viele Männer ist es eine komische Vorstellung, seinen Kumpel mit älteren Kindern zu fragen, ob er vielleicht noch Bodys in der Größe 86 übrig hat.«[31] Männer müssen von sich aus mehr wollen, mehr Gleichberechtigung leben. Das ist Arbeit, aber sie würde sich lohnen, sie würden damit am Fundament der Zukunft bauen, den Wohlstand dieses Landes mitsichern. Vor allem wären sie damit Vorbilder für ihre Kinder, deren Zukunft noch viel weiter gehen, sich noch viel mehr von Familienbildern aus dem letzten Jahrhundert unterscheiden wird.

Die Transformation der Rollenmodelle, die Abgrenzung von den Leben der Eltern und deren Prämissen ist zum einen im vollen Gange und zum anderen von einer großen Zwiespältigkeit geprägt. Auch zu beschreiben mit: Rolle vorwärts und immer wieder ein bisschen zurück. Das erleichtert die Leben heutiger Eltern nicht, sondern fördert ihren Kampf mit sich selbst, mit den eigenen Vorstellungen gegenüber dem jeweiligen Partner oder der Partnerin, mit den Möglichkeiten eines spätmodernen Lebens unter aktuellen Bedingungen. Menschen, die nicht klar benennen können, was sie wollen, auch weil der Druck zu groß ist, sind irgendwann nur noch mäßig verlässlich. Sich selbst gegenüber, aber auch ihren Mitmenschen. Und zunehmend unsichere Menschen haben noch höhere Ansprüche an andere. Die gegenwärtige Abwertung unter Frauen und Müttern kann dadurch mit erklärt werden und ist ebenso durch ihre Sozialisation begünstigt: Mütter sind in diesem Land auf das gegenseitige Ausspielen ihrer Modelle und nicht auf Zusammenarbeit getrimmt. Sie haben es so nicht selten von ihren eigenen Müttern abgeschaut. Die jüngeren Frauen erinnern sich beispielsweise noch an die frühere Abwertung von berufstätigen Müttern, gerne geäußert durch Mitleid gegenüber deren Kindern. Sogar heute werden sie manchmal noch »Schlüsselkinder«[32] genannt.

»Im Namen des Kindes«[33] muss jedoch immer mehr etwas anderes bedeuten, als alternative Modelle abzuwerten. Dafür gibt es offenbar noch viel zu tun: Manch Mutter fühlt sich an »die Konkurrenz der Mädchencliquen auf dem Schulhof«[34] zurückerinnert. Andere nennen das abwertende Denken unter Müttern »Mommy Wars« oder ihre Grüppchenbildung »Army of Mothers«, die viele Dienstgrade kenne.

Karina Lübke skizziert diesen Kampf in ihrem Artikel »Die Kinder-Kriegerinnen« im SZ-Magazin wie folgt: »Nach einigen Jahren an der Front wird klar: Es gibt in der Mutterschaft mehr Splittergruppen als bei den Globalisierungsgegnern. Beide Bewegungen definieren sich zwar als grundsätzlich friedlich im Kampf um bessere Bedingungen für die Generation Zukunft, beider Feinde sind übermächtig und meistens männlich. Aber über den ideologisch richtigen Weg zum Erfolg wird intern erbittert gestritten. Umso erbitterter, weil der Rohstoff Kind immer rarer und damit kostbarer wird.« Zugeben möchten das aber die wenigsten: Ein »Zeugenschutzprogramm« sei sinnvoll, wenn eine doch offen sprechen möchte, »denn Mütter sind wie die Mafia: Sie vergessen nichts und verzeihen Verrätern nie«.[35]

Mütter sind sich gegenseitig noch zu oft ziemlich suspekt. Vor allem wenn »die anderen« aus der Reihe tanzen, vom eigenen Modell abweichen. Dann wird geforscht. Die Fragen »Wieso?«, »Weshalb?«, »Warum?« kommen auf. Bekannt aus Fernsehsendungen aus ihrer Kindheit. Aber Erwachsene sollten nicht in eine Regression verfallen. Sie rückt sie nicht ins beste Licht. Im Gegenteil: Die gegenseitigen Abwertungen bestätigen diejenigen, die sie am liebsten nur zu Hause bei den Kindern sehen wollen.

Mütter müssen ihre Kleinkriege sein lassen und das große Ganze in den Blick nehmen: die Gesellschaft, die Wirtschaft sowie den Staat. Zu viele Nicht-Mütter haben davon profitiert, dass Frauen sich gegenseitig schwächen, sich darin verlieren, in die Vorgärten der anderen zu schauen – oder inzwischen Vergleiche auf Social-Media-Accounts zu ziehen. Anstatt sich ihrer selbst und ihrem eigenen Wert bewusst zu werden und zu sein.

Wenn Ansprüche an Mütter und ihre gegenseitigen Abwertungen abnehmen – was hätten wir davon? Dass Kinder dieses Verhalten nicht beobachten, sondern sich Müttern gegenübersehen, die einander aufwerten, egal welches jeweilige Leben sie führen. Mütter, die sich keine schiefen Blicke zuwerfen, sondern aufmerksam und ehrlich miteinander umgehen. Wenn das Kind erkennt, egal, wie die anderen Familienalltage aussehen, meine Mama fühlt sich in unserem Leben wohl, ist eine der wichtigsten Grundlagen für selbstbestimmte Entwicklung gelegt.

Die Mehrheit der deutschen Frauen stimmten laut einer Umfrage aus dem Jahr 2016 zu Familienleitbildern in Deutschland »sowohl der Auffassung zu, dass eine Mutter berufstätig und unabhängig vom Mann sein sollte, als auch der Anforderung, dass sie nachmittags ihren Kindern beim Lernen helfen sollte«.[36] Dieselbe Studie kommt zu dem Schluss: »Nur eine von 30 jungen Frauen spricht sich für eine dauerhafte Hausfrauenrolle aus, und nur jede Fünfte bewertet es negativ, wenn die Mutter eines Kleinkindes Vollzeit arbeitet.«[37] Doch 62 Prozent der jungen Frauen nehmen eine Stigmatisierung der in Vollzeit arbeitenden Mütter wahr.[38] Das Modell, das wir, wenn wir die wirtschaftliche Situation betrachten, rein faktisch dringend mehr bräuchten, wird also mit Abwertung verbunden.

Und fast schleichend kommen zu den bestehenden, multiplen Ansprüchen an Mütter neue hinzu: durch technologische Entwicklungen, die für Mütter mehr Freiheit und Flexibilität und ebenso Beobachtung durch Fremde versprechen. Dass »Mütter ja nur noch auf ihr Handy starren« ist inzwischen eine geläufige (vermeintliche) Erkenntnis. Eine heutige Mutter mit Smartphone in der Hand ist die frühere Mutter mit Kippe im Mund. Aber immerhin ist die Nutzung digitaler Medien – mit Vernunft – nicht gesundheitsschädlich. Mütter sind digital kompetenter, als ihre Kritiker denken. Und Smartphones bergen Chancen. Die »Smartphone«-Abwertung ist ein Phänomen, das auf eine weitere Entwicklung hindeutet: Alles, was eine Mutter nun macht, ist öffentlich verhandelbar. Was zunächst negativ klingt, ist aber womöglich auch eine Chance. Davon ist zumindest die Geschlechterforscherin und Soziologin Paula-Irene Villa Braslavsky überzeugt und nennt das die »Demokratisierung des Privaten«, wie sie dem Deutschlandfunk erklärt: »Dass alle Modelle von Mutterschaft heute unter Rechtfertigungsdruck stehen, das ist auch ein Erfolg dessen, was wir Modernisierungsprozesse nennen. Nämlich: Kein Modell ist klar vorgegeben und nicht mehr der Rede wert.«[39]

Die Aufgabe von Ansprüchen, die weitere Öffnung gegenüber neuen Arten von Familienleben, sowie die Toleranz diesen gegenüber, ist ein nicht zu unterschätzendes gesellschaftliches Projekt. Das zeigen die mütterlichen Erfahrungen der vergangenen Jahrzehnte. Das geht nicht einfach so, leider. Aber ist das Ziel definiert, erreicht es sich leichter: Es braucht Unabhängigkeit, Stabilität, Souveränität, gesellschaftliche Aufwertung und Entwicklungsmöglichkeiten – ein paar Schlagwörter der Mütter-Zukunft.

Es wird Reibung geben, wenn weniger Zuckerguss, weniger Oberflächlichkeit, weniger Dank in Gesprächen auftauchen. Dafür mehr Forderungen, mehr Wut. Der Wille zur Veränderung wird stärker werden. Mütter werden sich umso mehr gegen überkommene, generalisierende Ansprüche wehren, umso weniger ihre Leben diesen entsprechen. Denn die Gegenwart macht es schon und die Zukunft wird es noch deutlicher machen: Mütter brauchen mehr akzeptierte Individualität – was der einen zu viel oder zu wenig ist, muss nicht zu viel oder zu wenig für die andere sein. Daraus folgt für das alltägliche Leben: Lasst die Mütter so viel Kuchen backen, wie sie wollen, so große oder kleine Kindergeburtstage feiern, wie sie es für richtig erachten. Lasst sie dabei gerne noch berufstätig sein, auch in Vollzeit. Gedanken sollten sich alle nur über die eigene Verantwortung machen – und die beinhaltet auch, zu erkennen, wo die Grenzen sind, wo Übergriffigkeit beginnt, wo Toleranz und echte Hilfe anstatt nur Lob vonnöten ist.

7
»Das könnte ich nicht!«

Warum die Entmündigung bei der Schwangerschaftsdiagnostik beginnt, weshalb es herausfordernd ist, in diesem Land Kinder großzuziehen, die nicht »mitlaufen«, und warum nicht alles therapiert werden muss.

> »Ich sage gelegentlich zu anderen Behinderten: Alle Menschen sind behindert – aber wir wissen es wenigstens.«
> Dr. Wolfgang Schäuble[1]

Perfektion ist alles in den Stunden und Tagen, nachdem eine Mutter ein Kind auf die Welt gebracht hat. Die Frage nach der Gesundheit des Babys – »Und ist denn alles dran?« – wird ihr als eine der ersten von Verwandten, Freunden und Bekannten gestellt. Dabei ist es keine wirkliche Frage. Sondern mehr eine Feststellung. Denn das »Ja« als Antwort wird eigentlich vorausgesetzt. Kann ja gar nicht anders sein. Diese Erwartungshaltung zeigt sich, wenn die Antwort »Nein« lautet und betretenes Schweigen folgt. Gesundheit gilt offenbar als Selbstverständlichkeit, vor allem wenn es um die Kleinsten geht. Alles andere passiert nur den anderen.

Die Mutter, die zu den anderen gehört, fällt aus dem Raster der Vorstellungskraft von Menschen in spätmodernen Gesellschaften, geprägt von Kuration und dem Streben nach individueller Perfektion. Und weil es oft so weit weg von der eigenen und der Vorstellung der anderen ist, muss die Mutter eines frisch geborenen Kindes, das nicht den allgemeinen Vorstellungen entspricht, diese Tatsache in einem Kontext der Hilflosigkeit realisieren – und verarbeiten.

Mütter sprechen häufig von einer Art »Trance«, in der sie sich in den ersten Tagen nach der Geburt befinden. Erst recht, wenn ihr Baby nicht gesund zur Welt kommt. Die eigene Wahrnehmung kämpft gegen die Realität. Was nicht sein darf, kann nicht sein. Nicht bei uns. Nicht bei unserem Baby. Nicht in dieser Zeit, in der doch scheinbar alles planbar, testbar, revidierbar ist. Und nun? Ein Mensch mit Behinderung, der Teil des Lebens bleibt? Ein Baby mit einer Krankheit, die es einem womöglich gleich wieder raubt? Momente, die das Leben prägen.

Mütter, die lebensbedrohlich kranke oder Kinder mit Behinderungen auf die Welt bringen, fühlen sich oft ohnmächtig, ohne Zukunft – was kann nun noch kommen? Die Perspektiven, die ein gesundes Kind mit sich bringt, werden ersetzt durch nicht gekannte Sorgen. Schwer wie ein Betonklotz. Themen wie Pflege, Hilfsmittel und ein ganzer Wust an bürokratischer Organisation kommen auf sie zu. Themen, die doch eigentlich noch so fern waren. Das erschöpft und macht einsam, denn die Auswahl an Gesprächspartnerinnen ist gering. Während andere Mütter über die neuesten pädagogischen Erkenntnisse, Babycremes und Thermomix-Breis reden, geht es bei ihnen um Existenzielles. »Wie soll ich das denn überhaupt schaffen?« ist eine der häufigsten Fragen unter ihnen, die zu oft auf taube Ohren, unbedachte Münder trifft. Hilfe finden sie oft noch viel schwerer als andere in Zeiten, in denen vieles für Familien knapp ist. Dass für sie die Normalität anderer eine Besonderheit ist und die Kämpfe darum ihr Alltag, ist auch eine Abwertung.

Mütter, bei denen nicht das »perfekte« Baby auf dem Bauch liegt, sehen zudem nicht selten in den Augen der anderen, dass ihr Leben nun bedauernswert ist. Niemand möchte tauschen. Sie selbst spüren nach dem ersten Schock jedoch die gleichen Gefühle wie die anderen Mütter. Sie lieben ihr Baby, sie wollen stolz auf es sein, sie wollen es zeigen. Aber auf ihr Glück folgt Irritation. Eine »Betroffene« erzählt: »Eigentlich wird man von seiner Umwelt gezwungen, mit seinem Leben zu hadern. Eine Mutter von einem Kind mit Behinderung muss unglücklich sein, damit sie in das übliche Weltbild passt. Ansonsten stimmt was nicht mit ihr.«[2]

Mütter werden automatisch zu Hauptpflegepersonen gemacht. Ihre Aufopferung wird gesellschaftlich geschätzt, auch erwartet. Als müssten sie einen Fehler wiedergutmachen. Der Psychologe Jens Corssen erklärt, dass es »die Krux« sei, dass die Umgebung es oftmals einer Mutter dann auch seltener gestatte, »sich etwas Gutes zu tun, weil sie ein Kind mit Behinderung hat. Das ist fatal. Es ist eine falsche Moral, sein Leben zu opfern für das Kind. Das Kind hat dadurch keine Vorteile.«[3] Darüber hinaus werden Mütter durch die Unsicherheiten der anderen – durch immer noch vorherrschende »Berührungsängste« – an den Rand gedrängt.

Solange Menschen nicht auf Inklusion, den Sozialstaat, die Offenheit des Systems angewiesen sind, glauben sie, dass alles gut funktioniert. Wollen es glauben. Doch Mütter von Kindern mit Behinderungen oder chronischen Krankheiten erkennen schnell: »Inklusion«[4] von Menschen, die nicht »fit«, »gesund«, »normal« sind, ist zwar Gesetz, aber immer noch außergewöhnlich. Dagegen sind »Berührungsängste« für zu viele noch etwas völlig Normales. Und das in Deutschland. Mit dieser Historie. Mit der (eigentlich) daraus resultierenden Verantwortung. In einem Land, in dem viele stolz sind auf das, was sie alles überwunden, erfunden, vorangebracht haben, gehören »Berührungsängste« gegenüber Menschen mit

Behinderungen zum Alltag. Angst kann auch Ausrede sein. Vor allem wenn sie auf Menschen bezogen ist, die oftmals geistig und körperlich nicht überlegen sind.

Auf der einen Seite gibt es diese Ängste der Mitmenschen, auf der anderen Seite werden Mütter von Kindern mit besonderen Bedürfnissen recht schnell zu »Heldinnen« erklärt. Was kurios ist, wenn man sich ihre Gegenfragen oder Antworten auf ein solches »Lob« ausmalt:

- **»Du bist für mich eine Heldin!«**
  Mögliche Gegenfragen:
  »Weil ich mich um mein Kind kümmere?«
  »Weil ich es nicht auf der Straße liegen lasse oder ›zurückgebe‹?«
- **»Ich könnte das nicht!«**
  Mögliche Gegenfragen:
  »Was meinst du mit ›das‹«?
  »Wurde ich etwa gefragt?«
  »Was passiert, wenn ich es nicht könnte?«

Ebenso schnell wie zu Heldinnen gemacht, werden sie wiederum als »nicht ganz dicht« abgetan: Wenn sich die lange leise vor sich hin schwelende Wut über Vorurteile und Toleranz, die nur so weit geht, dass man sich nicht »angst-berührt« fühlt, Bahn bricht. Wenn sie es wagen, sich zu beschweren, wenn sie aufmucken und auch offen über ihre Trauer sprechen. Ihre Traumata sind für viele dann noch ein Grund mehr, hinter ihrem Rücken anstatt mit ihnen zu reden und das Merkmal »schwierig« mit ihnen zu verknüpfen. Das »Schicksal« erklärt ihre »Veränderung«, ihre »Wut«. Nicht die Zustände. Einmal wieder scheint der Slogan aufzukommen, der noch zu viele beruhigt: »Wir leben doch hier in Deutschland!« Wütende Frauen, die diesen Ruf in Zweifel ziehen, kann dieses Land immer noch erstaunlich wenig ertragen. Vor allem Mütter haben im Grunde immer noch nicht zu stören, sie sollten – genau wie ihre Kinder – hineinpassen, gerne leise. Das wird über Generationen schon gelernt und abgeschaut. Dabei müssten wir in einer alternden Gesellschaft schleunigst damit beginnen, über Behinderung, Krankheit, Trauer offen und regelmäßig zu sprechen. Und was das für ein Leben bedeutet.

Wenn ein Kind mit einer Krankheit oder Behinderung auf die Welt kommt, stirbt erst einmal ein Traum. Mütter trauern um das gesunde Kind, das sie sich vorgestellt haben, das von ihnen auch erwartet wurde und das nun völlig anders ist. Und damit auch ihr Leben. Von nun an werden sie stets auffallen. Die Blicke der anderen sie und ihr Kind begleiten. Und zwar nicht nach den Prämissen, wie sie es sich eigentlich vorgestellt hatten. Bei manchen Müttern wird dieser Zusammenbruch der Vorstellungen innerhalb von Sekunden besiegelt, wenn es zu Komplikationen bei der Geburt kommt. Andere haben etwas länger Zeit, wenn schon während der Schwangerschaft »Auffälligkeiten« zu erkennen sind, die von Woche zu Woche, von Untersuchung zu Untersuchung eindeutiger auf eine Behinderung hinweisen. Nicht selten vergehen auch Jahre, bis bei Kindern eine Diagnose gestellt, bis eine Erklärung für die »Entwicklungsverzögerungen«, »Entwicklungsstörungen«[5] gefunden wird.

Und es trifft eben doch nicht immer die anderen: Vier Prozent aller Kinder kommen mit genetischen Erkrankungen zur Welt.[6] Hinzu kommen Geburtsschäden vor allem durch Sauerstoffmangel. Das wird noch eine sehr lange Zeit nicht zu 100 Prozent verhinderbar sein. Und dadurch wird es Mütter geben, die imperfekt perfekte Kinder lieben. Dafür haben sie akzeptiert zu werden und sollten keine »Angst« ihnen und ihren Kindern gegenüber erfahren. Vor allem nicht in einem »Sozialstaat«, in einer liberalen Gesellschaft. »I think perfectionism is just a high-end, haute couture version of fear«, erklärt zudem die US-Schriftstellerin Elizabeth Gilbert.[7] Beim Thema Mutterwerden und Kinderkriegen ist es genau diese Angst vor Imperfektion, die vieles verschlimmert. Dadurch, dass unsere Gesellschaft zu großen Teilen davon ausgeht, dass Kinder gesund zur Welt kommen, baut sie Erwartungen auf. Und Ängste, wenn diese Erwartungen nicht erfüllt werden. Vor Abwertung. Vor Abstieg.

Vor der Diagnose unserer Tochter denke ich: »Uns geht es ZU gut.« Irrer Gedanke. Und eine Vorahnung? Wir sind gerade in ein schönes Haus gezogen, in ein Dorf am See. Dann kommt der Anruf. Dienstag. Ob wir vorbeikommen können, es gäbe eine Diagnose. Sie dürften uns diese nicht am Telefon mitteilen. Der Termin? Erst zwei Tage später. Während diesem heißt es: dass unsere Tochter mit über zwei Jahren noch nicht sprechen und nur wackelig laufen könne, liege an einem winzigen, fehlenden Teil am Chromosom 21, einer sogenannten Mikrodeletion. Phelan-McDermid-Syndrom. Circa 3000 Fälle weltweit. Nicht vererbt. Spontanmutation. »Die Schere wird immer größer zu den anderen Kindern«, geben uns die Ärztinnen noch mit auf den Weg. Der Arzt, der uns die Zeit zuvor bei der Suche nach einer Diagnose begleitet hat, fragt kurz danach am Telefon: »Wie geht es Ihnen damit?« Und er will offenbar wirklich eine Antwort. Damals weiß ich noch nicht, dass das etwas Besonderes ist. Ein paar Tage später kommt mir meine »Vorahnung« in den Sinn, in einem flüchtigen Moment. Gänsehaut. Und ich denke, so schnell kann es gehen, jetzt heißt es nicht mehr »das schöne, weiße Haus, gleich hinter dem Rathaus«, sondern jetzt wird es beschrieben mit: »Da wohnt doch die Familie mit dem behinderten Kind.« So meine Vorstellung, so meine Gedanken. Warum? Weil ich selbst früher so dachte, weil ich immer wieder Beschreibungen hörte, in denen Menschen mit Merkmalen verbunden wurden. Eben auch mit Krankheit oder Behinderung.

Heute weiß ich: Es ist nicht Tragik oder Schicksal, ein aus der Norm gefallenes Kind zu bekommen. Auch wenn die gesellschaftliche Abwertung und Ausgrenzung das Müttern noch zu oft vermitteln. Mit diesem Lebensereignis könne ebenso eine Transformation, eine »mentale Re-Programmierung« einhergehen, wie der Psychologe Corssen es beschreibt.[8] Viele Eltern, viele Mütter seien zwar erst einmal »dagegen« – und würden in dieser Haltung von vielen bestätigt. Aber fragt man Eltern von älteren Kindern mit Behinderungen, ob sie zufrieden sind, dann antworten sie nicht selten mit »Ja« und erwähnen, wenn überhaupt, die Kämpfe im Alltag, die abwertenden Reaktionen ihrer Umgebung, die belasten. Sie haben schon gelernt, dass Trauer nicht in Leid münden sollte. Corssen fügt noch hinzu: »Konkret geht es um eine innere Wende hin zur positiven Haltung, eine herausfordernde Situation anzunehmen, zum Beispiel schon allein, indem man ab heute sagt: nicht unser ›behindertes‹ oder ›krankes‹ Kind, sondern unser ›besonderes‹ Kind.«[9]

Eltern mit »besonderen Kindern« müssen lernen, ihre Kinder so zu akzeptieren, wie sie eben sind. Keine eigenen Träume können verlagert, keine Verantwortung übertragen werden. Das Leben wird sehr direkt und hat wieder viel mit einem selbst zu tun. Es gibt Geschichten, die zeigen, dass Schicksal zwar verändert, aber auch befähigt, dass es ungeahnte Kräfte freisetzen kann. Neil Armstrong musste beispielsweise vor seinem Welterfolg, der Landung auf dem Mond, einen der schlimmsten Schicksalsschläge verkraften:

Seine kleine Tochter starb mit zwei Jahren an einem Gehirntumor. Er war ein schweigsamer Mann, sprach nicht viel über den Verlust, wie wohl die meisten Männer seiner Generation. Laut seinen Söhnen stürzte er sich in die Arbeit und flog wenige Jahre später auf den Mond.[10] Er trauerte, aber sein Leid brach ihn nicht. Und er zeigte damit: Trauer, Schicksal ist nicht das Ende, es kann auch der Beginn von etwas sein, von etwas anderem, was unter »perfekten«, mit Gesundheit gesegneten Bedingungen gar nicht vorstellbar war.

Alle Eltern leben ein gewisses Maß an Narzissmus gegenüber ihrem Kind aus. Manche mehr und manche weniger. Zu einem gewissen Punkt ist das völlig normal. Wenn das Kind erfolgreich ist, stehen sie selbst besser da. Das Kind als Ergänzung des eigenen Egos, des eigenen Selbstwerts. Auch deswegen irritiert es zunächst, wenn das nicht möglich ist. So schreibt der US-amerikanische Autor Andrew Solomon in seinem Buch »Weit vom Stamm – Wenn Kinder ganz anders als ihre Eltern sind«: »In der Erwartung, unsere egoistischen Gene fortzupflanzen, reagieren viele von uns deshalb unvorbereitet auf Kinder mit ungewöhnlichen Bedürfnissen. Wir sehen uns plötzlich einem Fremden gegenüber, und je andersartiger dieser Fremde ist, desto stärker unsere Verwirrung. In den Gesichtern unserer Kinder wollen wir das Versprechen ablesen, dass wir nicht sterben werden. Aus diesem Grund sind Kinder, deren wesentliche Eigenschaften die Hoffnung auf Unsterblichkeit zunichtemachen, eine besondere Kränkung: Wir müssen sie um ihretwillen lieben, nicht etwa aufgrund unserer in ihnen verkörperten guten Eigenschaften. Das ist sehr viel schwerer zu leisten. Die Liebe zu unseren Kindern stellt unsere Vorstellungskraft auf die Probe.«[11]

Kinder mit Krankheiten und Behinderungen sind für Eltern eine Lehrstunde – über sich selbst, über die Gesellschaft.

Und sie zeigen auch, wie frei Entscheidungen sind. Oder eben nicht. Denn ihre Mütter sind »auf Bewährung«. Die Übergriffigkeit der anderen bekommt eine neue Dimension. Es wird nicht nur hinterfragt, wie und ob sie ihr Kind zu lieben haben, ob sie traurig oder glücklich sein dürfen, ob ihr Leben jetzt noch gelingen kann. Als würde ein Kind mit Behinderung noch mehr Menschen in diesem Land dazu befähigen, sich einzumischen, zu bewerten, abzuwerten. Was die geläufige, direkte Frage an sie zusammenfasst: »Hast du denn keine Diagnostik gemacht?«

Dabei gibt es keine Spezies auf dieser Welt, welche die Norm erfüllt, stets »perfekten« Nachwuchs zu produzieren. Keine. Aber ein Großteil der Menschen-Spezies, die eigentlich als die intelligenteste von allen gilt, nimmt an, dass es so ist. Fällt aus allen Wolken, wenn dem nicht so ist und Mutter nichts dagegen getan hat. Dabei können bei uns allen Zellen mutieren – oder sind es vielleicht schon, wir tragen womöglich Anlagen für Krankheiten in uns, sind damit sogenannte Merkmalsträger[12]. Merkmale, die wir manchmal völlig unbewusst an unseren Nachwuchs weitergeben. Manche führen zu Symptomen, manche nicht.

Der US-Wissenschaftler Stephen Kingsmore erklärt: »Eine der verblüffendsten Erkenntnisse der Genomforschung ist, wie unterschiedlich wir sind – jeder von uns ist einzigartig. In der Embryonalentwicklung kommt es in jeder Zelle zu Mutationen. Das führt dazu, dass wir rund 80 Stellen im Genom haben, die weder von der Mutter noch vom Vater stammen. Und wir verstehen noch nicht, inwiefern das zu Erkrankungen beitragen kann.«[13]

Wenn Paare ein Kind planen, würden sich laut dem Wissenschaftler nur die wenigsten darüber Gedanken machen, ob es krank oder behindert sein könnte. Bei vielen käme das

Thema erst auf, wenn die Frauen schwanger seien.[14] Inzwischen gibt es in Deutschland Bluttests mit Namen »Harmony«[15], mit denen während der Schwangerschaft auf die verschiedenen Trisomien getestet werden kann – aber nicht viel mehr. Bei Tausenden von möglichen Gendefekten und Erkrankungen ist das wenig.

Eine Frau, die sich einer künstlichen Befruchtung unterzieht, darf in Deutschland dagegen nicht die befruchteten Eizellen auf jegliche Krankheiten oder Behinderungen testen lassen, bevor sie in ihren Körper eingesetzt werden. Die Angst des Gesetzgebers ist, dass durch die sogenannte Präimplementationsdiagnostik (PID) die Türen zur Auslese zu weit aufgerissen werden.

Aber sind sie denn nicht schon offen?

Wenn Frauen immer häufiger gefragt werden, warum sie während der Schwangerschaft keine Diagnostik gemacht haben?

Wenn die Wartezimmer der Pränataldiagnostik-Praxen immer voller werden?

Wird die Entscheidung, werden gesellschaftliche Werte und Moral dadurch nicht vielmehr auf die Frau verlagert, auf ihren Bauch?

Da die Diagnostik erst im Körper der Mutter legal ist?

Bis auf äußerst wenige Ausnahmen, und die bespricht in einem langwierigen Prozess der Deutsche Ethikrat, oft mit ablehnendem Ausgang. Das hat zur Folge: Die Entscheidung für oder gegen ein Kind mit Behinderung kann nicht selten erst getroffen werden, wenn die Frau schon »etwas« spürt. In Deutschland gibt es bisher keine flächendeckende (auch psychologische) Betreuung für Mütter, bei deren Babys »Auffälligkeiten« festgestellt wurden. Nicht wenige berichten von großem, auf sie ausgeübtem Druck, vor allem wenn sie zögern. Er wird noch verstärkt, wenn sie sich bewusst für ein Kind mit Behinderung entscheiden.[16]

Alles, was mit Mutterschaft zu tun hat, ist individueller Natur. Bei möglichen Kindern mit Behinderung bekommt die Individualität eine noch existenziellere Bedeutung: Die eine Mutter kann es sich vorstellen, die andere nicht. Pränataldiagnostik-Praxen werden von Eltern zunehmend aufgesucht, um »sicherzugehen«. Wenn die Ärztin jedoch mit ernstem Gesicht eine »Auffälligkeit« verkündet, beginnt die Abwärtsspirale. Ohne jegliche Vorbereitung. Ohne jegliche Nachsorge.

Die Ärztinnen selbst haben oft nicht die Zeit, sich ausführlich zu kümmern und bei der Entscheidung, die nun ansteht, zu unterstützen. In Holland werden Hebammen damit betraut, Eltern, die ein Kind mit Diagnose erwarten, zu begleiten.[17] In Deutschland wäre das theoretisch auch umsetzbar, es findet aber nur in viel zu wenigen Fällen statt. Die Präsidentin des Deutschen Hebammenverbandes, Ulrike Geppert-Orthofer, erklärt: »Es bräuchte an dieser Stelle viel mehr Aufklärung, denn es ist zu wenig bekannt, was Hebammen alles anbieten können, auch in Krankenhäusern. Oft haben Entscheidungsträger im Gesundheitswesen, auch Gesundheitspolitiker, die Ärzte sind, überhaupt keine Ahnung, was die Aufgaben einer Hebamme sind, was sie sein können und was die Bedürfnisse von Frauen sind. Da gibt es ein sehr geringes Wissen in Deutschland, was möglich wäre.«[18]

Vielleicht liegt es an mangelndem Interesse – und ebenso dem Gefühl, dass über Diagnostik und die Folgen schon genug gesprochen wurde? Hierzulande erklärt denn auch die Vorsitzende des Deutschen Ethikrats, Alena Buyx, zu Beginn ihrer Amtszeit vor wenigen Jahren, dass die großen Fragen um Abtreibung, Sterbehilfe, Embryonen von den »Pionieren des Fachs« seit den 1970er-Jahren abgearbeitet, die »Hauptargumente« ausgetauscht worden seien. Daher habe sie sich »Felder« gesucht, »wo es noch Neues zu denken gab. Aktuellere große Themen sind neue Technologien, Forschungsethik und Solidarität.«[19] Aber wie kann etwas abgeschlossen sein, das gerade durch Technologie immer feinere Diagnostikmöglichkeiten, immer mehr Untersuchungen zulässt? Für immer mehr Menschen (zumindest für diejenigen mit dem nötigen Kleingeld)? Und diese Entwicklungen viel mehr Entscheidungen von viel mehr Menschen mit sich bringen? Sollten nicht wieder mehr Fragen gestellt werden: Wer hat Vorteile durch immer einfachere, von der Krankenkasse bezahlte Tests, die zu Abtreibungen von Menschen führen können, die ein Leben lang auf staatliche Unterstützungsleistungen angewiesen wären? Was bedeutet das für Mütter – mehr oder weniger Freiheit? Drückt sich dieses Land vor einer Debatte, die für sie so wichtig wäre? Um ihnen tatsächliche Wahlfreiheit zu bieten, Mündigkeit und vor allem Begleitung und Beratung? Warum gibt es, sobald das Kind im Bauch wächst, erstaunliche Lücken bezüglich Richtlinien und Maßnahmen, welche verhindern könnten, dass Druck ausgeübt wird?

Das Motto ist gefühlt: Rigorose Verbotspolitik bezüglich Diagnostikmöglichkeiten VOR der Schwangerschaft, aus »Angst« vor Auslese, aber WÄHREND der Schwangerschaft gerne Diagnostik – mit »sozial« gewünschter Wahl. Bei der vor allem die Mutter die Konsequenzen, auch die »Schuld« und »Verantwortung« trägt, denn die Indikation einer möglichen Spätabtreibung, einem sogenannten Fetozid[20], ist ausschließlich an ihren körperlichen Zustand und ihre Psyche gebunden:

*§ 218a StGB »Straflosigkeit des Schwangerschaftsabbruchs«
Absatz 2: Der mit Einwilligung der Schwangeren von einem
Arzt vorgenommene Schwangerschaftsabbruch ist nicht
rechtswidrig, wenn der Abbruch der Schwangerschaft unter
Berücksichtigung der gegenwärtigen und zukünftigen Le-
bensverhältnisse der Schwangeren nach ärztlicher Erkenntnis angezeigt ist, um eine Gefahr für das Leben oder die Gefahr einer schwerwiegenden Beeinträchtigung des körperlichen oder seelischen Gesundheitszustandes der Schwangeren
abzuwenden, und die Gefahr nicht auf eine andere für sie
zumutbare Weise abgewendet werden kann.[21]*

Es gibt keine genauen Zahlen in Deutschland, wie viele Fetozide jährlich durchgeführt werden. Die Frankfurter Allgemeine Sonntagszeitung recherchierte, »dass es laut Abrechnungs-
daten der Krankenkassen im Jahr 2021 539 Fetozide gab, das
Statistische Bundesamt meldet für denselben Zeitraum 728
Abbrüche nach der 22. Woche«.[22] Sie berichtet auch, dass auf
die Art der Durchführung Frauen in Deutschland kaum Einfluss haben. Viele wünschen einen Kaiserschnitt, eine Sedie-
rung, Ärztinnen lehnen das in der Mehrheit ab und begrün-
den dies – neben dem höheren Risiko für die Mutter bei einem Kaiserschnitt – auch mit dem Verarbeitungsprozess.

Letzteres ist ein Problem: Die Wissenschaft belegt nicht,
dass Mütter durch eine vaginale Geburt besser mit diesem Erlebnis klarkommen. Ärztinnen berufen sich laut Bericht der
FAS bezüglich der Verarbeitung auf die »Erfahrung« – obwohl offenbar keine Daten unter Betroffenen existieren, wie
es ihnen über die Zeit ergeht. Und wenn geplante Kaiser-
schnitte bei Frauen mit gesunden Kindern bei bestimmter
Indikation möglich sind, müssen auch Frauen, die sich für
eine Spätabtreibung entscheiden, diese Möglichkeiten haben.

Wir müssen bei diesem Thema mehr über Mündigkeit von Frauen sprechen.

Ebenso wenn ein Kind zu früh zur Welt kommt, mit schwersten Behinderungen überlebt. Ärztinnen müssen ab dem Zeitpunkt der Geburt alles dafür tun, um es am Leben zu halten. Laut Gesetz. Nur eine kurze Zeitspanne entscheidet im deutschen Recht also, ob ein Kind sterben oder leben darf. Im Bauch der Mutter – mit Verdacht auf Behinderung – ist sein Leben von der Verfassung der Mutter abhängig. Wenn ein Baby zu früh auf die Welt kommt, schwerste Beeinträchtigungen davonträgt und/oder unter der Geburt geschädigt wird, zählt die Meinung der Eltern nicht mehr. Dann sind das Krankenhauspersonal und lebenserhaltende Geräte entscheidend. Es gibt Eltern, die aufgrund der schwersten Behinderungen ihrer Babys die Ärztinnen anflehen, ihre Kinder gehen zu lassen, wenn diese es nicht ohne die Apparate schaffen, am Leben zu bleiben.[23] Doch die Pflicht der Ärztinnen, ein Leben zu erhalten, steht auch hier über ihrer Mündigkeit.

In der Öffentlichkeit wird es vielmehr – kurzfristig – als Erfolg der Medizin gewertet, wenn ein viel zu früh geborenes Baby überlebt. Langfristig kämpfen dieses Kind und seine Eltern, wenn es Behinderungen davonträgt – was nicht selten der Fall ist, gegen die Ausgrenzung.

Das Feiern der Medizin wäre nur konsequent, wenn sein späteres Leben und jedes Leben gemeinhin Akzeptanz und Wertschätzung erfahren würde. Und die bewusste Entscheidung einer Mutter für ein Kind mit Behinderung die gleiche Anerkennung bekäme. Dass Umgang sich unterscheidet, zeigt auch folgendes Beispiel: Eine Mutter bekommt ein Kind mit Behinderung. Nur wenige Jahre später erfährt sie von der Krebserkrankung ihres zweiten Kindes. Und sie muss erkennen: Das Verhalten gegenüber Familien, in denen ein Kind an

Krebs erkrankt, sei um ein Vielfaches professioneller als die Interaktionen mit Familien, in denen es ein Kind mit Schwerbehinderung gibt. Vom ersten Tag an habe sie mit ihrem einen Kind in der Onkologie, ohne nachzufragen, die Unterstützung erhalten und Begleitung erfahren, die sie sich bei ihrer Tochter mit Behinderung mühsam habe erkämpfen müssen.[24]

Die Angst, die viele von uns umtreibt und uns in unserem Aufwachsen begleitet, ist die, nicht leistungsstark und intelligent genug zu sein. Obwohl die pädagogische Wissenschaft lehrt, dass die Fokussierung auf Defizite schadet, steht sie in unseren Gefilden hoch im Kurs. Bei Kindern mit Behinderung müssen die »Defizite« daher auch therapiert werden. Unter starkem Druck auf die engsten Bezugspersonen, in den meisten Fällen wieder die Mütter. Nicht selten werden sie dadurch zu Therapeutinnen ihres Kindes. Viele von ihnen haben vor ihren Kindern noch nie etwas von Motopädie, Ergotherapie oder »unterstützter Kommunikation« gehört. Nicht wenige Mütter von Kindern mit besonderen Bedürfnissen fangen Ausbildungen an, um ihre Kinder bestmöglich zu unterstützen. Auch aus Mangel an qualitativ hochwertigen und abrufbaren Angeboten.

Ihre Aufgaben werden dadurch immer mehr und sind so zeitraubend, dass nicht mehr viel anderes in ihrem Leben bestehen kann. Das schlechte Gewissen, auch gefördert von Institutionen, treibt sie zu Höchstleistungen an. »Sie sind die Expertin für Ihr Kind«, heißt es häufig von Therapeutinnen und Betreuungspersonal, was auch bedeutet: »Machen Sie die Arbeit, wir kümmern uns um den Feinschliff.« Dabei sind Gespräche bei Müttern oft Auslöser für jahrelange Unsicherheiten. Das Verhalten von Ärztinnen, Therapeutinnen, Betreuerinnen »sei wahnsinnig wichtig für die Psyche der ganzen Familie. Jedes Wort, jeder kritische oder sorgenvolle Blick wird von den Eltern auf die Goldwaage gelegt.«[25]

Obwohl es in Einrichtungen wie Kitas und Kindergärten immer mehr psychologisches Personal gibt, das solche Gespräche begleiten oder bei möglichen Konflikten Lösungen suchen sollte, funktioniert gute, unterstützende Kommunikation noch zu oft nicht. So berichten Mütter vom Einsatz überholter, pädagogischer Konzepte oder von Erzieherinnen in »integrativen Einrichtungen« (die auf Kinder mit Besonderheiten spezialisiert sein sollten), die die erstaunten Eltern unter anderem fragen, was denn genau Autismus sei. Sie berichten von staatlich mitfinanzierten Entwicklungspsychologinnen, die sie erst nach Monaten darüber informieren, dass ihr Kind immer fürchterlich schreien würde (was es zu Hause nicht tut). Die, anstatt ihrer Aufgabe der Fürsorge für das Kind gerecht zu werden, lieber ihre Schweigepflicht brechen, weil »das Team« an erster Stelle stehe, nicht die Eltern, nicht das Kind.

Eine Mutter hat nach den ersten Gesprächen zur Aufnahme ihres Kindes in einer Kindertagesstätte den Eindruck: »Irgendwie habe ich das Gefühl, dass stark selektiert wird und geschaut, wie hoch ist der Aufwand und wie viel Geld bekommen wir dafür?«[26] Die staatlichen Integrationsleistungen für Kinder mit Behinderungen steigen in den letzten Jahren immer mehr an. Und verschwinden in Lücken, für die sie nicht gedacht sind. Es gibt Eltern, die ihre gesunden Kinder bewusst in »Integrative Einrichtungen« geben und das auch ohne Bedenken lautstark sagen, weil »der Personalschlüssel« dort besser sei oder die Ausstattung. Viele Einrichtungen entscheiden sich, auch im Kontext des Fachkräftemangels, für das Label »Integrativ«[27], weil damit Fördergelder verbunden sind sowie mehr Personal. Sie haben die alleinige Auswahlhoheit, welche Kinder sie aufnehmen – die Kinder mit schwereren Behinderungen oder diejenigen mit nicht so schwerwiegenden. Die Höhe der Fördersumme, die Möglichkeit zu mehr Personal durch sogenannte Individualbegleiterinnen bleibt bei »kreativer« und damit für zu viele Behörden ausreichender Begründung in vielen Fällen gleich. Das Handeln der Einrichtungen ist für manche nachvollziehbar, auch unter den angespannten Umständen, aber verheerend für diejenigen, die nun außen vor bleiben. Für diejenigen, für die die Förderung und natürlich die Teilhabemöglichkeit auch gedacht sind, die ohne einen Platz womöglich gar keine Chance haben, in der Gesellschaft anzukommen. Integration, erst recht Inklusion bleibt in Deutschland eine Wahl – für Kitas, Kindergärten und deren Träger. Eine lukrative noch dazu. Für Eltern von schwerer betroffenen Kindern gilt das nicht, für sie ist schon allein Integration zu oft Glück und kein Standard.

Familien mit besonderen Kindern erkennen schnell, dass staatliche Stellen und Sozialunternehmen kooperieren, voneinander profitieren. Die Zunahme an »Integrativen« oder »Inklusiven Kindergärten« ist für sie kein Zeichen von mehr Teilhabe, sondern in manchen Bundesländern ein Hinweis darauf, dass Träger verstanden haben, wie sie staatliche Förderungen abgreifen und institutionalisieren können. Träger gründen inzwischen Tochterfirmen für »Individualbegleiter«. Effizienz statt Humanität. Denn in den gleichen Einrichtungen dieser Träger wird Müttern hinsichtlich der Individualbegleiterin, die ausschließlich für das Kind mit Behinderung bezahlt wird, gerne gleich zu Beginn ihres Einsatzes mitgeteilt: Die ausschließliche, individuelle Betreuung ihres Kindes sei für die Gruppe und die anderen Kinder nicht förderlich, die Begleiterin sei doch am besten für alle da. Staatliche Stellen interessieren sich nur selten für eine Überprüfung: Es

scheint nicht von Belang zu sein, wo Millionen von Förder-
geldern hingehen und dass diese noch zu oft nicht da ankommen, wo sie sollten.

Egal ist scheinbar auch, dass damit die Rücken von Müttern weiter belastet werden. Sie bleiben ohne die Sicherheit
zurück, dass der Staat, der zahlt, sich kümmert. Sie müssen
für ihr Kind kämpfen, obwohl sie sich auf Wichtigeres kon-
zentrieren sollten: Gerade für Mütter mit besonderen Kindern sei es bedeutend, Energie zu sparen, sich zu stärken, um
mit der Behinderung ihres Kindes gut umgehen zu lernen, ist
der Psychologe Jens Corssen überzeugt.[28]

Unter dem Deckmantel der Offenheit dürfen gerade diese
Mütter zur bestehenden, körperlichen Belastung und der Verarbeitung keine möglichen Re-Traumatisierungen mehr serviert bekommen, sondern gute Perspektiven, Akzeptanz, Vertrauen sowie Halt für die Zukunft. Immer wieder zu scheitern
bei Dingen, die für andere selbstverständlich sind, prägt.
Auch dass die deutsche Gesellschaft immer noch sehr stark
davon ausgeht, Schicksalsschläge müssten schnell verarbeitet
und abgehakt werden. »Häufig geht genau das nicht – häufig
müssen wir, um unseren Weg zu finden, genau von dieser Annahme Abschied nehmen«, schreibt eine Mutter auf ihrem
Instagram-Account.[29]

Geduld – auch mit Kindern – ist rar: Denn zunehmend
mehr von ihnen laufen (vermeintlich) nicht mehr einfach so
mit. »Immer kommt irgendein ›zu‹ auf den Plan. Immer ist
etwas zu früh, zu spät, zu langsam, zu schnell, zu groß, zu
klein. Damit werden Frauen laufend konfrontiert, weil ja niemand der Normkurve entspricht, und das macht natürlich
etwas im Kopf«, konstatiert der Präsident der Deutschen Gesellschaft für psychosomatische Geburtshilfe Dr. Wolf Lütje.[30]
Kinder werden hierzulande inzwischen schon bei kleinsten

Auffälligkeiten therapiert – sei es nur, dass sie in der ersten Klasse noch zu lange den Stift nicht richtig halten können. Nicht selten wird Eltern, häufiger noch den Müttern, dafür die Schuld gegeben. Noch mehr, wenn Kinder ADHS, Autismus, Auffälligkeiten haben, deren Ursache man bis heute nicht genau kennt[31] – oder die Diagnostik zu lange dauert.

Mütter können nur dann zu mehr befähigt werden, wenn sie sich nicht vor lauter Schuld und Scham verkriechen, nicht die Aufgaben der eigentlichen Experten übernehmen, sondern sich auch noch sich selbst gönnen. Darauf kann ebenso ihre Umgebung achten, sollte darauf achten. Denn wenn Überforderung und Einsamkeit zu spät erkannt werden und Mütter keinen Ausweg mehr sehen, kommt es im schlimmsten Fall zu verzweifelten Taten.[32] Eine eingefahrene Mentalität, die sich über Jahrzehnte nur in kleinsten Ausprägungen tatsächlich ändert, lässt sie geschehen und treibt Frauen, die Kinder mit Behinderungen haben, in moralisch nicht vertretbarem Maße in die Erschöpfung und Verzweiflung.

Die deutsche Gesellschaft ist nicht inklusiv, nicht einmal flächendeckend integrativ. Im internationalen Vergleich inklusiver Schulbildung in Industrienationen schneidet unser Land schlecht ab.[33] Wir haben eines der strengsten Diagnostikgesetze, zumindest vor der Schwangerschaft. Doch während der Schwangerschaft berichten zu viele Mütter von wenig Wahlfreiheit. Sobald sie Kinder mit Behinderungen auf die Welt bringen, spüren sie Ausgrenzung und Abwertung. Debatten über die wahre Haltung dieses Landes gegenüber »Auslese« bekommen dadurch etwas äußerst Dringendes. Vor allem wenn der moralische Heiligenschein mehr Schein als heilig ist.

Frauen und Mütter sind nicht dafür da, die Werte für die Gesamtheit hochzuhalten. Solange diese Gesellschaft Menschen mit Behinderungen nicht mit der gleichen Konsequenz aufnimmt, ihnen und ihren Familien nicht mit Selbstverständlichkeit die gleiche Lebensqualität ermöglicht wie Familien mit gesunden Kindern, so lange mangelt es an Debatten. So lange werden diese Debatten auf Mütter, ihre Psyche und ihren Bauch ausgelagert.

8

»Aus der Nummer kommst du nicht raus!«

Sprüche, die wahr sind und wahr bleiben: Was (werdende) Mütter in diesem Land öfter hören sollten und warum wir dafür unter anderem Kränkungen über Bord werfen müssen.

> »Das Leben schrumpft oder dehnt sich aus,
> proportional zum eigenen Mut.«
>
> Anaïs Nin[1]

Anstatt verbaler Inkontinenz braucht es mehr verbale Kompetenz: Mütter werden in Zeiten, in denen sie am verletzlichsten und erschöpftesten sind, mit Schlafmangel, Gefühls- und Hormonchaos zu kämpfen haben, zur Zielscheibe. Von Menschen, die ihre Ansichten ihnen gegenüber zu oft ungefragt äußern. Ansichten, die dann im Raum stehen. Nicht nur an Kindern klebt kein Retourenschein, auch an gesagten Worten.

Mütter benötigen »Energiegeber« und keine »Energieräuber«. Mehr Hingabe zur Mütter-Realität, mehr Mütter-Liebe, weniger Schablonen. Die »Nummer« mit Kindern ist eine harte Aufgabe. Sie wird einfacher, wenn stärken- und nicht defizitorientiert gedacht wird. Welche Aussagen sollten darüber hinaus die überholten Mütter-Kalauer ersetzen? Ein paar Inspirationen, falls Ideen fehlen – aber hoffentlich nicht der Mut:

1. »Du bist nicht allein!«

Faktisch gibt es Millionen Mütter in diesem Land. Millionen von ihnen fühlen sich allein. Ein Baby reißt sie aus ihrem früheren Leben mit Freunden, Arbeit, Hobbys. Innerhalb kürzester Zeit entstehen neue Lebensaufgaben und sie tragen die Verantwortung für einen völlig hilflosen Menschen. Milliarden von Frauen haben das schon erlebt. Es gibt milliardenfach Erfahrung. Aber jede Frau mit ihrem ersten Kind sammelt jeden Tag, den es auf dieser Welt ist, neue, individuelle.

Mutterschaft verändert Menschen auf unterschiedlichste Weise. Sie kann derart überwältigend sein, sodass das frühere Leben nicht mehr passt. Am besten nur vorerst nicht mehr passt. Bis der neue Alltag mit Kindern, mit neuen Bekanntschaften, aus denen Freundschaften werden können, richtig beginnt, kann es dauern. Zwischen den Phasen darf jede Mutter hören:

- »Du bist nicht allein!«
- »Du schaffst das, am besten auf deine Weise!«

Ehrliche Anteilnahme, Perspektivwechsel der anderen machen Mütter weniger einsam. Mit Nebeneffekt: Mehr Offenheit, Diversität und Grenzen akzeptieren sowie Kritik- und Debattenfähigkeit praktizieren, schaden auch keiner Demokratie.

Die aktuellen Zeiten mit ihren vielfältigen Krisen erfordern es verstärkt, sich darin zu üben. Wenn wir alle darin besser werden, profitieren Mütter als stark polarisierende Bevölkerungsgruppe mit am meisten. Nebenbei könnte auch eine andere Entwicklung durch mehr Zugewandtheit verlangsamt werden: Menschen in Industrienationen haben immer weniger Freunde, laut einer US-amerikanischen Studie haben zehn Prozent der Frauen, die in den USA leben, gar keine mehr.[2]

2. »Das weiß ich jetzt gar nicht besser!«

Das Ende des allgegenwärtigen Expertentums hätte Vorteile – vor allem auch für die Ratschlag-Gebenden: In jedem von uns steckt dieser Drang, unserem Gegenüber sofort dieses unfassbare Wissen, das wir zu haben meinen, mitteilen zu müssen. Da dieses Wissen – so zumindest die subjektive Meinung – dessen Leben bereichern und definitiv dessen eigenes Wissen schlagen würde.

Wir sind nicht selten absolut überzeugt davon, dass allein das Ego uns berechtigt, verbal loszulegen, um die Angelegenheiten der anderen in die Hand zu nehmen. Aber das ist anstrengend. Zeitintensiv. Und ja, übergriffig ist es auch, denn Menschen haben Privatsphären. Da Mütter Menschen sind, gilt das auch für sie.

Produktiver für alle Beteiligten wäre folgender Gesprächsansatz: »Meine Erfahrungen sind völlig anders als deine!« Welch Austausch könnte sich daraus ergeben? Durch das wechselseitige Erzählen der eigenen Lage, eigener Erlebnisse könnten interessante Konversationen entstehen: »Das war bei uns früher anders, ich kann gar nicht mitreden. Aber darf ich einmal erzählen, was damals unsere Probleme waren?«, wäre definitiv innovativer als: »Da mussten wir alle durch!«

Manche Mütter haben ein dickeres Fell als andere. Vor allem für diejenigen, die etwas zarter besaitet sind, ist es nach durchwachten Nächten noch ermüdender, wenn die Expertinnen um die Ecke kommen. Und erleichternder, wenn Verständnis, Aufmunterung, eine reichende Hand auf ihre Herausforderungen treffen.

Zuneigung für sie gibt es offenbar schon außerhalb Deutschlands: In ihrem Buch »Achtung Baby: An American Mom on the German Art of Raising Self-Reliant Children« lobt die US-amerikanische Autorin Sara Zaske die jungen, deutschen Mütter. Das Buch – so heißt es in einer Rezension der »Süddeutschen Zeitung« – lese sich, »als wäre German Education so hoch angesehen wie German Engineering«[3]. Wobei »Education« Erziehung meint, nicht das deutsche Schulsystem.

3. »Komm, gib mal her …!«

Sei es das Kind, den Kochlöffel oder den Wischmopp. Mütter brauchen unkomplizierte und selbstlose Hilfe, die genauso gemeint, wie sie definiert ist: als »Helfen; das Tätigwerden zu jemandes Unterstützung«[4]. Als »gegenseitige, kameradschaftliche, nachbarliche, schnelle, uneigennützige, überraschende, unerwartete, wertvolle Hilfe«[5]. Denn für Gefallen, die eines Ausgleichs bedürfen, haben Mütter schlicht und ergreifend kaum Zeit. Und solange die institutionellen Betreuungssysteme nicht verlässlich funktionieren, ist Altruismus ihnen gegenüber noch mehr gefragt.

Mütter wären mit am schlimmsten betroffen, wenn selbstlose Hilfe zu einem immer selteneren Gut werden würde. Und allen wäre geholfen, wenn dem nicht so wäre. Denn Altruismus ist zwar darauf ausgelegt, dass der Helfende nicht unmittelbar einen Vorteil von seinen Taten hat, er begeht diese aber durchaus in der Erwartung, später von anderen Altruisten zu profitieren: »Ein Prinzip, dem übrigens auch Fledermäuse folgen, wenn sie vom Beutezug zurückkehren: Sie teilen ihre Mahlzeit mit anderen Fledermäusen und vertrauen darauf, dass diese das nächste Mal ebenfalls so handeln. Das stärkt die Gemeinschaft und fördert den Erhalt der eigenen Art.«[6]

Auch Menschen sollten dieses Interesse haben. »Man kann üben, sich in eine andere Person hineinzuversetzen, sich fragen, wie sie sich in dieser oder jener Situation fühlt und welcher Motivation sie gefolgt ist. Diese Art der Auseinandersetzung fördert mittelfristig die eigene Hilfsbereitschaft«, erklärt Prof. Dr. Claas-Hinrich Lammers, Ärztlicher Direktor und Chefarzt an der Asklepios Klinik in Hamburg-Ochsenzoll.[7] In einer alternden Gesellschaft sollte Altruismus die entscheidende Motivation sein, Müttern, Eltern, Familien pragmatisch und selbstlos zu helfen. Damit sie sich später daran erinnern, dass sie in manch schwierigen Zeiten nicht allein waren.

4. »Wir sind nicht gekränkt, sondern solidarisch!«

Mangelnde Anerkennung für getroffene Entscheidungen geht nahe. Niemand will zweifeln und gar die Vergangenheit, die nicht mehr änderbar ist, infrage stellen. Junge Mütter fühlen sich gekränkt, wenn sie für ihre aktuellen Entscheidungen hinterfragt werden. Ältere Mütter, wenn sie für ihre früher gelebten Modelle kritisiert werden. Manche sprechen sogar davon, dass wir zunehmend in einer »gekränkten Gesellschaft«[8] leben.

Die Philosophin Barbara Strohschein hat sich mit der menschlichen Erfahrung der Entwertung beschäftigt sowie der daraus resultierenden Kränkung, und sie kommt zu dem Schluss, dass wir aus dieser Negativspirale entfliehen und ein neues Lebensprinzip entdecken sollten: indem wir den Wert der Anerkennung als Basis für uns und andere sehen sowie Selbsterkenntnis und Empathie entwickeln. Dadurch, so ihre feste Überzeugung, wird unsere Gemeinschaft, unser Miteinander besser gelingen.[9] Kränkung bringt also nicht weiter. Die Einsicht, dass wir gekränkt sind, dagegen schon. Uns alle voranbringen würde darüber hinaus die Versicherung: »Wir sind solidarisch!« Und zwar über die Zeit, die eigenen Modelle, die eigenen Entscheidungen hinaus.

5. »Lassen Sie uns reden – und wir hören auch zu!«

Wenn Kinder andere Stimmungen haben als »gestern«, alarmiert das nicht wenige Betreuerinnen.

Manchmal frage ich mich: Was würde passieren, wenn wir jede kurzfristige Stimmungsveränderung bei Erwachsenen analysieren würden? Ich befürchte, dann wäre diese Gesellschaft am Ende. Trotz zunehmender »offener Kommunikation« müssen Mütter in der Realität bei der Suche nach den Gründen dieser »Stimmungsschwankung« ihrer Kinder höllisch aufpassen, was sie sagen. Vor allem, wenn ihr Kind aus der Reihe tanzt. Oft werden immer mehr Gespräche wegen der »Probleme« eingefordert und immer mehr Vertreterinnen der jeweiligen Betreuungseinrichtungen, manchmal auch der höheren und noch höheren Führungsebene, kommen hinzu. Immer mehr »Profis« sitzen also in den Gesprächen, während die Eltern weiterhin zu zweit oder allein bleiben.

Während der »Recherche«, des Findens der »Probleme« werden Daten gesammelt und gar an Behörden weitergereicht, ohne dass die betroffenen Eltern es in diesem Ausmaß wissen. Wenn sie dann »Akteneinsicht« beantragen, weil sie immer weniger Vertrauen in die »offene Kommunikation« haben, erreicht manche ein dicker Ordner mit Gesprächsnotizen, »Berichten«, von denen sie nichts geahnt haben. Basierend auf der vermeintlichen Offenheit, sehen manche Eltern Sätze wie beispielsweise: »Die Eltern sind nicht am Wohlbefinden ihres Kindes interessiert!« Sätze, die ihnen gegenüber nie direkt geäußert, nie diskutiert wurden.

Neben elterlicher Souveränität braucht es daher ebenso mehr pädagogische, mehr behördliche, kommunikative Kompetenz und Transparenz, mehr Miteinander anstatt Gegeneinander. Denn wenn Kommunikation in Kontrolle ausartet, wenn sie nicht gleichberechtigt geschieht, wird der eigentliche Sinn von Gesprächen verzerrt. Anstatt Verantwortung auszulagern, müssen Probleme transparent gelöst werden. Auf Augenhöhe. Daher braucht es neben »Lassen Sie uns reden!« wieder häufiger ein ehrliches: »Wir hören Ihnen zu!« Auch einmal ohne Aufzeichnung.

6. »Mütter in die Arbeit statt an den Herd!«

Das Patriarchat fördert das Kinderkriegen. Zu diesem Schluss kommt der US-amerikanische Sozialwissenschaftler Phillip Longman: Für Frauen seien lange ihre geringeren Wahlmöglichkeiten ausschlaggebend gewesen, sich für Kinder zu entscheiden. Longman glaubt daher, dass sich in entwickelten Gesellschaften künftig vor allem die konservativen Schichten reproduzieren werden. Einhergehend mit einem – aus seiner

Sicht – weiteren Phänomen: Wenn staatliche Unterstützungs-leistungen immer weniger würden, weil sie aufgrund des de-mografischen Wandels gar nicht mehr leistbar seien, könnte die Religiosität wieder an Bedeutung gewinnen – aus takti-schen Gründen, damit sich Kinder um Eltern kümmern, wenn es der Staat nicht (mehr) kann.

Wenn Eltern dieser »Vision« folgen, könnte ihr Leben je-doch ins Wanken geraten. Denn ihr Nachwuchs kennt auf-grund der Wissens- und Informationsgesellschaft seine Mög-lichkeiten und Freiheiten. Womit Longman aber recht hat: Wir befinden uns mitten in einer Transformation.[10] Aber auf andere Weise.

Die Mehrheit junger Mütter will mehr arbeiten, über die verschiedenen Ansichten, Werte und Schichten hinweg. Die Berufstätigkeit sichert sie ab. Mit guten Bedingungen ermög-licht sie ihnen mehr finanzielle Freiheiten und Unabhängig-keit, vor allem auch im Alter. Und nebenbei wird Schnellig-keit in Sachen Gleichberechtigung immer mehr zum wirt-schaftlichen Wettbewerbsvorteil, auch im globalen Kontext. Was auch konservative Kreise zunehmend interessieren wird.

Daher sollte gemeinhin kommuniziert werden: »Mütter in die Arbeit statt an den Herd!« Und: »Wir sorgen dafür, dass dies verlässlicher möglich wird.« Selbstverständlich geht da-mit einher: »Mütter mit an den Verhandlungstisch!«

7. »Heul doch! Bitte nicht leise!«

Wut ist nichts Schlechtes – für Mütter ist sie vor allem mehr als berechtigt. Nur weil Frauen wütend sind, haben sie nicht gleich psychische Auffälligkeiten. Es ist so was von Zeit, ste-reotypische Bilder und Rollen aufzugeben. Sie wurden Frauen und Müttern zu lange angelernt. Bezüglich Ärger und Wut gibt es keine geschlechtstypischen Ausprägungen. Wir sollten vielmehr alle ab und an wütend oder traurig sein – warum auch nicht laut aufheulen? Umso mehr, umso besser: Denn nicht nur die Lage der Mütter und die daraus resultierenden wirtschaftspolitischen Gefahren sind Grund genug, so richtig Emotionen zu zeigen, so richtig auf den Tisch zu hauen.

Mütter sind zwar zahlenmäßig stark, aber die vermeintlich schlechte Wirkung des offenen Zeigens von Emotionen, von Wut, von Aufstand, von Aufbegehren, lässt noch zu viele zurückschrecken. Dabei kann Wut produktiv sein und darauf hinweisen, dass wir uns derzeit einiger Chancen berauben.

Und besser als Emotionen zu verdrängen, ist, sie zu erklären. Schlimmer als das Ausleben von ihnen ist ihre Verneinung. Dadurch entstehen ungute Muster, auch für die Kinder. Emotionen sollten vielmehr aufgefangen werden – von Erwachsenen. Auch ein »Wie geht es dir wirklich?« wäre ein guter Satz für Mütter. Oder: »Lass es raus!« So kann Wut, können Tränen präventiv verhindert werden.

8. »Danke!«

DANKE – ein zweisilbiges Wort mit großer Wirkung, das Wertschätzung vermittelt. Mütter leisten einen beeindruckenden Dienst für die Gesellschaft. Ihre Erschöpfung und Verausgabung gehen uns alle an. Niemand möchte in einem vergreisten Land ohne Zukunft leben. Dafür müssen alle mitmachen, mitdenken, anpacken.

Zu Anfang des allgemeinen Engagements könnte ein kurzes »Danke!« stehen. Ein »Danke« dafür, dass Mütter tun, was sie tun, dass gesehen wird, was ist. Dieses Wort wäre die beste

Grundlage dafür, sich engagiert um ihre Bedingungen zu kümmern.

Mütter sollten zudem mehr Sätze hören wie: »Wir nutzen euch nicht aus! Euer Wohlbefinden und das eurer Kinder ist eine wichtige Komponente unseres Wohlstands! Dafür erkennen wir eure Sorgen, dafür packen wir an, dafür gehen wir aufs Ganze – für euch, nicht gegen euch!«

9
»Ihr müsst euch halt wehren!«

Das Land braucht einen »New Deal« – oder besser »First Deal« mit Müttern. Ihre Wertschätzung durch neue Kinderbetreuungs-, Arbeits-, Partnerschafts-Modelle wird unser aller Wohlstand mehren. Warum dafür zunächst weniger Affirmation und mehr Gegenwehr angebracht ist.

> »All die Fragen, die jetzt in puncto Feminismus und Emanzipation wieder heiß diskutiert werden, habe ich eigentlich für beantwortet gehalten. Das war offenbar ein Fehler. Das Thema ist überhaupt noch nicht durch. Im Gegenteil: Es scheint gerade so aktuell zu sein wie nie zuvor.«
>
> Moritz Bleibtreu[1]

Offenbart hat es Gerhard Schröders Vergesslichkeit: Er sprach von »Familie und Gedöns« und meinte damit das Bundesministerium für Familie, Senioren, Frauen und Jugend (die Reihenfolge ist tatsächlich nicht alphabetisch). Später sagte er, der Name des Ministeriums wäre ihm in dem Moment einfach nicht eingefallen.[2] Ach so. Das war um die Jahrtausendwende, schon etwas her. Aber damals legten andere Länder die Weichen – oder waren schon längst weiter – für eine zukunftsorientierte Frauen- und Familienpolitik. Sie erkannten, dass die Berufstätigkeit von Müttern zunehmen wird, und fingen mit ihrer Arbeit an. Sie sorgten für verlässliche, gute Fremdbetreuung, für finanzielle Anreize, um die Berufstätigkeit von Müttern und den Beitrag von Männern zur Care-Arbeit zu steigern.

Schröders Aussage zeigt nicht nur seine Vergesslichkeit an, sondern auch, welchen Stellenwert »Frauen«, »Kinder«, »das Soziale«, die »weichen Themen« in Deutschland zu lange hatten. Erstaunlicherweise in einem Land, das sehr soziale, aber vor allem finanziell intensive Absicherungssysteme hat. Doch Geld ist nicht alles. Und auch nicht der alleinige Grund, warum die deutsche Politik den Entwicklungen hinterherhinkt.

Was können wir jetzt noch tun, um aufzuholen? Als Erstes müssten die Konzepte überdacht und neu definiert werden. Die deutsche Familienpolitik wird bisher unter der Prämisse der Subsidiarität gestaltet: Kinder sind in erster Linie Teil der Familie, in zweiter Linie Teil der Gesellschaft. Es ist »die grundlegende Idee der Subsidiarität christlicher Sozallehre (…), wonach der Staat kleineren sozialen Einheiten, wie der Ehe, einen Vorrang einräumt«.[3] In nordischen Ländern, zu denen deutsche Mütter gerne einmal schielen, weil dort Frauen leichter Familie und Beruf vereinbaren können, ist der sogenannte Universalismus oder optionale Familialismus das Gebot: Dahinter stehen die »Geschlechtergleichheit und individuelle Förderung von Kindern als Mitglieder der Gesellschaft«[4]. Der Soziologe Thomas Bahle erklärt: »In der Regel geht eine bessere Vereinbarkeit von Familie und Beruf mit höheren Geburtenzahlen einher und eine niedrigere Kinderarmut hängt mit höheren Ausgaben für Familienpolitik zusammen.«[5]

Interessante Erkenntnisse für ein Land wie Deutschland, das mehr Kinder braucht und die Armut unter ihnen wieder ansteigt.[6] Es gibt weitere, gravierende Unterschiede in der Frauen- und Familienpolitik zu anderen Ländern:

- In Island wird das Elterngeld daran geknüpft, dass gleich mehrere Monate exklusiv die Väter die hauptsächliche Kinderbetreuung übernehmen, zudem ist es mit höheren finanziellen Anreizen versehen (80 Prozent des Durchschnittseinkommens vor Geburt).[7] 96,4 Prozent der Männer nehmen es in Anspruch.[8]
- In Spanien sind sechs Wochen »Mutterschafts- und Vaterschaftsurlaub für beide Elternteile direkt nach der Geburt des Kindes obligatorisch und nicht übertragbar«.[9] Die »staatlich subventionierte Erziehungszeit« beträgt insgesamt 16 Wochen pro Elternteil.[10]
- In Schweden haben die meisten Kindertagesstätten von sieben Uhr morgens bis 17 oder 18 Uhr geöffnet, manche sogar über Nacht. Eltern, die nicht den Bedarf und nur ein Kind haben, können sie nur für 15 Stunden pro Woche nutzen.[11]
- Frankreich verbindet subsidiäre Elemente mit Modellen zur besseren Vereinbarkeit von Familie und Beruf[12] und erreicht damit, dass die Vollzeit arbeitende Mutter zur Normalität gehört. Circa 80 Prozent der Mütter kehren innerhalb des ersten Lebensjahres des Kindes in den Beruf zurück. Das Vorschulsystem startet schon früh, der Besuch einer »école maternelle« ist ab dem dritten Lebensjahr verpflichtend.[13]
- Kanada hat sogenannte Parental Leave-Programme, zusätzlich zum Mutterschaftsgeld können weitere Bezüge über bis zu 69 Wochen abgerufen werden, wenn beide Elternteile sich engagieren.[14] Außerdem ist Inklusion dort seit Jahrzehnten selbstverständlich, Förderschulen gibt es nicht. Für manche deutsche Familien gar ein Grund, mit ihren Kindern dorthin zu ziehen.[15]

Mütter »Made in Germany« werden nicht selten in anderen Nationen erst ungläubig angeschaut und schließlich bemitleidet, wenn sie von ihrer Lage erzählen. Ihre Vernachlässigung passt nicht zum Ruf des »starken Wirtschaftsstandorts Deutschland«, die daraus resultierende ökonomische Verschwendung erst recht nicht. Sie deutet vielmehr auf noch stark vertretene religiöse Muster und ebenso auf ein mangelndes Verständnis für die Gründe unseres Wohlstandes hin.

Noch immer werden ökonomische Zusammenhänge in diesem Land zu wenig gekannt, geschweige denn ausreichend in Bildungseinrichtungen unterrichtet. Wirtschaftsthemen darüber hinaus nicht selten heutigen Schülerinnen ideologisiert dargestellt, wie Daniel Stelter im »Handelsblatt« bemerkt: In Schulbüchern werde der Staat häufig als Löser aller Probleme genannt.[16] Im Leben von Müttern löst er dafür aber erstaunlich wenig.

Mütter brauchen eine konzertierte Aktion von Gesellschaft, Staat und Wirtschaft. Ihre Krise braucht eine Lösung, einen »New Deal«[17] beziehungsweise einen »First Deal«, da es ja für Mütter noch nie einen echten Deal gab, sondern nur viel Selbstverständlichkeit. »Es ist nicht nur eine Schraube, an der man drehen muss«, sagt Ricarda Engelmeier, die sich mit ihrem Start-up MyCollective dem Ziel verschrieben hat, durch Elternschaft hinzugewonnene Fähigkeiten zu erkennen und einzusetzen, also kurz gesagt, das Positive mit ihr zu verbinden, zu stärken.[18]

Wir sollten mit einem neuen Image beginnen. Das den modernen Chancen und Herausforderungen entspricht. Sowie eine Bewegung starten, eine breite Masse generieren, die für Mutters Rechte kämpft – à la #marchformodernmums oder #mfmm, wobei Letzteres zu sehr an einen Seufzer erinnert: »Mhmmpf«. Aber nach einem Seufzer kommt die Entspannung. Manche Forscherinnen nennen das Seufzen sogar »Stuhlgang der Seele«[19]. Wer seufzt, lässt los, betrachtet in Ruhe die Lage – und packt dann an, verändert. Nach dem Seufzen wären folgende Punkte eine gute Basis für eine neue Lage gegenwärtiger und künftiger Mütter:

1. Ein neues Mütter-Image braucht das Land

(und die Voraussetzungen dafür)

- *Neudefinition der Mutterrolle für unser aller Wohlstand*
- *Frühen Wiedereinstieg in die Berufstätigkeit erleichtern anstatt erschweren*
- *Investitionsoffensive gegen Vergeudung von Potenzial*

Mütter können sich auf Basis von Dogmen nicht entfalten. Die Vergangenheit und damit rückwärtsgewandte Familienmodelle haben ausgesorgt. Sie zu propagieren gefährdet den Wohlstand von uns allen. Die Mutter als wichtigste Bezugsperson für Kinder ist in dieser Ausschließlichkeit wissenschaftlich widerlegt.[20] Der damit einhergehende, relativ späte Wiedereinstieg eines Großteils von Müttern in die Berufstätigkeit, die hohe Teilzeit-Quote unter ihnen und die daraus resultierenden Nachteile (auch für sie selbst), müssen frei von Ideologien analysiert werden. Dazu gehören womöglich auch unbequeme Erkenntnisse: Wird die Mutter als die beste Lösung für ihre Kinder herangezogen, weil die Politik sich von falschen Prämissen beeinflussen lässt? Wird sie deswegen nicht konsequent und stringent genug an den Bedürfnissen der jungen Bürgerinnen und ebenso den wirtschaftlichen ausgerichtet? Dafür könnte am plastischsten die mangelnde und nicht verlässliche Fremdbetreuung stehen. Vor dem Hintergrund der Versprechen, die jungen Frauen gegeben wurden und werden, wäre das mehr als ein Skandal.

Ein Land, das sich aufgrund seiner Innovationen, des Fleißes seiner Bewohnerinnen Wohlstand erarbeitet hat, international dafür bewundert wird, darf vor der Weiterentwicklung und Umsetzung moderner Familien- und Frauenpolitik nicht zurückschrecken, sondern muss forsch vorangehen, um nicht den Anschluss zu verlieren. Die Mutterrolle muss mit einem neuen »Set an Erwartungen«[21] gefüllt werden: Dazu gehören auch die Aufwertung von frühzeitiger Berufstätigkeit nach der Geburt und die Aufwertung vollzeitnaher oder Vollzeit-Berufstätigkeit. Vor allem muss ihre Abwertung ein Ende finden. Kurz: Die Narrative müssen sich ändern. Wir müssen flexibler denken, uns dem Anderssein und vor allem der Zukunft gegenüber aufgeschlossener zeigen.

Frauen und Mütter selbst müssen mitziehen, wenn nötig, den Blickwinkel wechseln. Auch wenn ihre eigenen Entscheidungen andere waren. Institutionen und Arbeitgeberinnen müssen Modelle bieten, die das neue Image stützen. Auf keinen Fall dürfen sie es verhindern. Politik und Wirtschaft haben gemerkt, dass sie die Mütter brauchen. Aber vor allem an der flächendeckenden, konsequenten Umsetzung ihrer Unterstützungssysteme hapert es. Die brachliegende Arbeitskraft von Müttern, die berufstätig sein oder mehr arbeiten wollen, sollte – nicht zuletzt angesichts des Fachkräftemangels und des demografischen Wandels – Grund genug sein, eine Investitionsoffensive zu starten.

2. Neue Vorbilder, neue Prägungen

- *Gesucht: Engagierte Väter ohne Anspruch auf Beifall*
- *Gebraucht: Neue Bilder für nachfolgende Generationen*
- *Ausgesorgt: Deutsche Behäbigkeit bezüglich Gleichberechtigung*

Am meisten lernen Kinder, indem sie sich etwas abschauen. Immer und immer wieder. Wenn sie ihre Väter bei der Hausarbeit beobachten. Wenn ihnen Väter die Tür öffnen, sobald sie von der Schule nach Hause kommen. Wenn Männer dies mit einer Selbstverständlichkeit tun. Wenn Müttern ihren Töchtern vorleben, dass ihre beruflichen Fähigkeiten auch mit Kindern von Wert sind. »Wir müssen den Wandel des Rollenbildes erkennen und mitgestalten, uns auch untereinander vernetzen und dadurch ein kollektives Rollenvorbild schaffen«, sagt Ricarda Engelmeier, Gründerin von MyCollective. Mütter müssten sich ebenso immer wieder diese Vorbilder vor Augen führen, sich davon etwas abschauen und darauf aufbauend ein stabiles Modell entwickeln.

Offenbar müssen sie zudem aufhören, die alten Rollenbilder zu unterstützen: Laut einer Studie des Leibniz-Instituts für Sozialwissenschaften von 2017 schonen Mütter ihre Söhne, lassen sie selbst nicht im Haushalt mithelfen. »Hausarbeit und Fürsorge wird Mädchen eher anerzogen und andererseits ahmen sie ein solches Verhalten nach, weil es Mütter nach wie vor in der Regel so vorleben«, sagt die Soziologieprofessorin Sarah Speck.[22]

Noch dazu ist mehr als die Hälfte der deutschen Väter nicht der Meinung, dass Care-Arbeit gleichberechtigt aufgeteilt werden müsste. Ebenso findet die Mehrheit von ihnen nicht, dass Mütter in ähnlichem Umfang wie sie selbst berufstätig sein sollten. Und das nicht nur in konservativeren Milieus: »Auch bei vermeintlich progressiven Vätern klaffen Wunsch und Wirklichkeit weit auseinander, wie man an den Zahlen zur Elternzeit sieht: Im Durchschnitt nehmen (…) mehr als drei Viertel der Väter, die Elterngeld beziehen, (…) lediglich die zwei Partnermonate.«[23]

Deutschland liegt laut einer OECD-Studie, welche die Bezahlung und Ansprüche von Vätern im Kontext von Elternschaft berücksichtigt, damit nur im Mittelfeld von 45 Industrienationen.[24] Katharina Herrmann, Personalvorstand bei Hubert Burda Media, beschreibt die tradierten Gründe, die bis in die Gegenwart reichen: »Ein Muster, das ich sehe, ist ein externes und internes Rollenverständnis, dass es eben die Frauen sind, die sich in erster Linie um Kinder kümmern sollen. Ich halte das für eine tiefe, kulturelle Prägung.«[25] Auch im Austausch mit französischen Kollegen steche beispielsweise diese deutsche Besonderheit hervor. Ebenso gäbe es innerdeutsche Unterschiede.

Für einen echten Wandel müssen deutsche Väter mehr Verantwortung für die Familie übernehmen, länger in Elternzeit gehen, wenn nötig, selbst Arbeitszeit reduzieren. Eine gleichberechtigt aufgeteilte Elternzeit habe laut Herrmann auch Vorteile für die Kinder: Sie würden dann nicht nach – im Schnitt – zwölf Monaten gefühlt von einem Tag auf den anderen ihre hauptsächliche Bezugsperson verlieren.[26]

Durch gleichberechtigte Aufteilung der Erziehungsarbeit, ebenso durch offenen Umgang mit anderen Eltern würden sich Kinder darüber hinaus Zusammenhalt abschauen – und nicht die Abwertung. Denn die derzeitigen »Goldstandards neuer Erziehungsparadigmen« dürfen »im Strudel der Dynamik« von Diskussionen unter Müttern, unter Eltern nicht weiter zu »gegenseitigen Verurteilungen« führen, erklärt die

Politikwissenschaftlerin Ursula Stark Urrestarazu. Der Nachwuchs profitiert »von entspannten, souveränen Eltern«, die in sich ruhen und einen respektvollen Umgang untereinander pflegen.[27]

3. Arbeit ist nichts Schlechtes, Populismus schon

- *Für mehr verlässliche Rahmenbedingungen*
- *Für mehr Pragmatismus anstatt Populismus*
- *Für mehr »Re-Adressierung« beruflicher Ambitionen*

Arbeit gilt in Deutschland für zu viele als etwas Schlechtes, sobald eine Frau Kinder hat. Auch das ist rückwärtsgewandt. Und zudem eine Ausrede, ein Übertünchen der wahren Probleme – wie unzureichende Rahmenbedingungen, mangelnde Gleichberechtigung, unfaire Verteilung der Care-Arbeit. Mütter müssen vielmehr ein Recht darauf haben, dass alles dafür getan wird, um ihnen bezahlte Arbeit zu ermöglichen. Betreuungsmodelle und -zeiten dürfen daher nicht weniger, sondern müssen verlässlicher und ebenso flexibler werden. Dafür braucht es mehr Investitionen – nicht nur finanzieller Art.

Laut Ricarda Engelmeier müsse sich die negative Einstellung gegenüber Fremdbetreuung und allgemein fremder Hilfe, die noch zu oft unter Müttern bestehe, ändern. Es brauche eine »Aktivierungsgeschichte von Müttern«[28], eine Besinnung auf neue Fähigkeiten, die sie durch das Muttersein bekommen. Engelmeier beobachtet in den letzten Jahren, dass vor allem Mütter, die Karriere machen wollen, mehr Möglichkeiten haben und mehr von ihnen diese auch nutzen: »Bei den Arbeitsmodellen hat sich in den letzten Jahren unglaublich viel getan. Während der Pandemie kamen Homeoffice und flexible Arbeitszeiten aus der Ecke heraus, in der sie zuvor waren, und wurden Normalität. Auf einmal wurde ein Konzept, das zuvor völlig undenkbar war, möglich: Und zwar Vollzeit arbeiten und trotzdem seine Kinder von der Betreuung abholen.«[29] Zudem gäbe es auch immer mehr Führungspositionen, die mit 80 Prozent möglich seien – für Mütter und Väter.

Sie ist überzeugt: Die »interne Gleichberechtigung führt zum eigentlichen ›Well-Being‹ in der Familie und damit auch zu Arbeitsmodellen, die für beide Geschlechter möglich sind, die de facto die Frauen als Vorreiter vor allem während der Pandemie probiert haben, die sie jetzt weiterverfolgen und die dadurch auch in der Zukunft von Männern genutzt werden können und sollen«. Durch echte Gleichberechtigung gäbe es zudem einen weiteren Vorteil: Der derzeitige Scheidungsgrund Nummer 1 – »Mental Load« vor allem eines Elternteils – würde an Bedeutung abnehmen.[30]

Falls Betreuungseinrichtungen in den nächsten Jahren immer noch zu wenig flächendeckend Kita-Plätze schaffen können, muss pragmatisch und schnell Ersatz organisiert werden, dazu gehört auch mehr steuerliche Entlastung bei der Auslagerung von Care-Arbeit sowie der unbürokratische Einsatz von helfenden Händen bei Personalmangel – angeleitet und umrahmt von qualifizierten Mitarbeitern. Ebenso mehr Motivation und Bereitschaft dafür. Offenheit ist gefragt – anstatt Populismus, der derzeit von Kita-Verbänden befördert wird. So heißt es in einem Brief der Kita-Fachkräfteverbände der Bundesländer an den Präsidenten der Deutschen Industrie- und Handelskammer Peter Adrian, der sich zuvor für mehr Arbeitszeit von Müttern aussprach: »Kitas sind keine Aufbewahrungsanstalten, in denen viele verschiedene Leute stundenweise auf Kinder aufpassen. Es geht nicht darum, Kinder zu parken, damit Eltern möglichst viele Stunden dem Arbeitsmarkt zur Verfügung stehen. (…) Junge Kinder sind keine Meerschweinchen, die man herumreichen kann, solange sichergestellt ist, dass sie gefüttert oder gemistet werden.«[31]

Sich in diesem Klima für einen frühen Wiedereinstieg in den Beruf zu entscheiden, braucht eine klare Vision, eine klare Vorstellung des eigenen Lebens. Daher muss früher mit den Frauen gesprochen werden: Der »Umgang mit Kontrollverlust und Re-Adressierung der beruflichen Ambitionen« ist laut Katharina Herrmann ein wichtiges Thema, das von Frauen und Unternehmen rechtzeitig in Angriff genommen werden sollte: »Natürlich sind diese kleinen Wesen erst einmal das Wichtigste auf der Welt. Die Rolle als hoch spezialisierte Fachkraft und die Rolle als Mutter wieder in Einklang zu bringen, ist hoch individuell und geht in unterschiedlichen Geschwindigkeiten. Ich glaube aber, dass wir zu wenig ehrlich darüber sprechen.« Am Ende gehe es vor allem auch um Talentmanagement, darum, »das volle Potenzial der Menschen auszuschöpfen«.[32]

4. Mehr Service, weniger »Outsourcing« von Verantwortung

- *Mutters Zeit ist knapper, darauf haben Institutionen zu reagieren*
- *Mehr Fokus auf Dienstleistung*
- *Demokratie bedeutet auch Streit*

Die Zeiten ändern sich, die Leben ändern sich. Die zunehmend berufstätigen Mütter sind nicht andauernd verfügbar. Doch sie werden derzeit mehr denn je in den Kita- und Schulalltag integriert. Ob als Begleitung eines Schulausflugs oder als Personal-Ersatz in Kindergärten oder Schulen. Wo Mangel herrscht, werden Anfragen und Aufträge für Eltern mehr. Die Auslagerung, das »Outsourcing«, treibt gar besondere Auswüchse, wenn es um Schülerinnen geht: Manch kranke Kinder bekommen Schulaufgaben nach Hause geliefert. Bei einer Arbeitnehmerin wäre das illegal. Ein solches System kann auf Dauer nicht funktionieren. Nicht für Kinder, nicht für Eltern, nicht für die sie Begleitenden.

Unsere politische und wirtschaftliche Zukunft basiert auf qualitativ hochwertigen Bildungseinrichtungen – mit zufriedenem Personal, guter Pädagogik, ausgeglichenen Familien. Dafür muss Verantwortung übernommen werden, die nicht unverhältnismäßig stark auf den jeweiligen Rücken, insbesondere der Familien, der Mütter, lasten darf. Wenig hilfreich ist für deren Bürde auch, dass der Nachwuchs schon mit leicht laufender Nase von manch Einrichtungen nach Hause geschickt wird. Dort wartet immer weniger eine Hausfrau, sondern eine berufstätige Mutter auf ihn. Diese hat inzwischen ebenso eine Verantwortung ihrer Arbeitgeberin gegenüber. Wenn Kinder, die schwer krank sind, stundenlang in Notaufnahmen warten müssen, geschweige denn, keine Medikamente oder Krankenhausbetten bekommen, hat das aus Elternsicht etwas Zynisches: In einem Bereich zu viel (vermeintliche?) Sensibilität, im anderen zu wenig.

Betreuungs- und Bildungseinrichtungen müssen sich mehr als Dienstleisterinnen der Eltern, der Mütter verstehen. Im positivsten Sinne, definitiv darf es nicht andersherum sein. Gesundheitssysteme müssen gerechter werden. Gesetze, Mittel und Engagement dort ankommen, wo sie gebraucht werden, wofür sie versprochen wurden. Neben der Steigerung der »Lukrativität« der Kindermedizin müssen Kitas und Kindergärten sowie deren Träger mit Eltern zusammenarbeiten, gemeinsam Antworten finden, anstatt das schlechte Gewissen und die Verantwortung – vor allem immer noch auf Mütter – abzuschieben. Sie müssen innovativ sein, um zeitgemäße Bedingungen zu schaffen. Dazu gehören auch Räume zum Ausruhen und Schlafen, falls Kinder sie brauchen. Zusätzlich müssen wir über »fliegende« Einsatzkräfte aus unterschiedlichen Bereichen und gesellschaftlichen Gruppen nachdenken, die bei schwerer erkrankten Kindern stundenweise zu Hause aushelfen können, wenn beide Elternteile arbeiten müssen.

Denn wenn Eltern in einem Land immer mehr am Anschlag sind, wenn in ihrem Alltag auf Qualität und Dienstleistung verzichtet wird, dann ist der Fokus falsch gesetzt. Und es wird abgelenkt von Problemen und Verantwortung – mit gravierenden Folgen: 2022 gab es in Bayern 100 zusätzliche gemeldete Fälle von Vernachlässigung oder Gewalt in Kitas, verglichen mit dem Jahr zuvor. Der Bayerische Rundfunk fragte 61 Kita-Mitarbeiterinnen, ob sie Vorfälle von körperlicher und seelischer Gewalt beobachtet hätten, nur zwei verneinten. Die Wissenschaft geht von einer hohen Dunkelziffer aus. Nur wenige Fälle werden gemeldet. Laut Studien gilt jede »vierte Interaktion zwischen Kindern und pädagogischem Personal«[33] als nicht kindgerecht, jede zwanzigste sei eine grobe Kinderrechtsverletzung.

Wissenschaftlerinnen fordern schon länger den Staat dazu auf, dass Fehlverhalten definiert wird und Kitas besser ausgebildete Kräfte brauchen: »Nach den Veröffentlichungen hat uns das starke Gefühl angetrieben, dass wir jetzt solidarisch sein müssen mit den Kindern und es an der Zeit ist, vehement Position zu beziehen. Es ist nicht in Ordnung, wenn sie aufessen müssen oder angeschrien werden. (…) Die Kinder haben keine Zeit zu warten, bis die Erziehenden eine gute Fortbildung gemacht haben.«[34]

Eltern und Kinder müssen wieder vertrauen können, auf Kita-Träger und Staat, auf Gesundheits- und Sozialsysteme. Darauf, dass Regeln und Normen nicht gegen sie, sondern für sie umgesetzt werden. Dass auch nicht pauschal ihre Glaubwürdigkeit infrage gestellt wird, wenn sie auf Missstände aufmerksam machen. Echtes Demokratiebewusstsein ist auch daran zu erkennen, dass Rechte durchgesetzt werden können, dass die Bemühung des Rechtsstaates ein legitimes Mittel ist. Dass Eltern keine Angst davor haben dürfen, ihre Rechte und die ihrer Kinder einzufordern, und sie nicht vor aller Klärung pauschal als die eigentlichen Übeltäter deklariert oder gar gemieden werden.

Wir leben häufig in einem Kontext (vermeintlicher) Harmoniebedürftigkeit. Die Angst, zu sehr in den Fokus anderer zu geraten oder aus der Norm zu fallen, lässt oft übersehen, dass aktive Teilhabe in einer demokratischen Gesellschaft Kritik bedeutet, auch Streit um das beste Konzept. Dadurch wird Macht verteilt. Und die Machtverhältnisse müssen in diesem Land bezüglich Familien, Eltern, Müttern ausgewogener werden. Ebenso der Staat wieder glaubwürdiger: Wenn es Gutachtenzwang und Regulierungswut in allen anderen Bereichen in diesem Land gibt, dann braucht es ebenso deutschlandweit klare, transparente Vorgaben und deren Kontrolle in Kitas & Co. Und nicht zuletzt eine regulierte Beratung und Betreuung für werdende Mütter während eines Diagnostik-Prozesses.

5. Raus aus der »digitalen Pubertät«

- *Optimistische Vermittlung von digitaler Kompetenz*
- *Digitale Aufholjagd der Frauen vonnöten*
- *Angst und andauernde Bedenken fördern keine Kinder*

Wir befinden uns seit Jahrzehnten im digitalen Umbruch. Betonung auf Umbruch. In anderen Ländern ist der Umbruch schon Vergangenheit, Digitalität alltägliche Realität. Inzwischen zeigt zwar auch in Deutschland die Smartphone-App an, was noch eingekauft werden muss, ebenso, wann die Wäsche fertig ist. Aber nur, wenn das Gerät Empfang hat. Die mangelnde digitale Infrastruktur verhindert nicht nur mehr Entlastung bei der Care-Arbeit, sondern auch Unterstützung bei der Bildung der Kinder: An knapp 30 Prozent der deutschen Schulen gibt es 2021 immer noch kein WLAN für Lehrpersonal, die Hälfte der Schulen stellt ihren Schülerinnen kein WLAN zur Verfügung.[35] Inzwischen ist aufgrund der Pandemie-Erfahrungen mehr investiert worden, trotzdem spricht eine Lehrerin von »der digitalen Pubertät«[36], die sie und ihre Kolleginnen durchlaufen würden.

Künftig sollten neben dem digitalen Erwachsenwerden mehr hochwertige Lern-Apps den Unterricht, die Hausaufgabenbetreuung ergänzen. Zudem: Wenn das Elterngespräch ab und an auch via Video angeboten wird, spart Mutter sich Zeit, wenn diese gerade nicht ausreichend vorhanden ist. Auch die künstliche Intelligenz (KI) birgt Chancen. Aber dafür muss sie verstanden, der Umgang mit ihr erlernt werden. KI-Programme werden trotz aller Debatten unter Erwachsenen Teil des Unterrichts, weil Schülerinnen durch eigenes Erlernen immer mehr KI-Kompetenzen aufbauen.

In den USA, Großbritannien oder Dänemark seien sogenannte »intelligente tutorielle Systeme« schon in Schulen im Einsatz, schreibt die Wirtschaftsredakteurin Lisa Becker in der »FAZ«: »Heute kann eine Lehrkraft einer Klasse etwa drei verschiedene Lerngeschwindigkeiten anbieten. Der Einsatz eines intelligenten Lernsystems ermöglicht hingegen genauso viele Geschwindigkeiten, wie Schüler in der Klasse sind. Jeder bekommt einen Privatlehrer. Lehrkräfte, die KI-gestützte Programme einsetzen, berichten von deutlich mehr Zeit für die Förderung Einzelner. Die klassische Stoffvermittlung, die Routinearbeit, übernehmen die Programme. In der persönlichen Interaktion werden dann Lücken geschlossen, Rückmeldungen gegeben, motiviert.«[37]

Mögliche Gefahren wie der »gläserne Schüler«[38] könnten in Deutschland die Entwicklungen wieder verzögern. Deswegen die gesamten Vorteile auszuschließen, wäre fatal. Denn schädlich ist es für den deutschen Nachwuchs eher, wenn er sich später mit Mit-Bewerberinnen aus Asien, den USA und vielen anderen Ländern messen muss, in denen Kinder selbstverständlich programmieren lernen, mit KI arbeiten und mit deren Tools aus der Schule vertraut sind.

Aber auch die Mütter müssen sich der Digitalisierung öffnen und erkennen, warum sie offenbar hinterherhinken: Das »Gender Digital Gap«, also die Lücke der Digital-Kenntnisse zwischen Männern und Frauen, ist real und am ausgeprägtesten, wenn Frauen in Teilzeit arbeiten. Daher spricht die Wissenschaftlerin Yvonne Lott auch vom »Gender Part-Time Digital Gap«: »Ein Grund hierfür könnte sein, dass Frauen ihre Arbeitszeit sehr viel häufiger als Männer aus familiären Gründen reduzieren und sie damit öfter Stigmatisierung ausgesetzt sind, was anscheinend zu beruflichen Nachteilen auch in Hinblick auf die Verwendung digitaler Technologien führt.«[39]

Eltern, Mütter, Kinder müssen digital befähigt und Erleichterungen durch Apps, KI-Konzepte, Live-Videokonferenzen und vieles mehr selbstverständlich in ihren Alltag integriert werden. Vor allem Debatten, in denen das Wohl der Kinder vorgeschoben und neue Technologie zu sehr aus einer negativen Perspektive vermittelt werden, müssen enden. Digitalität ist – wie alles andere auch – nicht einseitig. Sie kann unterstützen. Und Angst und Bedenken fördern keine Kinder. Offenheit, Bewusstheit, Kompetenz dagegen schon. Zudem wäre deutschen Zukunftsbranchen mehr geholfen, wenn Schülerinnen nach ihrem Abschluss programmieren, mit KI umgehen und die Entwicklung des Quantencomputings erklären könnten.

6. Die Krisen sind für alle da!

- *Die Rücken der Mütter sind nicht für alle da*
- *Die politische Mitbestimmung braucht eine Reform*
- *Die Hilfe benötigt wieder mehr Selbstverständlichkeit*

Ein gesundes, starkes Ganzes besteht aus gesunden, starken Teilen. Eine einfache Formel.

Die Zukunft birgt Herausforderungen, die es noch wichtiger erscheinen lassen, dass kein Teil zurückgelassen wird, kein Teil mehr oder weniger schultern muss. Sondern dass wir uns als Gemeinschaft verstehen. Einem Land wie Deutschland wird es unter den aktuellen Bedingungen in Zukunft nicht automatisch wirtschaftlich und gesellschaftlich besser gehen als in den vergangenen Jahrzehnten. Wichtige Wirtschaftsbranchen, die unseren Wohlstand zu großen Teilen mitverantwortet haben, stehen unter enormem Druck. Der

Klimawandel und der demografische Wandel erfordern zudem mehr Einsatz und Anstrengungen als jemals zuvor. Dabei dürfen diese Krisen nicht die mittleren und jüngeren Generationen besonders stark treffen. Ebenso brauchen sie gerechte Mitbestimmung.

Aufgrund des demografischen Wandels sollte nicht nur das Wahlalter auf 16 Jahre gesenkt, sondern auch über eine Begrenzung nachgedacht werden: Wenn zunehmend Politik für die Älteren gemacht wird, weil ihre Anzahl weitaus größer ist als die der Jüngeren, treffen Investitionen immer weniger die Bereiche, welche die arbeitenden, Steuer zahlenden Bürgerinnen unterstützen. Die Verantwortung für die Krisen muss geteilt, mehr über Klima-Dividenden, bürgerschaftliches Engagement debattiert werden. Die unterschiedlichen Generationen müssen sich gegenseitig im Blick haben, ihre jeweiligen Belastungen erkennen.

Dabei kommt es zunehmend auf Hilfe durch diejenigen an, die im Alter leichter verzichten können. Ja, die Großartiges geleistet, aber nun einmal ihre Schäfchen schon im Trockenen haben. Auch das macht unser soziales Miteinander, unsere soziale Marktwirtschaft mit aus. Der Wandel verlangt von jedem von uns mehr, dabei dürfen die jüngeren Generationen nicht mit immer weniger Chancen und immer mehr Ballast zurückgelassen werden.

Es geht nicht um eine Anklage, um unverschämte Forderungen, sondern es geht darum, die Welt des anderen zu sehen, wie sie ist, wie sie werden wird. Wir brauchen mehr Vertrauen untereinander und Kooperation – wie auch ein 17-jähriger Schüler in einem »Die Zeit«-Kommentar vorschlägt: »Ich bin dafür, dass man für jeden Bürger jedes Geschlechts zwei soziale Pflichtjahre festschreibt – eines vor Beginn des Berufslebens und eines nach dessen Ende. Junge und

Alte müssten gemeinsam ran. Gäbe es einen besseren Beweis dafür, dass der Staat wirklich am sozialen Zusammenhalt interessiert ist?«[40]

Für Ältere könnte es noch die Möglichkeit des Freikaufs geben: Wer nicht arbeiten will, investiert eben in soziale Projekte, in Familien, in jüngere Generationen. Und natürlich muss es auch Ausnahmeregeln für Menschen geben, die gesundheitlich nicht mehr können. Gleichzeitig müssen wir uns jedoch auch fragen, ob nicht den verschiedenen gesellschaftlichen Gruppen und Generationen unterschiedliche Sensibilitäten entgegengebracht werden. Wir müssen uns wundern, warum oft Älteren zügiger Hilfsmittel zugestanden werden oder die Nutzung von Schwerbehinderten-Parkplätzen als beispielsweise Kindern mit Behinderungen[41] und deren Müttern. Warum Parkausweise bei ihnen in den meisten Fällen gar erst einmal pauschal abgelehnt werden. Wir müssen mehr über Gerechtigkeit reden. Über Hürden, die für die einen höher als für die anderen sind. Und wir müssen uns fragen, warum das so ist.

7. Familie muss wieder für Chancen stehen

- *Für mehr Fundament*
- *Für mehr Aufklärung und Freiheit*
- *Für mehr Attraktivität des Mutterseins*

So wie ein Kind sich immer der Person zuwendet, die ihm Sicherheit bietet, müssten auch Mütter über ein ähnliches Schema verfügen. In einer idealen, spätmodernen Welt hätten junge Mütter eine Art Bedürfnispyramide. Das frühere Dorf müsste als unterste, dickste Steinschicht die verlässliche, qualitativ hochwertige Fremdbetreuung beinhalten, zudem ein gut organisiertes Gesundheitsmanagementsystem mit präventiven Entlastungsmechanismen. Darauf aufbauen würde die zweite Schicht: der gesellschaftliche Austausch, die institutionalisierte, lokale Vernetzung für mehr generationsübergreifende Unterstützung. Ganz oben an der Spitze der Pyramide stünde dann das allgemein akzeptierte Individuum einer Mutter, für das sie wieder genug Zeit fände, weil es auf Verlässlichkeit, Austausch, Unterstützung und Akzeptanz aufbauen würde.

Muttersein muss wieder attraktiv werden, für alle, die Nachwuchs möchten. Ebenso müssen wir in einer liberalen Gesellschaft die neuen, individuellen Lebenswege junger Frauen sehen. Immer mehr von ihnen setzen sich mit der Kinderfrage intensiv auseinander. Das Thema und die Aufklärung gehört schon in die Schulen. Damit Schülerinnen Kompetenz entwickeln, sich frei von Dogmen entscheiden können. Damit sie später als Mütter nicht bereuen und sich immer weniger von festgefahrenen Frauenbildern beeinflussen lassen. Dafür müssten auch Lehrpläne dahin gehend überprüft werden, ob sie noch zu stark an der Kleinfamilie orientiert sind. Nicht um Kinder zu verhindern, sondern um mit der Zeit zu gehen. Um Frauen offen in ihren eigenen Wünschen zu bestärken, hinter denen sie später selbstbewusst stehen können.

Eine Familie zu gründen, wird nie eine vollkommen romantische Erfahrung sein, aber sie kann künftig mit weniger Erschöpfung einhergehen. Das wird passieren, wenn Frauen und ihre individuellen Entscheidungen (auch gegen Kinder) gesellschaftlich akzeptiert werden und Mütter auf verlässliche Systeme sowie Chancen treffen. Wir können das Rad noch drehen, wir können die Versprechen noch halten, immerhin für die nächsten Frauen- und Mütter-Generationen. Wir müssen nur jetzt konsequent mit der Arbeit beginnen.

Und schon heute brauchen wir schnelle Lösungen: Die Politik könnte die Kinderfreibeträge erhöhen. Die Chancen auf eigenen Wohnraum ebenso.[42] Mehr Kindergeld ist auch in Ordnung, aber nur wenn alle – auch Alleinerziehende – davon genug profitieren, und natürlich ist die Kindergrundsicherung vorerst ein konkreter Plan. Im Frühjahr 2023 wird jedoch in der Ampelkoalition heftig darüber debattiert.[43] Und warum muss durch Umverteilung unter Familien ein Großteil der dafür nötigen Milliardenbeträge generiert werden? Warum nehmen wir denn nicht die staatlichen Steuereinnahmen (immerhin werden damit manch Rekorde erzielt[44])? Lösungen für Familien müssen durch Mitnahme aller gesellschaftlichen Gruppen gesucht und konsequent umgesetzt werden – auch wenn es manch anderen wehtut. Und ebenso müssen wir überlegen, ob als Allererstes nicht in die Systeme, die Institutionen effizient, klug, kontrolliert investiert werden sollte – in Kitas, Kindergärten, Schulen, Ganztagsbetreuung. Die finanziellen Mittel müssen anstatt eines Tropfens auf den heißen Stein ein Riesen-Wasserplatscher werden – und er muss alle »treffen«.

Visionen können der Anfang von Großem sein, warum nicht auch bei den Müttern: Wir müssen die Familie der Zukunft sehen, entwerfen, politisch ermöglichen, müssen mutig voranschreiten und sollten dabei nicht vergessen, dass wir uns auch selbst neu erfinden können. Jeden einzelnen Tag. Dabei gilt für uns, ebenso für viele und vieles andere in der Gesellschaft: Mit Lösungen aus der Vergangenheit, mit Angepasstheit lässt sich keine Zukunft gestalten. Affirmation kann dazu beitragen, um sich kurzfristig zu helfen, vor allem, wenn die

Herausforderungen zunehmen. Aber es braucht derzeit am allermeisten Gegenwehr, weil sonst immer wieder die gleichen Probleme in kürzeren Abständen auftauchen und die Erschöpfung intensivieren werden. Ein »Weiter so« ist verantwortungslos – auch uns selbst gegenüber. Der »First Deal« zwischen Staat, Gesellschaft und Müttern muss eingefordert werden.

Dabei sind auch Spiegel Teil der Lösung. Wir können in diesem Land erst dann besser werden, wenn sich jede, jeder selbst hinterfragt. Wir brauchen mehr Ehrlichkeit, die Hoffnung macht. Manche Frauen und Mütter gehen schon einmal voran, zeigen sich immer offener, auch die, deren Leben nicht der Norm und nicht den allgemeingültigen Vorstellungen der anderen entsprechen. Sie stehen zu sich. Der Raum, sich zu äußern, auf Missstände aufmerksam zu machen, wird auch dadurch größer. Frauen zeigen immer mehr ihre »Wunden« und werden sich klarer darüber, dass sie sich freier für ihren Weg entscheiden können – und müssen. Dass es für sie und ihre Kinder oder für sie und ihre möglichen späteren Kinder von großer Bedeutung ist, sich bewusst zu machen: Wer bin ich und was will ich? Als Frau, als Mutter? Welches Modell ist – bezüglich ihrer Individualität – das richtige?

Die Antworten auf diese Fragen sind die Grundlage. Darauf aufbauend, müssen die Versprechen gehalten werden. Da die Vorteile immer sichtbarer werden, spricht immer weniger dagegen:

- »Würden die aktuell in Teilzeit beschäftigten Frauen ihre Arbeitszeit um durchschnittlich zwei Stunden pro Woche erhöhen, entspräche das rechnerisch etwa 500 000 zusätzlichen Ganztagsstellen«, heißt es in einem Fachkräftereport der Deutschen Industrie- und Handelskammer.[45] Da

Deutschland in den nächsten zehn Jahren jedes Jahr vier bis fünf Millionen Erwerbstätige aufgrund des Renteneintritts verliert, hätten zwei Stunden pro Woche Wasserplatscher-Format für die gesamte Gesellschaft.[46] Jedoch gilt auch: Mehr zu arbeiten ist den Frauen nur zu empfehlen, wenn die Bedingungen stimmen.

• Der Ökonom Claus Michelsen stellt zudem fest: »Stünden ebenso viele Frauen wie Männer in Lohn und Brot, dann könnten die Beitragssätze der Sozialversicherungen um insgesamt 0,6 Prozentpunkte geringer ausfallen.«[47]

Unser aller Wohlstand ist der gute Grund, Millionen von Menschen die bezahlte Arbeit attraktiv zu machen, sie zu fördern. Statt Abwertung ist konsequente Solidarisierung mit Müttern aller Art und eine Verbesserung ihrer Lage angebracht. Das Kuriosum muss aufgelöst werden, dass einerseits durch den aktuellen Umgang mit ihnen diesem Land hohe Kosten entstehen und andererseits der Wille vieler zur Berufstätigkeit, der unser aller Rentensystem entlasten würde, zu häufig gebrochen wird.

Auch wir Mütter müssen vor diesem Hintergrund die Massen für unsere Anliegen gewinnen. Wir Frauen müssen unsere Rolle in diesem Land noch deutlicher mitgestalten, uns artikulieren, wir müssen vorangehen, anstatt uns wieder abdrängen zu lassen. Nur wer den Mund aufmacht, kann seine Rechte artikulieren, nur wer auch »Nein« sagt, verschafft sich Gehör. Wir Mütter selbst müssen erkennen, dass wir mehr Macht bekommen haben. Macht, um für verlässliche Bedingungen zu kämpfen. Macht, um darauf zu pochen, dass die politischen Versprechen, die uns Frauen gegenüber gemacht wurden, gehalten werden.

Dabei haben wir auch die Verantwortung, die Gesamtsituation zu betrachten. Unsere Anforderungen dürfen nicht nur die Wirtschaft, die Unternehmen treffen. Ihr Umfeld ist herausfordernd(er) und wird es bleiben, die Konjunktur ist fragil. Das deutsche Wirtschaftswachstum (2022:1,8 Prozent) ist deutlich schlechter als das der gesamten EU (2022:3,5 Prozent).[48] Was nebenbei auch bedeutet: Jede Einzelne, jeder Einzelne muss sich wieder mehr für den Wohlstand dieses Landes einsetzen. Und wir Mütter müssen unsere Forderungen ebenso an die Gesellschaft und vor allem die Politik, die gewählten Amtsträgerinnen richten. Sie sind als Dienstleisterinnen der Bürgerinnen, der Mütter gefragt.

Für unser aller Wohlstand!

Gibt es einen besseren Grund?

#marchformodernmums
#mfmm

Danksagung

Ich danke meinem Mann, der in einem oberbayerischen Dorf aufwuchs und in vollem Bewusstsein eine Feministin heiratete. Sein Humor, sein Optimismus, seine offene Art machen unser Leben reicher. Ich danke meinen Kindern, die mich jeden Tag wachsen lassen. Ihr seid die Besten!

Ich danke meinem »Chef«, Dr. Hubert Burda, der einmal zu mir sagte: »Sie sind wie meine Mutter, Sie hören nicht auf zu kämpfen!« Der mich durch diesen Satz immer wieder daran erinnerte, dass Aufgeben keine Option ist – weitermachen schon. Der mich kurz vor der Geburt meines ersten Kindes meinem Mann ausrichten ließ: »Sagen Sie ihm, dass auch ich die Kinder gewickelt habe!« Und der mich als Arbeitgeber schließlich mit großem Verlass durch die ungewissen Zeiten begleitet hat, in denen mein Mann und ich auf der Suche nach einer Diagnose für unsere Tochter waren.

Ich danke meiner Familie, meinen Eltern, meinen Geschwistern und meinen Großeltern, großen Vorbildern, zu deren Lebensmottos der Song der österreichischen Kultband S. T. S. »Großvater« nicht besser passen könnte:

»Dein Grundsatz war, z'erst überleg'n
A Meinung hab'n, dahinterzteh'n
Niemals Gewalt, alles bereden
Aber a ka Angst vor irgendwem«

Ich danke meinen Freunden, von denen mich viele schon seit Jahrzehnten begleiten. Danke für unsere gemeinsamen Erinnerungen, eure Geselligkeit, die Gespräche – ebenso für ehrliche Kritik. Und danke, dass ihr mir auf die EINE meiner wichtigsten Fragen der letzten Jahre die richtige Antwort parat hattet:

- *»Was kann unter diesen Voraussetzungen schon noch kommen?«*
- *»Da kommt noch was!«*

Dieses Buch ist einer der besten Beweise.

Ich danke meiner Lektorin Stefanie Hess. Für ihre klugen Anmerkungen, ihre Begeisterung für das Thema. Ich danke Margit Ketterle, die daran glaubte. Ich danke diesem Verlag, der inspirierende Frauen wie Natalie Dedreux unter seinen Autorinnen hat.

Anmerkungen

Vorbemerkung

1 Kühne, Anja, Generisches Femininum an der Uni Leipzig: »Frauen sind keine Sonderfälle«, Tagesspiegel Online: https://www.tagesspiegel.de/wissen/frauen-sind-keine-sonderfalle-2512831.html, erschienen 6.6.13, abgerufen 1.3.23

Vorwort

1 Bundeskanzler Olaf Scholz spricht gerne von »Wumms«, wenn er etwas voranbringen will. »Wir wollen mit Wumms aus der Krise kommen«, Bundesregierung.de: https://www.bundesregierung.de/breg-de/themen/coronavirus/-wir-wollen-mit-wumms-aus-der-krise-kommen--1757510, erschienen 3.6.20, abgerufen 28.2.23

2 Parnack, Charlotte; Widmann, Marc, Was kostet uns der Fachkräftemangel in den Kitas? In: Die Zeit, Ausgabe 10/2023, S. 19

3 Ebd.

4 Schaschek, Sarah, »Da stimmt ganz viel nicht mehr«, Zeit Online: https://www.zeit.de/2022/23/pandemie-folgen-muetter-psychotherapie-wohlbefinden, erschienen 5.6.22, abgerufen 3.12.22

5 2018, noch vor der Pandemie, war nur jede elfte Mutter mit einem jüngsten Kind unter einem Jahr erwerbstätig (8,9 Prozent). Mit ein- bzw. zweijährigen jüngsten Kindern stieg ihre Zahl deutlich an (42,2 bzw. 60,8 Prozent). Bei Müttern mit einem jüngsten Kind im Alter von drei bis fünf Jahren gingen schon drei Viertel von ihnen (73,3 Prozent) einer Erwerbstätigkeit nach. Auf: Website der Bundeszentrale für politische Bildung: https://www.bpb.de/kurz-knapp/zahlen-und-fakten/soziale-situation-in-deutschland/61606/erwerbstaetigkeit-von-eltern-nach-alter-des-juengsten-kindes/, erschienen 23.3.21, abgerufen 18.10.22

6 Wie bitte? Haben etwa nur Frauen Steuern bezahlt? Nein, ebenso wie hinter »Arzt« nicht immer ein Mann steht. Siehe Vorbemerkungen am Anfang des Buches

7 Mit Spätmoderne – oder auch Hochmoderne – werden in der Soziologie Strukturmerkmale einer Epoche beschrieben, die sich seit den 1970er- und

1980er-Jahren herausbilden. In diesem Buch soll der Begriff dazu dienen, die gegenwärtigen Bedingungen und Vertreterinnen jüngerer Generationen zu beschreiben. Auch um nicht annähernd anzudeuten, dass es »früher« nicht auch »moderne« Mütter gegeben hätte. Definition Spätmoderne. In: Reckwitz, Andreas über Anthony Giddens, European University Viadrina: https://www.kuwi.europa-uni.de/de/lehrstuhl/vs/kulsoz/professurinhaber/buecher_artikel/reckwitz_2007b.pdf, abgerufen 18. 4. 23

8   In Deutschland übernehmen Frauen mit über 80 Prozent größtenteils die sogenannte Care-Arbeit, also Sorgearbeit. Damit gemeint sind »Tätigkeiten des Sorgens und sich Kümmerns«, darunter fallen Kinderbetreuung, Alten- und häusliche Pflege, familiäre Unterstützung, Hilfe unter Freunden. In: Schieritz, Mark, »Unsterblichkeit bedeutet: Man muss im Leben keine Prioritäten mehr setzen«, Zeit Online: https://www.zeit.de/2022/43/christian-lindner-bundesfinanzminister-fdp/seite-3, erschienen 20. 10. 22, abgerufen 22. 10. 22 und Definition Care-Arbeit, Bundeszentrale für politische Bildung, Website: https://www.bpb.de/themen/familie/care-arbeit/, abgerufen 6. 4. 23

9   Das Bundesarbeitsgericht entschied schon 1955, dass die Gleichberechtigung von Männern und Frauen auch bezüglich des Gehalts zu gelten habe, aber bis heute verdienen in Deutschland Frauen im Durchschnitt deutlich weniger als Männer. Ein Grund sei laut Studien, dass Frauen schlechter verhandeln. Ein Urteil des Bundesarbeitsgerichts aus dem Februar 2023 lässt Verhandlungs- weisen nicht als alleinigen Grund für unterschiedliche Bezahlung gelten. In: Wilke, Felicitas, Wie Frauen gleiche Gehälter durchsetzen können, SZ.de: http://sz.de/1.5758351

10   »Gestolpert«? Siehe Vorbemerkungen am Anfang des Buches

11   Gerlach, Irene, Familienpolitik: Geschichte und Leitbilder, Bundeszentrale für politische Bildung, Website: https://www.bpb.de/shop/zeitschriften/izpb/8047 /familienpolitik-geschichte-und-leitbilder/, erschienen 20. 03. 09, abgerufen 18. 10. 22

12   Bundeszentrale für politische Bildung, Erwerbstätigkeit von Eltern nach Alter des jüngsten Kindes, Website: https://www.bpb.de/kurz-knapp/zah- len-und-fakten/soziale-situation-in-deutschland/61606/erwerbstaetig- keit-von-eltern-nach-alter-des-juengsten-kindes/, erschienen 23. 3. 21, abgerufen 18. 10. 22

13   Körner, Karla, »Von wenigen Jüngeren wird viel abverlangt werden«, Interview mit Soziologe Stefan Schulz, Welt Online: https://www.welt.de/kultur/plus241186381/Alternde-Gesellschaft-Von-wenigen-Juenge- ren-wird-viel-abverlangt-werden.html?, erschienen 23. 9. 22, abgerufen 18. 10. 22

14   SPD, »Doppel-Wumms« für bezahlbare Energie, Website: https://www.spd.

de/aktuelles/detail/news/doppel-wumms-fuer-bezahlbare-ener-
gie/29/09/2022/, erschienen 29. 9. 22, abgerufen 26. 2. 23

1. »Das sagt einem niemand!«

1   Die Carolin Kebekus Show, Hasst Deutschland Kinder?, Sendung vom 27.
     Oktober 2022, ARD Mediathek: https://bit.ly/44CaJWQ, abgerufen 28. 2. 23
2   Die Soziologin Orna Donath prägte aufgrund einer qualitativen Studie unter
     Müttern den Begriff »Regretting Motherhood«. Donath, Orna, Regretting
     Motherhood: A Sociopolitical Analysis. In: Signs Journal of Women in
     Culture and Society, 2015: https://www.researchgate.net/publication/
     73291332_Regretting_Motherhood_A_Sociopolitical_Analysis, abgerufen
     am 17. 10. 22
3   Precht, Richard David, Wer bin ich – und wenn ja, wie viele?, Goldmann,
     2007
4   Anger, Heike, Kinderbetreuung, Elterngeld, Ehegattensplitting: So wollen die
     Parteien den Familien helfen, Handelsblatt Online: https://www.handelsblatt.
     com/politik/deutschland/bundestagswahl-2021/parteiprogramme/
     wahlprogramme-im-vergleich-kinderbetreuung-elterngeld-ehegattensplit-
     ting-so- wollen-die-parteien-den-familien-helfen/27384798.html, erschienen
     2. 9. 21, abgerufen 29. 10. 22
5   Hagelüken, Alexander, Familien werden ignoriert und benachteiligt,
     Kommentar, SZ.de: https://www.sueddeutsche.de/wirtschaft/
     bundestagswahl-cdu- csu-familie-wahlprogramm-1.5357965, erschienen
     21. 7. 21, abgerufen 29. 10. 22
6   Berth, Felix, »Ich bin es leid, ständig die alten Gräben zu schaufeln«,
     Interview mit Ursula von der Leyen, SZ.de: https://www.sueddeutsche.de/
     politik/familienpolitik-ich-bin-es-leid-staendig-die-alten-graeben-zu-schau-
     feln-1.429 276, erschienen 17. 5. 2010, abgerufen 24. 10. 22
7   Ampel gerät wegen »Work-Life-Balance« unter Druck, FAZ.net, 8. 11. 22:
     https://zeitung.faz.net/faz/wirtschaft/2022–11–08/ampel-geraet-we-
     gen-work-life-balance-unter-druck/824087.html, erschienen 8. 11. 22,
     abgerufen 11. 11. 22
8   Utz, Lea, Parteien umwerben Familien mit Milliardenversprechen, Spiegel
     Online: https://www.spiegel.de/politik/deutschland/familienpolitik-im-wahl-
     kampf-das-versprechen-cdu-csu-und-spd-a-1142390.html, erschienen
     13. 4. 2017, abgerufen 29. 10. 22
9   Stelter, Daniel, Wir müssen wieder mehr arbeiten. In: Handelsblatt, Ausgabe
     vom 10. 10. 22, S. 12
10   Schäfer, Christoph, Warum das neue Unterhaltsrecht teilweise gescheitert ist,

FAZ.net: https://www.faz.net/aktuell/finanzen/meine-finanzen/2.3094/ warum-das-neue-unterhaltsrecht-teilweise-gescheitert-ist-15267914-p2.html, erschienen 30. 10. 2017, abgerufen 1. 11. 22

11   Ott, Helena, »Wut warnt uns«, SZ Magazin Online: https://sz-magazin. sueddeutsche.de/leben-und-gesellschaft/wut-unterdruecken-gesundheit-ge-fuehl-92420, erschienen 20. 2. 23

12   Brecht, Bertolt, Der gute Mensch von Sezuan, Epilog. In: Ausgewählte Werke in sechs Bänden, Zweiter Band, Suhrkamp Verlag, Frankfurt am Main, 1997, S. 294

13   Interview mit Eva Luise Köhler. In: Bunte, Ausgabe 30/2020, S. 81

14   Chamine, Shirzad, Positive Intelligence, Website: https://www.positiveintelligence.com/about/, abgerufen 30. 1. 23

15   Thiede, Katja; Deworetzki, Lea, »Warum stehen Mütter nie auf und sagen: Weißt du was – du kannst mich mal!«, Website Edition F: https://editionf. com/raus-aus-bullerbue-reloaded-interview-mit-katrin-wilkens/, erschienen 15. 12. 15, abgerufen 11. 7. 22

16   Schwilden, Frédéric, Die Realität der Ferien geht von einem geradezu reaktionären Familienbild aus, Welt Online: https://www.welt.de/iconist/ partnerschaft/article241290137/Kinderbetreuung-in-den-Schulferi-en-Wie-soll-das- funktionieren.html, erschienen am 28. 9. 22, abgerufen 25. 10. 22

17   Sekretariat der Ständigen Konferenz der Kultusminister der Länder in der Bundesrepublik Deutschland, Website: https://www.kmk.org/fileadmin/Dateien/veroeffentlichungen_beschlues-se/2001/2001_05_10-Weiterentw-Schulw-seit-HH-Abkommen.pdf, erschienen 10. 5. 2001, abgerufen 31. 10. 22

18   Schwilden, Frédéric, Die Realität der Ferien geht von einem geradezu reaktionären Familienbild aus, Welt Online: https://www.welt.de/iconist/ partnerschaft/article241290137/Kinderbetreuung-in-den-Schulferi-en-Wie-soll-das- funktionieren.html, erschienen am 28. 9. 22, abgerufen 25. 10. 22

19   Michelle Obama konnte Barack »zehn Jahre lang nicht ertragen«, Spiegel Online: https://www.spiegel.de/panorama/leute/michelle-obama-konnte-ehe-mann-barack-obama-zehn-jahre-lang-nicht-ertragen-a-c22c008a-84fb-4255–9ec8–97bf3d178fda, erschienen 31. 12. 22, abgerufen 30. 1. 23

2. »Das hat die Natur so nicht vorgesehen«

1   Halser, Marlene, »Es geht immer nur um die Kinder«, TAZ Online:
    https://taz.de/Soziologin-ueber-Regretting-Motherhood/!5295083/,
    erschienen 14. 4. 16, abgerufen 28. 2. 23

2   Knipp, Kersten, Gebrauchsanweisung für das nervöse Zeitalter,
    Deutschlandfunk Online: https://www.deutschlandfunk.de/andreas-reck-
    witz-die-gesellschaft-der-singularitaeten-102.html, erschienen 12. 3. 2018,
    abgerufen 25. 11. 22

3   Ebd.

4   Kinder- und Jugendärzte sehen zunehmend verhaltensauffällige Kinder,
    Ärzteblatt Online: https://www.aerzteblatt.de/nachrichten/62716/Kinder-
    und-Jugendaerzte-sehen-zunehmend-verhaltensauffaellige-Kinder,
    erschienen 7. 5. 15, abgerufen 15. 12. 22

5   Brehm, Uta et al., 15 Jahre Elterngeld, Erfolge, aber noch Handlungsbedarf,
    Bundesinstitut für Bevölkerungsforschung, 2022, S. 6, Studie online unter:
    https://www.bib.bund.de/Publikation/2022/pdf/15-Jahre-Elterngeld-Erfol-
    ge-aber-noch-Handlungsbedarf.pdf?__blob=publicationFile&v=2, abgerufen
    14. 12. 22

6   Ebd.

7   Homepage Shop Piccantino: https://bit.ly/3UVYZu5, abgerufen 26. 11. 22

8   Weber, Jule, Mutter werden, Poetry Slam TV, YouTube, online unter:
    https://www.youtube.com/watch?v=_U-6aYtwPlk, abgerufen 17. 11. 22

9   Ebd.

10 Diabaté, Sabine, Mütter heute: Leitbilder, Lebensrealitäten und Wünsche,
    Website der Bundeszentrale für politische Bildung: https://www.bpb.de/
    themen/familie/familienpolitik/191689/muetter-heute-leitbilder-lebensreali-
    taeten-und-wuensche/, erschienen 16. 9. 14, abgerufen 15. 11. 22

11 Brehm, Uta et al., 15 Jahre Elterngeld, Erfolge, aber noch Handlungsbedarf,
    Bundesinstitut für Bevölkerungsforschung, 2022, S. 4, Studie online unter:
    https://www.bib.bund.de/Publikation/2022/pdf/15-Jahre-Elterngeld-Erfol-
    ge-aber-noch-Handlungsbedarf.pdf?__blob=publicationFile&v=2, abgerufen
    14. 12. 22

12 Ebd.

13 Ebd.

14 Wirtschaft will neue Auszeiten für Väter nicht bezahlen, FAZ.net: https://
    zeitung.faz.net/faz/wirtschaft/2023–04–04/wirtschaft-will-neue-auszei-
    ten-fuer-vaeter-nicht-bezahlen/879449.html, erschienen 4. 4. 23, abgerufen
    4. 4. 23 sowie Eckardt, Ann-Kathrin, Väter für zwei Monate, SZ.de: https://
    www.sueddeutsche.de/politik/elterngeld-vaeter-muetter-studie-1.5714814,
    erschienen 14. 12. 22, abgerufen 15. 12. 22

15 Gelinsky, Katja, Krise stoppt »Vaterschaftsurlaub«, FAZ.net: https://www.faz.net/aktuell/karriere-hochschule/buero-co/vaterschaftsurlaub-familienministerin-legt-wegen-krise-plaene-auf-eis-18475125.html, erschienen 22.11.22, abgerufen 16.12.22

16 Ebd.

17 »Rente mit 63« bedeutet nach 45 Jahren Beitragszahlung an die Sozialversicherung ohne Abschläge in Rente gehen zu können. Inzwischen ist die Altersgrenze auf 64 Jahre gestiegen. In: Preuß, Roland, Diese Lastenteilung ist nicht fair, SZ.de: https://www.sueddeutsche.de/meinung/rente-mit-63-unfair-fachkraefte-rentensystem-1.5755109, erschienen 20.2.23, abgerufen 23.2.23

18 Ebd.

19 Knauß, Ferdinand, Die Lüge von den unzufriedenen Eltern, Wirtschafts-Woche Online: https://www.wiwo.de/erfolg/trends/arbeitswelt-muetter-in-vollzeit- sind-unguecklicher/8280868–2.html, erschienen 31.5.22, abgerufen 11.12.22

20 Ebd.

21 Thiede, Katja; Deworetzki, Lea, »Warum stehen Mütter nie auf und sagen: Weißt du was – du kannst mich mal!«, Edition F: https://editionf.com/raus-aus-bullerbue-reloaded-interview-mit-katrin-wilkens/, erschienen 15.12.15, abgerufen 14.7.22

22 Kramer, Bernd, Warum viele Mütter nicht arbeiten – obwohl sie wollen, SZ.de: https://www.sueddeutsche.de/wirtschaft/muetter-erwerbstaetig-keit-teilzeit-1.5378774, erschienen 11.8.21, abgerufen 11.12.22

23 Ranft, Karola, »Gesellschaftliche Mütterbilder und ihr Zusammenhang mit dem subjektiven Stresserleben von Müttern«, Hochschule für Angewandte Wissenschaften Hamburg, 2020. Auf: https://reposit.haw-hamburg.de/bitstream/20.500.12738/10166/1/2020Ranft_Karola_MA.pdf, abgerufen 17.11.22

24 Hüther, Gerald, Würde, Penguin Random Verlag, München, 2022, S. 5

25 Diabaté, Sabine, Mütter heute: Leitbilder, Lebensrealitäten und Wünsche, Bundeszentrale für politische Bildung, Website: https://www.bpb.de/themen/familie/familienpolitik/191689/muetter-heute-leitbilder-lebensrealitae-ten-und-wuensche/, erschienen 16.9.14, abgerufen 15.11.22

26 Sind die denn alle weiblich? Die Entscheidungsträgerinnen? Siehe Vorbemerkungen am Anfang des Buches

27 Salavati, Nakissa, Wie die Pandemie Mütter belastet, SZ.de: https://www.sueddeutsche.de/wirtschaft/kinderbetreuung-corona-2021–1.5377449, erschienen 10.8.21, abgerufen 1.2.23

28 Über Bürgerinnen, Rentnerinnen, Pensionärinnen »gestolpert«? Siehe Vorbemerkungen am Anfang des Buches

29 Mitzkat, Nadja, Wenn Frauen für alles zuständig sind, Deutschlandfunk

Online: https://www.deutschlandfunkkultur.de/muetter-erschoepfung-be-ruf-care-arbeit-100.html, erschienen 7.11.22, abgerufen 16.11.22

30 Ebd.

3. »Und wo ist das Kind gerade?«

1 Schaschek, Sarah, »Da stimmt ganz viel nicht mehr«, Zeit Online: https://www.zeit.de/2022/23/pandemie-folgen-muetter-psychotherapie-wohlbefin-den, erschienen 5.6.22, abgerufen 3.12.22

2 Wikipedia, Kesselzerknall, https://de.wikipedia.org/wiki/Kesselzerknall, abgerufen 17.11.22

3 Statistisches Bundesamt, Acht Millionen Mütter lebten 2017 mit minderjährigem Kind unter einem Dach, Website: https://www.destatis.de/DE/Presse/Pressemitteilungen/Zahl-der-Woche/2019/PD19_19_p002.html, erschienen 7.5.19, abgerufen 16.12.22

4 Bundeszentrale für politische Bildung, Erwerbstätigkeit von Eltern nach Alter des jüngsten Kindes, Website: https://www.bpb.de/kurz-knapp/zahlen-und-fakten/soziale-situation-in-deutschland/61606/erwerbstaetigkeit-von-el-tern-nach-alter-des-juengsten-kindes/, erschienen 23.3.21, abgerufen 15.2.23

5 Großekathöfer, Maik; Thimm, Katja, Erst haben die Mütter uns gerettet – jetzt sind viele am Ende, Spiegel Online: https://www.spiegel.de/panorama/gesellschaft/corona-pandemie-muetter-gebeutelte-heldinnen-der-krise-a-a49c4e8a-deda-43bc-ad41–759537b7fe36, erschienen 6.3.22, abgerufen 20.2.23

6 Bundesministerium für Familie, Senioren, Frauen und Jugend, Das Wohlbefinden der Eltern, Auszüge aus dem Ravensburger Elternsurvey, Website: https://www.bmfsfj.de/resource/blob/93774/02d7e292677874347e15259888162df9/familienmonitor-22-das-wohlbefinden-von-eltern-data.pdf, erschienen 2010, abgerufen 20.11.22

7 Giesselmann, Marco, Mutterschaft geht häufig mit verringertem mentalem Wohlbefinden einher, DIW-Wochenbericht, 35/2018, Website: https://www.diw.de/documents/publikationen/73/diw_01.c.596751.de/18351.pdf, erschienen 2018, abgerufen 18.11.22

8 Ebd.

9 Ebd.

10 Stobbe, Mandy, Lebenszufriedenheit und subjektives Wohlbefinden, Bundeszentrale für politische Bildung, Website: https://www.bpb.de/themen/deutsche-einheit/lange-wege-der-deutschen-einheit/47331/lebenszufrieden-heit-und-subjektives-wohlbefinden/, erschienen 19.5.20, abgerufen 20.11.22

11 Witte, Sebastian, Zwei Wege zu mehr Zufriedenheit, GEO Magazin Online:

https://www.geo.de/magazine/geo-kompakt/15856-rtkl-lebensglueck-zwei-wege-zu-mehr-zufriedenheit, erschienen in GEO Kompakt, 50/2017, 1.3.2017

12 Drei von vier Kindern besuchen Kita mit zu wenig Personal, SZ.de: https://www.sueddeutsche.de/leben/familie-drei-von-vier-kindern-besuchen-kita-mit-zu-wenig-personal-dpa.urn-newsml-dpa-com-20090101–200825–99–297079, erschienen 25.8.20, abgerufen 16.12.22

13 Heid, Tatjana, Arme Kitas, FAZ.net: https://zeitung.faz.net/faz/politik/2022–12–05/arme-kitas/834799.html, erschienen 5.12.22, abgerufen 5.12.22

14 Bundesministerium für Familie, Senioren, Frauen und Jugend (BMFSFJ), Für gute Kinderbetreuung bundesweit: das KiTa-Qualitätsgesetz, Website: https://www.bmfsfj.de/bmfsfj/themen/familie/kinderbetreuung/fuer-gute-kinderbetreuung-bundesweit-das-kita-qualitaetsgesetz-209046, abgerufen 1.2.23

15 BMFSFJ, Bundesrat stimmt KiTa-Qualitätsgesetz zu, Website: https://www.bmfsfj.de/bmfsfj/aktuelles/alle-meldungen/bundes-rat-stimmt-kita-qualitaetsgesetz-zu-200716, erschienen 16.12.22, abgerufen 17.1.23

16 Clauß, Anna, Die vernachlässigte Generation Gratiskita, Spiegel Online: https://www.spiegel.de/familie/generation-gratiskita-den-preis-fuer-man-gelnde-qualitaet-in-der-kita-betreuung-zahlen-die-kinder-a-fc4cf76e-6353-46bc-8d34-92751e4d6af0, erschienen 24.11.22, abgerufen 26.11.22

17 Verwaltungsgerichtshof (VGH) Baden-Württemberg, Beschluss vom 23.11.2022, 12 S 2224/22, Kein Kapazitätsvorbehalt bei Anspruch auf Betreu-ungsplatz in Kindertageseinrichtung, Website VGH: http://lrbw.juris.de/cgi-bin/laender_rechtsprechung/document.py?Gericht=bw&nr=38414, abgerufen 17.4.23

18 Frehler, Tim, Mehr als ein Drittel der Mütter hat kein Vertrauen in die Bundesregierung, SZ.de: https://www.sueddeutsche.de/politik/muetter-ver-trauen-familienpolitik-1.5720975, erschienen 24.12.22, abgerufen 17.2.23

19 Ebd.

20 LNG aus Katar, Gas-Abkommen: Kritik aus vielen Lagern, ZDF heute: https://www.zdf.de/nachrichten/politik/lng-gas-abkommen-katar-deutsch-land-kritik-100.html, erschienen 29.11.22, abgerufen 13.3.23

21 Ranft, Karola, »Gesellschaftliche Mütterbilder und ihr Zusammenhang mit dem subjektiven Stresserleben von Müttern«, Hochschule für Angewandte Wissenschaften Hamburg: https://reposit.haw-hamburg.de/bitstream/20.500.12738/10166/1/2020Ranft_Karola_MA.pdf

22 Kolonko, Petra, Nach der Geburt kaserniert, FAZ.net: https://www.faz.net/aktuell/gesellschaft/gesundheit/china-seltsame-mediizin-fuer-frisch-entbun-dene-13655019-p3.html, erschienen 19.6.15, abgerufen 21.12.22

23   Slavik, Angelika, Die jüngsten Verlierer, SZ.de: http://sz.de/1.5747583, erschienen 9. 2. 23, abgerufen 27. 2. 23

24   Bergemann, Wiebke, Psyche im Leerlauf, Deutschlandfunk Online: https://www.deutschlandfunk.de/corona-pandemie-psyche-kinder-jugendliche-depression-suizid-essstoerung-100.html, erschienen 4. 12. 22, abgerufen 21. 12. 22

25   Fratzscher, Marcel, Junge Mütter sind die größten Leidtragenden der Corona-Pandemie, Zeit Online: https://www.zeit.de/wirtschaft/2020–09/eltern-zufriedenheit-corona-pandemie-junge-familien-kinderbetreuung-belastung-muetter, erschienen 24. 9. 20, abgerufen 17. 11. 22

26   Ebd.

27   Großekathöfer, Maik; Thimm, Katja, Erst haben die Mütter uns gerettet – jetzt sind viele am Ende, Spiegel Online, https://www.spiegel.de/panorama/gesellschaft/corona-pandemie-muetter-gebeutelte-heldinnen-der-krise-a-a49c 4e8a-deda-43bc-ad41–759537b7fe36, erschienen 6. 3. 22, abgerufen 20. 2. 23

28   Ebd.

29   Spieß, Katharina C. et al., Kita- und Schulschließungen haben bei westdeutschen Vätern Einstellung zur Erwerbstätigkeit von Müttern verändert, DIW-Wochenbericht 34/2021, S. 559–566: https://www.diw.de/de/diw_01.c.823640.de/publikationen/wochenberichte/2021_34_1/kita-_und_schulschliessungen_haben_bei_westdeutschen_vaetern_einstellung_zur_erwerbstaetigkeit_von_muettern_veraendert.html, abgerufen 23. 11. 22

30   Ebd.

31   Ebd.

32   Corona-Mütter, Teil 1, ARD-Magazin Kontraste, Juni 2020, noch abzurufen via Facebook: https://www.facebook.com/ard.kontraste/videos/corona-m%C3%BCtter-teil-1/284976112681011/, erschienen 4. 6. 20, abgerufen 17. 2. 23

33   Spieß, Katharina C. et al., Kita- und Schulschließungen haben bei westdeutschen Vätern Einstellung zur Erwerbstätigkeit von Müttern verändert, DIW Wochenbericht 34/2021, S. 559–566: https://www.diw.de/de/diw_01.c.823640.de/publikationen/wochenberichte/2021_34_1/kita-_und_schulschliessungen_haben_bei_westdeutschen_vaetern_einstellung_zur_erwerbstaetigkeit_von_muettern_veraendert.html, abgerufen 23. 11. 22

34   Bundesministerium für Gesundheit, Berichte zu den Auswirkungen der Corona-Pandemie auf Kinder und Jugendliche: https://www.bundesgesundheitsministerium.de/ministerium/meldungen/corona-kita-berichte.html, erschienen 2. 11. 22, abgerufen 18. 11. 22

35   Burchardt, Carolin, Keine Lobby? »In einer Idealwelt werden Mütter und Väter nicht kränker als andere Menschen«, Redaktionsnetzwerk Deutschland (RND): https://bit.ly/3LoWVYl, erschienen 14. 2. 22, abgerufen 30. 12. 22

36 Schaschek, Sarah, »Da stimmt ganz viel nicht mehr«, Zeit Online: https://www.zeit.de/2022/23/pandemie-folgen-muetter-psychothera-pie-wohlbefinden, erschienen 5.6.22, abgerufen 3.12.22

37 Ackermann, Susanne, Wenn andere uns vergessen, Psychologie heute: https://www.psychologie-heute.de/leben/artikel-detailan-sicht/39729-wenn-andere-uns-vergessen.html, erschienen 9.1.19, abgerufen 20.11.22 / Ray, D. G., Gomillion, S., Pintea, A. I., & Hamlin, I. (2019). On being forgotten Memory and forgetting serve as signals of interpersonal importance. Journal of Personality and Social Psychology, 116(2), 259–276. https://doi.org/10.1037/pspi0000145, abgerufen 5.12.22

38 Interview mit Dr. Stephanie Tieden, Was Corona mit Müttern macht, Gesundheitseinrichtungen Bezirk Oberfranken, Website: https://www.gebo-med.de/news/detailansicht/was-corona-mit-den-muettern-macht, abgerufen 20.11.22

39 Gassmann, Daniela, Die Mutter aller Fragen, SZ-Magazin Online: https://sz-magazin.sueddeutsche.de/familie/kinder-zukunft-eltern-schaft-schwangerschaft-92228, erschienen 23.12.22, abgerufen 24.12.22

40 Ebd.

41 Ebd.

42 Wie klimaschädlich sind Kinder wirklich?, WDR-Magazin Quarks: https://www.quarks.de/umwelt/klimawandel/wie-klimaschaedlich-sind-kinder-wirklich/, erschienen 2017, abgerufen 4.12.22

4. »Das Kind ist viel zu warm angezogen«

1 »A woman dies every two minutes due to pregnancy or childbirth«, Weltgesundheitsorganisation, Website: https://www.who.int/news/item/23-02-2023-a-woman-dies-every-two-minutes-due-to-pregnancy-or-childbirth--un-agencies, erschienen 23.2.23, abgerufen 28.2.23

2 Aus drei Gründen sind in Deutschland rund 300 Medikamente knapp, Focus Online: https://www.focus.de/gesundheit/news/aus-drei-gruenden-sind-in-deutschland-rund-300-medikamente-knapp_id_162709169.html, erschienen 12.10.22, abgerufen 8.1.23

3 Europäisches Parlament, Medikamentenengpässe in der EU: Ursachen und Lösungen, Website: https://www.europarl.europa.eu/news/de/headlines/society/20200709STO83006/medikamentenengpasse-in-der-eu-ursa-chen-und-losungen, erschienen 16.7.20, abgerufen 8.1.23

4 Parnack, Charlotte; Widmann, Marc, Was kostet uns der Fachkräftemangel in den Kitas? In: Die Zeit, Ausgabe 10/2023, S. 19

5 Bertelsmann Stiftung, Lehrermangel in Grundschulen bis 2030 größer als

bislang erwartet, Website: https://www.bertelsmann-stiftung.de/de/themen/aktuelle-meldungen/2019/september/lehrermangel-in-grundschulen-bis-2030- groesser-als-bislang-erwartet/, erschienen 9. 9. 19, abgerufen 14. 4. 23

6 Sachsen-Anhalt will Vier-Tage-Woche an Schulen ermöglichen, MDR Online: https://www.mdr.de/nachrichten/sachsen-anhalt/schule-vier-ta-ge-woche-lehrermangel-100.html, erschienen 10. 7. 22, abgerufen 13. 2. 23

7 Volkert, Lilith, Was tun wir uns da an, SZ.de: http://sz.de/1.5754315, erschienen 20. 2. 23, abgerufen 27. 2. 23

8 »Kinder sterben, weil wir sie nicht versorgen können«, SZ.de: https://www.sueddeutsche.de/gesundheit/gesundheit-arzt-kinder-sterben-weil-wir-sie-nicht-versorgen-koennen-dpa.urn-newsml-dpa-com-20090101–22 1130–99–730682, erschienen 1. 12. 22, abgerufen 28. 12. 22 sowie Bartens, Werner, Habe krankes Baby, suche Klinik. In: SZ, Ausgabe vom 27. 12. 22, S. 3

9 Jakob, Kathrin, Deutschland ist krank – »Dramatische Versorgungslage« in Kinderkliniken, Podcast, FAZ.net: https://zeitung.faz.net/faz/seite-eins/2022–12–07/deutschland-ist-krank-dramatische-versorgungslage-in-kinder-kliniken/835837.html, erschienen 7. 12. 22, abgerufen 27. 12. 22

10 Fries, Carolin, »Wir sind nicht voll bis zum Rand, wir sind schon drüber«, SZ.de: https://www.sueddeutsche.de/muenchen/starnberg/starnberg-kinder-klinik-rsv-krankenhaus-influenza-1.5710455, erschienen 7. 12. 22, abgerufen 27. 12. 22

11 Bartens, Werner, Habe krankes Baby, suche Klinik. In: SZ, Ausgabe vom 27. 12. 22, S. 3

12 Statistisches Landesamt Baden-Württemberg, Säuglingssterblichkeit und perinatale Sterblichkeit, Website: https://www.statistik-bw.de/BevoelkGebiet/GeburtSterben/LRt0113.jsp, abgerufen 27. 12. 22

13 Fries, Carolin, »Wir sind nicht voll bis zum Rand, wir sind schon drüber«, SZ.de: https://www.sueddeutsche.de/muenchen/starnberg/starnberg-kinder-klinik-rsv-krankenhaus-influenza-1.5710455, erschienen 7. 12. 22, abgerufen 27. 12. 22

14 Becker, Kim Björn et. al: Kindermedizin in der Krise, FAZ.net: https://zeitung.faz.net/faz/politik/2022–12–07/krankes-system/835613.html, erschienen 7. 12. 22, abgerufen 27. 12. 22

15 Kattwinkel, Tom, »Der schlimmste Moment meines bisherigen Lebens als Mama«, Zeit Online: https://www.zeit.de/gesundheit/2022–12/kinderklini-ken-notlage-rs-virus-intensivstation-ueberlastung, erschienen 9. 12. 22, abgerufen 27. 12. 22

16 Ebd.

17 Rotes Kreuz: Übergriffe von Eltern nehmen zu, ZDF Online: https://www.zdf.

de/nachrichten/politik/drk-gewalt-gesundheitspersonal-krankenhaus-ueber-lastung-100.html, erschienen 17. 12. 22, abgerufen 27. 12. 22

18   Geinitz, Christian, Obacht vor Revolutionen!, FAZ.net: https://zeitung.faz.net/faz/seite-eins/2022–12–07/obacht-vor-revolutionen/835685.html, erschienen 7. 12. 22, abgerufen 27. 12. 22

19   Ebd.

20   Stadler, Rainer, »Unser Krankenhaussystem können wir nicht innerhalb weniger Jahre neu starten«, SZ.de: https://www.sueddeutsche.de/politik/krankenhausreform-lauterbach-interview-klinikleiter-1.5709827, erschienen 6. 12. 22, abgerufen 27. 12. 22

21   Ebd.

22   Becker, Kim Björn et. al: Kindermedizin in der Krise, FAZ.net: https://zeitung.faz.net/faz/politik/2022–12–07/krankes-system/835613.html, erschienen 7. 12. 22, abgerufen 27. 12. 22

23   Bartens, Werner, Habe krankes Baby, suche Klinik. In: SZ, Ausgabe vom 27. 12. 22, S. 3

24   Ebd.

25   Ebd.

26   Bundesministerium für Gesundheit, Krankenhausfinanzierung, Website: https://www.bundesgesundheitsministerium.de/krankenhausfinanzierung.html, abgerufen 8. 1. 23

27   Bartens, Werner, Habe krankes Baby, suche Klinik. In: SZ, Ausgabe vom 27. 12. 22, S. 3

28   Jakob, Kathrin, Deutschland ist krank – »Dramatische Versorgungslage« in Kinderkliniken, Podcast, FAZ.net: https://zeitung.faz.net/faz/seite-eins/2022–12–07/deutschland-ist-krank-dramatische-versorgungslage-in-kinderkliniken/835837.html, erschienen 7. 12. 22, abgerufen 27. 12. 22

29   Bundesministerium für Gesundheit, Mehr Zeit für Patienten im Kranken-haus, Unterstützung für Geburtshilfe, Pädiatrie und Hebammen, Website: https://www.bundesgesundheitsministerium.de/presse/pressemitteilungen/bundestag-beschliesst-krankenhauspflegeentlastungsgesetz.html, erschienen 2. 12. 22, abgerufen 18. 4. 23

30   Interview mit Ulrike Geppert-Orthofer am 17. 1. 23

31   Ramsell, A., Jahn-Zöhrens, U.: Die Zukunft beginnt jetzt. Deutsche Hebammen Zeitschrift, 2020. 72 (7): 8–14

32   Ebd.

33   Ebd.

34   Bartens, Werner, Habe krankes Baby, suche Klinik. In: SZ, Ausgabe vom 27. 12. 22, S. 3

35   Wenn Mütter gehen, SRF-Dokumentation: https://www.youtube.com/

watch?v=pLZvHC_KetQ&themeRefresh=1, erschienen 19.5.22, abgerufen
27.12.22

36 Ebd.

37 Ebd.

38 Ebd.

39 Ebd.

40 Légé, Ulrike, Eltern-Burnout: Wie ich hinein gerutscht bin und was
    mir geholfen hat, Fritz und Fränzi, Das Schweizer Elternmagazin,
    https://www.fritzundfraenzi.ch/blog/eltern-burnout-erfahrungsbe-
    richt-wie-ich-hinein-gerutscht-bin-und-was-mir-geholfen-hat/?seite=2#toc,
    erschienen 23.4.19, abgerufen 31.12.22

41 Ebd.

42 Schroeder, Carina, »Damit ich für andere funktioniere«, Deutschlandfunk
    Kultur Online: https://www.deutschlandfunkkultur.de/mutterschaft-und-
    alkoholsucht-damit-ich-fuer-andere-funktioniere-dlf-kultur-cd0ebe6e-100.
    html, erschienen 21.10.22, abgerufen 27.12.22

43 Ebd.

44 Newman, Harmony; Nelson, Kyle Anne, Mother needs a bigger »helper«:
    A critique of »wine mom« discourse as conformity to hegemonic intensive
    motherhood, Sociology Compass Volume 15, Issue 4: https://compass.
    onlinelibrary.wiley.com/doi/abs/10.1111/soc4.12868, erschienen 8.3.21,
    abgerufen 28.12.22

45 Ewert, Laura, Wenn Mütter ein Glas Wein brauchen, Zeit Online,
    https://www.zeit.de/arbeit/2021–08/wine-mom-muetter-stress-alkohol-
    social-media/seite-2, erschienen 12.8.21, abgerufen 27.12.22

46 Ebd.

47 Ebd.

48 Burchardt, Carolin, Keine Lobby? »In einer Idealwelt werden Mütter und
    Väter nicht kränker als andere Menschen«, RedaktionsNetzwerk Deutschland
    (RND), Website: https://www.rnd.de/familie/keine-lobby-in-einer-ideal-
    welt-werden-muetter-und-vaeter-nicht-kraenker-als-andere-menschen-P2L-
    QYC3OVRACFHK2WI4J2HL54Q.html, erschienen 14.2.22, abgerufen
    30.12.22

49 AXA Health Report, 2022: https://www.axa.de/presse/mediathek/studi-
    en-und-forschung/mental-health-report-2022, abgerufen 28.12.22

50 Ebd.

51 Ebd.

52 Schon 2014 meldete das Müttergenesungswerk einen Anstieg um 37 Prozent
    innerhalb von zehn Jahren bei Krankheitsbildern unter Müttern, die mit zu
    großer Erschöpfung einhergehen. Gesundheitsrisiko Mutterschaft, Spiegel
    Online: https://www.spiegel.de/gesundheit/psychologie/mutter-mit-burnout-

erziehung-und-arbeit-belasten-viele-muetter-a-988640.html, erschienen
3. 9. 14, abgerufen 30. 12. 22

53   Werner, Susanne, Rehakliniken kämpfen ums Überleben in der Pandemie,
      Ärztezeitung Online: https://www.aerztezeitung.de/Politik/Rehakliniken-
      kaempfen-ums-Ueberleben-in-der-Pandemie-413679.html, erschienen
      13. 10. 20, abgerufen 28. 12. 22

54   Lexikon der Biologie, Stress: https://www.spektrum.de/lexikon/biologie/
      stress/64259, abgerufen 17. 2. 23

55   Bundesverband für Gesundheitsinformation und Verbraucherschutz –
      Info Gesundheit e. V., Wechselwirkung Stress und Depression, Website:
      https://www.bgv-depression.de/stress.html, abgerufen 30. 12. 22

56   Höchstleistung, bis zur Erschöpfung, Oberbergkliniken, Website:
      https://www.oberbergkliniken.de/krankheitsbilder/depression/
      erschoepfungsdepression, abgerufen 28. 12. 22

57   Corona-Burnout: So bewältigen Mütter Stress und Depressionen, NDR
      Online: https://www.ndr.de/ratgeber/gesundheit/Corona-Burnout-So-
      bewaeltigen-Muetter-Stress-und-Depressionen,erschoepfung112.html,
      erschienen 27. 6. 22, abgerufen 28. 12. 22

58   Braun, Judith, »Kinder von heute nicht erschöpfte Erwachsene von
      morgen«: Therapeutin sieht Ursache für Burnout in Erziehung, Frankfurter
      Neue Presse Online: https://www.fnp.de/ratgeber/gesundheit/burnout-
      ursachen-erziehung-stress-belastung-diagnose-elternfuehrerschein-
      interview-therapeutin-zr-91998335.html, erschienen 28. 12. 22, abgerufen
      28. 12. 22

59   Ebd.

60   Ebd.

61   Bochsler, Katharina, Traumatisierte Mütter haben weniger Einfühlungs-
      vermögen, SRF Online: https://www.srf.ch/wissen/mensch/neue-studie-
      traumatisierte-muetter-haben-weniger-einfuehlungsvermoegen, erschienen
      7. 2. 22, abgerufen 29. 12. 22

62   Braun, Judith, »Kinder von heute nicht erschöpfte Erwachsene von
      morgen«: Therapeutin sieht Ursache für Burnout in Erziehung, Frankfurter
      Neue Presse Online: https://www.fnp.de/ratgeber/gesundheit/burnout-
      ursachen-erziehung-stress-belastung-diagnose-elternfuehrerschein-inter-
      view-therapeutin-zr-91998335.html, erschienen 28. 12. 22, abgerufen
      28. 12. 22

63   Gesundheitsrisiko Mutterschaft, Spiegel Online: https://www.spiegel.de/
      gesundheit/psychologie/mutter-mit-burnout-erziehung-und-arbeit-
      belasten-viele-muetter-a-988640.html, erschienen 3. 9. 14, abgerufen
      30. 12. 22

64   Stehr, Lena, Psychische Belastung berufstätiger Mütter im Homeoffice,

Anzeiger Verlag Online: https://www.anzeiger-verlag.de/bremervoerde/
artikel/psychische-belastung-berufstaetiger-muetter-im-homeoffice,
erschienen 5.3.22, abgerufen 30.12.22

65   Burchardt, Carolin, Keine Lobby? »In einer Idealwelt werden Mütter und
Väter nicht kränker als andere Menschen«, RedaktionsNetzwerk Deutschland
(RND), Website: https://bit.ly/3n6VFjd, erschienen 14.2.22, abgerufen
30.12.22

66   Aus Vortrag von Christine Henry-Huthmacher, Enquete des Katholischen
Familienverbandes am 28.4.2010 in der Raiffeisen Zentralbank, Initiative
Schulpartner.info, Website: https://schulpartner.info/wp-content/myu-
ploads/2010/05/eltern-unter-druck.pdf, abgerufen 30.12.22

67   Burchardt, Carolin, Keine Lobby? »In einer Idealwelt werden Mütter und
Väter nicht kränker als andere Menschen«, RedaktionsNetzwerk Deutschland, Website: https://bit.ly/447Ws3R, erschienen 14.2.22, abgerufen
30.12.22

68   Was ist von der Familienpolitik der Großen Koalition zu erwarten?,
Wirtschaftsdienst, Zeitschrift für Wirtschaftspolitik, 94. Jahrgang, 2014,
Heft 2, S. 87–102: https://www.wirtschaftsdienst.eu/inhalt/jahr/2014/heft/2/
beitrag/was-ist-von-der-familienpolitik-der-grossen-koalition-zu-erwarten.
html, erschienen 17.8.22, abgerufen 30.12.22

69   Gillmann, Barbara, Deutschlands Schulsystem wird schlechter – in Bremen
zeigen sich die Extreme, Handelsblatt Online: https://www.handelsblatt.com/
politik/deutschland/iw-bildungsmonitor-deutschlands-schulsys-
tem-wird-schlechter-in-bremen-zeigen-sich-die-extreme/28605714.html,
erschienen 17.8.22, abgerufen 31.12.22

5. »Wir freuen uns aufs Babysitten«

1   Kruppa, Hans, Aphorismus
2   Pfau-Effinger, Birgit, Socio-historical paths of the male breadwinner model
– an explanation of cross-national differences, The British Journal of
Sociology 2004 Volume 55 Issue 3, S. 377–399
3   Koloch, Sabine (Hg.), Frauen, Philosophie und Bildung im Zeitalter der
Aufklärung, Verlagsgruppe Dr. Wolfgang Weist, Berlin, 2010, Online:
http://www.trafoberlin.de/pdf-dateien/Leseprobe%20aus%20
978-3-89626-958-4_Koloch.pdf, abgerufen 7.1.23
4   Scholl, Joachim, Eine schleichende Entmündigung, Interview mit Evke
Rulffes, Deutschlandfunk Kultur Online: https://www.deutschlandfunkkul-
tur.de/evke-rulffes-die-erfindung-der-hausfrau-eine-schleichende-100.html,
erschienen 12.11.21, abgerufen 3.1.23

5   Zolling, Peter, Deutsche Geschichte, von 1871 bis zur Gegenwart, Wie
      Deutschland wurde, was es ist, Hanser, München Wien, 2005, S. 67

6   Scholl, Joachim, Eine schleichende Entmündigung, Interview mit Evke
      Rulffes, Deutschlandfunk Kultur Online: https://www.deutschlandfunkkul-
      tur.de/evke-rulffes-die-erfindung-der-hausfrau-eine-schleichende-100.html,
      erschienen 12. 11. 21, abgerufen 3. 1. 23

7   Pfau-Effinger, Birgit, Socio-historical paths of the male breadwinner model
      – an explanation of cross-national differences, The British Journal of
      Sociology 2004 Volume 55 Issue 3, S. 377

8   Scholl, Joachim, Eine schleichende Entmündigung, Interview mit Evke
      Rulffes, Deutschlandfunk Kultur Online: https://www.deutschlandfunk
      kultur.de/evke-rulffes-die-erfindung-der-hausfrau-eine-schleichende-100.
      html, erschienen 12. 11. 21, abgerufen 3. 1. 23

9   Beck, Hanno, Mütter büßen für ihre Kinder. In: FAS, Ausgabe vom 26. 3. 23,
      S. 18

10   Mehr Frauen können für sich selbst sorgen, FAZ.net: https://www.faz.net/
      aktuell/karriere-hochschule/recht-und-gehalt/eigene-berufstaetig-
      keit-mehr-frauen-koennen-fuer-sich-selbst-sorgen-12831857.html,
      erschienen 4. 3. 14, abgerufen 7. 1. 23

11   Christmann, Karin, Ehegattensplitting: Der Hausfrauen-Rabatt, Tagesspiegel
      Online: https://www.tagesspiegel.de/politik/der-hausfrauen-rabatt-6736879.
      html, erschienen 17. 1. 11, abgerufen 7. 1. 23

12   Engel, Sarah Heidi, Und dann kam Tony, Zeit Online: https://www.zeit.de/
      zeit-magazin/leben/2021–04/frauen-kinderwunsch-verwandte-kinder-be-
      zugsperson-kinderlos/seite-2, erschienen 3. 5. 21, abgerufen 6. 1. 23

13   Lottritz, Kerstin, Mein Papa, der Kumpel, SZ.de: https://www.sueddeutsche.
      de/panorama/familie-vaeter-erziehung-gleichberechtigung-1.5746185,
      erschienen 7. 2. 23, abgerufen 7. 2. 23

14   Vaterschaft im Wandel, FAZ.net: https://zeitung.faz.net/faz/deutschland-und-
      die-welt/2023–02–07/vaterschaft-im-wandel/858243.html, erschienen 7. 2. 23,
      abgerufen 7. 2. 23

15   Lottritz, Kerstin, Mein Papa, der Kumpel, SZ.de: https://www.sueddeutsche.
      de/panorama/familie-vaeter-erziehung-gleichberechtigung-1.5746185,
      erschienen 7. 2. 23, abgerufen 7. 2. 23

16   Im Jahr 2021 hat von rund 142 800 geschiedenen Ehepaaren etwas mehr als
      die Hälfte minderjährige Kinder. Die durchschnittliche Ehedauer beträgt
      aktuell circa 14 Jahre. Statistisches Bundesamt, Zahl der Ehescheidungen
      2021 um 0,7 % gesunken, Pressemitteilung Nr. 301 vom 14. 7. 22, Website:
      https://www.destatis.de/DE/Presse/Pressemitteilungen/2022/07/
      PD22_301_126.html, abgerufen 6. 1. 23

17   Statistisches Bundesamt, Drei von vier Frauen in Deutschland sind

erwerbstätig – dritthöchster Wert in der EU, Pressemitteilung Nr. 010 vom 6. März 2020, Website: https://www.destatis.de/DE/Presse/Pressemitteilungen/2020/03/PD20_N010_132.html, abgerufen 7. 1. 23

18 Bürgerliches Gesetzbuch, § 1570, Unterhalt wegen Betreuung eines Kindes. Online unter: https://dejure.org/gesetze/BGB/1570.html, abgerufen 7. 1. 23

19 Keller, Heidi, Mythos Bindungstheorie, verlag das netz, Weimar, Vorwort, S. 6 und S. 29–31.

20 Niedersächsisches Institut für frühkindliche Bildung und Entwicklung, Jutta Gruber im Interview mit Heidi Keller, Website: https://www.nifbe.de/fachbeitraege-2?view=item&id=863:bindungstheorie-ein-auslaufmodell&catid=42, erschienen 12. 8. 19, abgerufen 31. 3. 23

21 Ebd.

22 Keller, Heidi, Mythos Bindungstheorie, verlag das netz, Weimar, S. 75

23 Brisch, Karl-Heinz, Bindung und Umgang, in: Brühler Schriften zum Familienrecht, Band 15, Verlag Gieseking, Bielefeld 2007, S. 89–135 sowie: https://www.khbrisch.de/fileadmin/user_upload/bbt/artikel_bindung_umgang.pdf, S. 90 und Zitat: https://www.nifbe.de/index.php/fachbeitraege-von-a-z?view=item&id=407, abgerufen 8. 1. 23

24 Bundesministerium für Familie, Senioren, Frauen und Jugend, Mutterschutzgesetz, Website: https://www.bmfsfj.de/resource/blob/94396/3a941fd-98ba33 f9 f4745bc32db913e01/mutterschutz-vorlesedatei-data.pdf, abgerufen 8. 1. 23

25 Laut einer Bevölkerungsstichprobe – veröffentlicht im Jahr 2018 – lehnten noch knapp 50 Prozent der Befragten das Stillen in Cafés und Restaurants ab. Koch, S., Abraham, K., Sievers, E. et al., Ist Stillen in der Öffentlichkeit gesellschaftlich akzeptiert?, Bundesgesundheitsblatt 61, 990–1000, 2018

26 Dernbach, Andrea, Geburtenrate steigt: Weniger Mütter bekommen mehr Kinder, Tagesspiegel Online: https://www.tagesspiegel.de/politik/weniger-mutter-bekommen-mehr-kinder-3766387.html, erschienen 17. 10. 16, abgerufen 3. 1. 23

27 Statistisches Bundesamt, Altersstruktur der Wahlberechtigten bei den Bundestagswahlen 2013, 2017 und 2021, Website: https://de.statista.com/statistik/daten/studie/1498/umfrage/altersstruktur-der-wahlberechtigten-bundestagswahl/, abgerufen 6. 1. 23

28 Grossarth, Jan, Harter Aufstieg, FAZ.net: https://www.faz.net/aktuell/wirtschaft/arm-und-reich/die-junge-generation-tut-sich-im-vermoegensaufbau-schwer-14144911-p3.html, erschienen 28. 3. 16, abgerufen 2. 1. 23

29 Roubini, Nouriel, Megathreats, Ariston Verlag, München, S. 68/69

30 Ebd.

31 Ebd.

32   Fennert, Dana, Eltern unter Druck, Konrad-Adenauer-Stiftung, Website: https://www.kas.de/de/statische-inhalte-detail/-/content/eltern-unter-druck-v1, erschienen 2008, abgerufen 2. 1. 23

33   Deutsches Institut für Wirtschaftsforschung Berlin, Forschungsprojekt: Großeltern bleiben trotz Kita-Ausbaus wichtig für Kinderbetreuung, Website: https://bit.ly/3NjgUJo, abgerufen 4. 4. 23, erschienen 27. 6. 22

34   Knobloch, Marlene, Nicht in diese Welt. In: SZ, Ausgabe vom 4. 1. 23, S. 3

35   Rühle, Alex, Mehret euch nicht!, SZ.de: https://www.sueddeutsche.de/kultur/ueberbevoelkerung-mehret-euch-nicht-1.4030753, erschienen 4. 7. 18, abgerufen 12. 2. 23

36   Knobloch, Marlene, Nicht in diese Welt. In: SZ, Ausgabe vom 4. 1. 23, S. 3

37   Fennert, Dana, Eltern unter Druck, Konrad-Adenauer-Stiftung, Website: https://www.kas.de/de/statische-inhalte-detail/-/content/eltern-unter-druck-v1, abgerufen 2. 1. 23

38   Steinmeier will Pflichtdienst für junge Menschen, Spiegel Online: https://www.spiegel.de/politik/deutschland/steinmeier-will-pflichtdienst-fuer-junge-menschen-a-2b694cbc-b6da-4e40-bf45-b272489a43df, erschienen 12. 6. 22, abgerufen 18. 4. 23

39   Siems, Dorothea, Rente, Schulden, Klimawandel – Zwischen den Generationen knirscht es gewaltig, Welt Online: https://www.welt.de/wirtschaft/article238528945/Babyboomer-und-Millennials-Zwischen-den-Generationen-knirscht-es-gewaltig.html, erschienen 4. 5. 22, abgerufen 6. 1. 23 sowie St. Gallen Symposium, Passing on the Baton?, Studie online: https://symposium.org/wp-content/uploads/2022/05/VoLoT-Report-2022.pdf, abgerufen 6. 1. 23

40   Bundesministerium für Umwelt, Naturschutz, nukleare Sicherheit und Verbraucherschutz, Generationengerechtigkeit – Das Recht auf Zukunft, Website: https://www.bmuv.de/jugend/wissen/details/generationengerechtigkeit-das-recht-auf-zukunft, erschienen 19. 7. 21, abgerufen 6. 1. 23

41   Ältere Menschen sind heutzutage die schlimmsten CO_2-Sünder, Deutschlandfunk Nova Online: https://www.deutschlandfunknova.de/nachrichten/klimawandel-boomer-sind-co2-suender, erschienen 28. 3. 22, abgerufen 8. 1. 23 sowie Studie: Zheng, Heran et al., Ageing society in developed countries challenges carbon mitigation, Nature Climate Change 12, 241–248, 2022, Website: https://www.nature.com/articles/s41558-022-01302-y, abgerufen 8. 1. 23

42   ADAC, Elektroautos mit viel Platz: In diese Modelle passt die ganze Familie, Website: https://www.adac.de/rund-ums-fahrzeug/elektromobilitaet/kaufen/elektro-familienautos/, erschienen 5. 12. 22, abgerufen 6. 1. 23

43   Siems, Dorothea, Rente, Schulden, Klimawandel – Zwischen den Generationen knirscht es gewaltig, Welt Online: https://www.welt.de/wirtschaft/

article238528945/Babyboomer-und-Millennials-Zwischen-den-Generationen-knirscht-es-gewaltig.html, erschienen 4. 5. 22, abgerufen 6. 1. 23

44 Beyer, Susanne, Wir Boomer haben viel falsch gemacht, Spiegel Online: https://www.spiegel.de/politik/deutschland/wir-boomer-haben-viel-falsch-gemacht-a-8840e16b-e876–4677–9fa6–1ef75a490045, erschienen 30. 8. 22, abgerufen 6. 1. 23

45 Hans Böckler Stiftung, Arbeitsbedingungen in der Pflege, Website: https://www.boeckler.de/de/auf-einen-blick-17945-zahlen-und-studien-zum-pflegenotstand-und-wege-hinaus-17962.htm, erschienen 1. 10. 22, abgerufen 6. 1. 23

46 Beyer, Susanne, Wir Boomer haben viel falsch gemacht, Spiegel Online: https://www.spiegel.de/politik/deutschland/wir-boomer-haben-viel-falsch-gemacht-a-8840e16b-e876–4677–9fa6–1ef75a490045, erschienen 30. 8. 22, abgerufen 6. 1. 23

47 Heise, Katrin, Wie schaffen wir mehr Generationengerechtigkeit? Deutschlandfunk Kultur Online: https://www.deutschlandfunkkultur.de/balance-zwischen-alt-und-jung-wie-schaffen-wir-mehr-100.html, erschienen 12. 6. 21, abgerufen 6. 1. 23

48 Ebd.

49 Ebd.

50 Für Berufsinteressentinnen gibt es dagegen noch Änderungsbedarf: Erzieherinnen in Ausbildung bekommen in der Regel kein Gehalt, müssen oft gar für ihre Ausbildung bezahlen: »Ein Relikt aus Nachkriegszeiten, als Eltern ›höherer Töchter‹ die Kindergärtnerinnen-Lehre als Vorbereitung auf die Hausfrauenrolle betrachteten, in die sie gern investierten.« Parnack, Charlotte; Widmann, Marc, Was kostet uns der Fachkräftemangel in den Kitas? In: Zeit, Ausgabe 10/2023, S. 19

51 Frese, Alfons, Mehr Geld für Erzieherinnen und Sozialarbeiter: Gehaltserhöhung kommt später, Tagesspiegel Online: https://www.tagesspiegel.de/wirtschaft/gehaltserhohung-kommt-spater-5430139.html, 10. 6. 22, abgerufen 2. 1. 23

52 Bertelsmann Stiftung, 2023 fehlen in Deutschland rund 384 000 Kita-Plätze, Website: https://www.bertelsmann-stiftung.de/de/themen/aktuelle-meldungen/2022/oktober/2023-fehlen-in-deutschland-rund-384000-kita-plaetze, erschienen 20. 10. 22, abgerufen 2. 2. 23

53 Zwei Drittel der Kosten für Kinderbetreuung können pro Jahr als Sonderausgaben in der Steuererklärung angegeben werden, wobei 4000 Euro pro Kind nicht überschritten werden dürfen. Stiftung Warentest, So machen Sie steuerlich alles richtig, Website: https://www.test.de/Kinderbetreuung-und-Steuern-So-machen-Sie-steuerlich-alles-richtig-5516537–0/, erschienen 2. 5. 22, abgerufen 8. 1. 23

54   Czycholl, Harald, Wenn das Au-pair graue Haare hat, Welt Online:
      https://www.welt.de/finanzen/verbraucher/article147177677/Wenn-das-
      Au-pair-graue-Haare-hat.html, erschienen 4.10.15, abgerufen 2.2.23

55   Deutsche Rentenversicherung, Pressemeldung »Änderungen in der
      Rentenversicherung ab 1. Januar«, Website: https://www.deutsche-rentenver-
      sicherung.de/DRV/DE/Ueber-uns-und-Presse/Presse/Meldun-
      gen/2022/221221_aenderungen_rv_ab_januar_2023.html, erschienen
      21.12.22, abgerufen 8.1.23

56   Pausder, Verena; Cramer, Lea-Sophie, Podcast »Fast & Curious«, Ausgabe
      vom 1.9.22

57   Ebd.

6. »Toll, wie du das alles schaffst!«

1   Instagram-Account »The School of Life«, abgerufen am 12.12.22

2   Pennekamp, Johannes, »Ära schrumpfenden Wohlstandes«, FAZ.net:
      https://zeitung.faz.net/faz/wirtschaft/2023-01-23/aera-schrumpfen-
      den-wohlstandes/852417.html, erschienen 23.1.23, abgerufen 23.1.23

3   Auch »eine Reform des Ehegattensplittings, die eine Arbeitsaufnahme für
      beide Ehepartner finanziell attraktiv macht, würde die Fehlanreize
      verringern«, so KfW-Chefvolkswirtin Fritzi Köhler-Geib. Dafür müsse
      vor allem auch die »kostenlose und kostengünstige professionelle Kinder-
      betreuung und Pflege« ausgeweitet werden sowie eine verpflichtende
      frühkindliche Bildung. In: Pennekamp, Johannes, »Ära schrumpfenden
      Wohlstandes«, FAZ.net: https://zeitung.faz.net/faz/wirtschaft/2023-01-23/
      aera-schrumpfenden-wohlstandes/852417.html, erschienen 23.1.23,
      abgerufen 23.1.23

4   Walper, Sabine: Eltern und Schule – Chancen der Zusammenarbeit besser
      nutzen! In: Die deutsche Schule 113 (2021) 3, S. 336–347. Online:
      https://www.pedocs.de/volltexte/2021/23443/pdf/DDS_2021_3_Walper_
      Eltern_und_Schule.pdf, erschienen 2021, abgerufen 23.1.23

5   Statistisches Bundesamt, Alleinerziehende in Deutschland nach Geschlecht
      bis 2021, Website: https://de.statista.com/statistik/daten/studie/318160/
      umfrage/alleinerziehende-in-deutschland-nach-geschlecht/, erschienen
      25.8.22, abgerufen 11.1.23

6   Bundesministerium für Familie, Senioren, Frauen und Jugend, Allein-
      und Getrennterziehende fördern und unterstützen, Website:
      https://www.bmfsfj.de/bmfsfj/themen/familie/chancen-und-teilhabe-fuer-
      familien/alleinerziehende, erschienen 1.1.23, abgerufen 15.1.23

7   Nur eine leichte, tendenzielle Zunahme von alleinerziehenden Vätern ist in
      der Statistik zu erkennen. Statistisches Bundesamt, Alleinerziehende in

Deutschland nach Geschlecht bis 2021, Website: https://de.statista.com/statistik/daten/studie/318160/umfrage/alleinerziehende-in-deutschland-nach-geschlecht/, erschienen 25.8.22, abgerufen 11.1.23

8   Nestmodell: Nicht das Kind zieht regelmäßig um, sondern die Eltern. Wechselmodell: Die Eltern teilen sich die Betreuung gleichberechtigt auf, das Kind pendelt. Residenzmodell: Das Kind lebt hauptsächlich bei einem Elternteil. Kanzlei Martina Mainz-Kwasniok, Erstberatung Familienrecht, Website: https://www.erstberatung-familienrecht.de/residenzmodell, abgerufen 23.1.23

9   Janisch, Wolfgang, So funktioniert Teamwork nach der Trennung, SZ.de: https://www.sueddeutsche.de/panorama/trennung-scheidung-eltern-kinder-wechselmodell-1.5734659, erschienen 19.1.23, abgerufen 23.1.23 sowie Studie: Steinbach, Anja et al., »Familienmodelle in Deutschland« (FAMOD), FamRZ, S. 1827–1837, 2022

10 Eine Mutter klagt an:»Warum dürfen Väter sich einfach aus der Verantwortung stehlen!?«, Brigitte Online: https://www.brigitte.de/aktuell/stimmen/alleinerziehende-mutter-klagt-an---warum-duerfen-vaeter-sich-aus-der-verantwortung-ziehen----10888508.html, erschienen 19.1.17, abgerufen 14.1.23

11 Alleinerziehend in Deutschland:»Immer noch eine relativ unfaire Angelegenheit!« ARD Mediathek: https://bit.ly/40D3tqE, erschienen 20.10.22, abgerufen 11.1.23

12 Deutsches Jugendinstitut, Wenn unterhaltpflichtige Elternteile nicht zahlen, Pressemitteilung, Website: https://www.dji.de/veroeffentlichungen/pressemitteilungen/detailansicht/article/867-wenn-unterhaltspflichtige-elternteile-nicht-zahlen.html, erschienen 9.6.21, abgerufen 18.4.23

13 Ebd.

14 Plattform Solomütter – Das digitale Zuhause für Single Moms, Website: https://solomuetter.de/, abgerufen 14.1.23

15 Alleinerziehend in Deutschland:»Immer noch eine relativ unfaire Angelegenheit!«, ARD Mediathek: https://bit.ly/3oxYGcx, erschienen 20.10.22, abgerufen 11.1.23

16 Statistisches Bundesamt, Pressemitteilung Nr. N012 vom 7. März 2022, Website: https://www.destatis.de/DE/Presse/Pressemitteilungen/2022/03/PD22_N012_12.html, abgerufen 17.2.23

17 Alleinerziehend in Deutschland:»Immer noch eine relativ unfaire Angelegenheit!«, ARD Mediathek: https://bit.ly/3oxYGcx, erschienen 20.10.22, abgerufen 11.1.23

18 Trotz Arbeit abgehängt: Armutsrisiko von Alleinerziehenden verharrt auf hohem Niveau, Bertelsmann Stiftung, Website: https://bit.ly/3Lpntse, erschienen 15.7.21, abgerufen 18.4.23

19 Ebd.

20 Eine Mutter klagt an: »Warum dürfen Väter sich einfach aus der Verantwortung stehlen!?«, Brigitte Online: https://www.brigitte.de/aktuell/stimmen/alleinerziehende-mutter-klagt-an---warum-duerfen-vaeter-sich-aus-der-verantwortung-ziehen----10888508.html, erschienen 19. 1. 17, abgerufen 14. 1. 23

21 Durch die Kindergrundsicherung sollen Sozialleistungen für Familien gebündelt und jedes Kind von Geburt an einen bestimmten Betrag zugewiesen bekommen. Bundesministerium für Familie, Senioren, Frauen und Jugend, Lisa Paus: »Kindergrundsicherung soll alle Familienkonstellationen erreichen«, Website: https://www.bmfsfj.de/bmfsfj/aktuelles/reden-und-interviews/lisa-paus-kindergrundsicherung-soll-alle-familienkonstellationen-erreichen--214628, erschienen 30. 1. 23, abgerufen 18. 4. 23

22 Gelinsky, Katja, Tempo bei Kindergrundsicherung, FAZ.net: https://zeitung.faz.net/faz/wirtschaft/2023–01–13/tempo-bei-kindergrundsicherung/848775.html, erschienen 13. 1. 23, abgerufen 14. 1. 23

23 Ebd.

24 Anger, Heike, Familienministerin Paus will für ihr Milliardenvorhaben Kinderfreibeträge absenken, Handelsblatt Online: https://www.handelsblatt.com/politik/deutschland/kindergrundsicherung-familienministerin-paus-will-fuer-ihr-milliardenvorhaben-kinderfreibetraege-absenken/29048096.html, erschienen 20. 3. 23, abgerufen 6. 4. 23

25 In gleichgeschlechtlichen Partnerschaften besteht laut Wissenschaft »ein hohes Maß an Egalität in der Arbeitsteilung«. In: Buschner, Andrea, Die Arbeitsteilung gleichgeschlechtlicher Paare in Deutschland, Universität Bamberg, Website: https://core.ac.uk/download/pdf/144489849.pdf, abgerufen 6. 4. 23

26 Stilwell, Victoria; Ito, Aki, Your Sex Drive Is Making the Income Gap Worse, Bloomberg, Website: https://www.bloomberg.com/news/articles/2016–04–07/your-sex-drive-is-making-the-income-gap-worse#xj4y-7vzkg, erschienen 7. 4. 16, abgerufen 11. 1. 23

27 Schutzbach, Franziska, Die Erschöpfung der Frauen, Droemer München, 2021, S. 242

28 Ebd.

29 Interview Deutschlandfunk, Instagram-Beitrag, 7. 12. 22

30 Moorstedt, Tobias, Da geht noch was, Zeit Online: https://www.zeit.de/zeit-magazin/leben/2022–04/vaterrolle-kindererziehung-gleichberechtigung-familie, erschienen 4. 5. 22, abgerufen 14. 1. 23

31 Ebd.

32   Haus der Geschichte, Plakat Schlüsselkinder, Website: https://www.hdg.de/lemo/bestand/objekt/plakat-schluesselkinder.html, abgerufen 15.1.23

33   Lübke, Karina, Mütter gegen Mütter: Die Kinder-Kriegerinnen, SZ Magazin Online: https://sz-magazin.sueddeutsche.de/frauen/die-kinder-kriegerinnen-74578, erschienen 2.8.2007, abgerufen 13.1.23

34   Ebd.

35   Ebd.

36   Bujard, Martin, Wie passt das zusammen? Familienleitbilder junger Menschen und Parteipositionen zur Familienpolitik. In: Zeitschrift aus Politik und Zeitgeschichte (APuZ), Website: https://www.bpb.de/shop/zeitschriften/apuz/252651/wie-passt-das-zusammen-familienleitbilder-junger-menschen-und-parteipositionen-zur-familienpolitik/?p=all, erschienen 21.7.17, abgerufen 14.1.23

37   Ebd.

38   Ebd.

39   Bigalke, Katja, »Das wird immer so toll dargestellt«, Deutschlandfunk Kultur Online, Website: https://www.deutschlandfunkkultur.de/das-rollenbild-der-mutter-das-wird-immer-so-toll-dargestellt-100.html, erschienen 20.12.2018, abgerufen 11.1.23

7. »Das könnte ich nicht!«

1   Alle sind behindert, wir wissen es wenigstens, Website Dr. Wolfgang Schäuble: https://www.wolfgang-schaeuble.de/alle-sind-behindert-wir-wissen-es-wenigstens/, abgerufen 28.2.23

2   Interview der Autorin mit einer Mutter eines Kindes mit Behinderung, auf Wunsch anonymisiert, 2020

3   Interview von Andrew Bannon mit Jens Corssen, 2020

4   In der Behindertenrechtskonvention der Vereinten Nationen, die 2009 vom Bundestag ratifiziert wurde, geht es nicht mehr um die Integration von »Ausgegrenzten«, sondern darum, von vornherein allen Menschen die uneingeschränkte Teilnahme an allen Aktivitäten möglich zu machen – es geht um Inklusion. UN-Behindertenrechtskonvention, Website: https://www.behindertenrechtskonvention.info/inklusion-3693/, abgerufen 22.1.23

5   Meine persönliche Übersetzung des Fachjargons: Die »Entwicklungsverzögerung« ist der Verdacht auf eine Behinderung, die »Entwicklungsstörung« ist eine.

6   Zwei Prozent aller Kinder weltweit kommen mit geistigen Behinderungen zur Welt, insgesamt vier Prozent werden mit genetischen Erkrankungen

geboren. In: Blech, Jörg; Koch, Julia, »Wir filtern betroffene Babys zielsicher heraus«, Spiegel Online: https://www.spiegel.de/spiegel/genfehler-bei-ba-bys-wir-filtern-betroffene-zielsicher-heraus-a-1122266.html, erschienen 22.11.16, abgerufen 18.1.23

7   Williams, Zoe, Big Magic: Creative Living Beyond Fear by Elizabeth Gilbert review – lessons in life from the Eat, Pray, Love author, The Guardian, Website: https://www.theguardian.com/books/2015/oct/21/big-magic-creative-living-elizabeth-gilbert-review, erschienen 21. Oktober 2015, abgerufen 21.1.23

8   Interview mit Jens Corssen, 2020

9   Interview mit Jens Corssen, 2020

10   Schmid, Birgit, Die Mondlandung aus Sicht der Frauen, NZZ Online: https://www.nzz.ch/wochenende/schwerpunkt/die-mondlandung-aus-sicht-der-frauen-der-astronauten-ld.1491146, erschienen 12.7.2019, abgerufen 18.11.20

11   Solomon, Andrew, Weit vom Stamm – Wenn Kinder ganz anders als ihre Eltern sind, Kapitel »I. Sohn«, S. Fischer Verlag, Frankfurt am Main, 2013, S. 4

12   Blech, Jörg; Koch, Julia, »Wir filtern betroffene Babys zielsicher heraus«, Spiegel Online: https://www.spiegel.de/spiegel/genfehler-bei-babys-wir-filtern-betroffene-zielsicher-heraus-a-1122266.html, erschienen 22.11.16, abgerufen 18.1.23

13   Ebd.

14   Ebd.

15   Harmony Prenatal Test, Cenata GmbH, Website: https://www.cenata.de/der-harmony-test/, abgerufen 8.2.23

16   Interview der Autorin mit einer Mutter eines Kindes mit Behinderung, auf Wunsch anonymisiert, 2022

17   Welches Kind soll leben?, WDR Doku, ARD Mediathek: https://bit.ly/3BcAuiU, abgerufen 17.1.23

18   Interview mit Ulrike Geppert-Orthofer am 17.1.23

19   »Wir sind nicht die Ethik-Polizei«, Alena Buyx im Interview, SZ.de: https://www.sueddeutsche.de/wissen/deutscher-ethikrat-alena-buyx-corona-virus-1.4955993, erschienen 4.7.20, abgerufen 17.2.23

20   Ab der 22. Schwangerschaftswoche werden Abtreibungen Fetozid genannt, da die ungeborenen Kinder theoretisch überlebensfähig wären. Schläfer, Eva, Zum Wohle der Mutter?, FAZ.net: https://www.faz.net/aktuell/gesellschaft/menschen/spaetabtreibung-wer-ueber-den-ablauf-der-geburt-bei-einem-fetozid-entscheidet-18786950.html, erschienen 18.4.23, abgerufen 20.4.23

21   Spätinterruptio und Fetozid – das Kieler Modell: Juristische und gynäkologische Überlegungen, Ärzteblatt Online: https://www.aerzteblatt.de/

archiv/45055/Spaetinterruptio-und-Fetozid-das-Kieler-Modell-Juristi-
sche-und-gynaekologische-Ueberlegungen, abgerufen 17. 1. 23

22   Schläfer, Eva, Zum Wohle der Mutter?, FAZ.net: https://www.faz.net/aktuell/
gesellschaft/menschen/spaetabtreibung-wer-ueber-den-ablauf-der-geburt-
bei-einem-fetozid-entscheidet-18786950.html, erschienen 18. 4. 23,
abgerufen 20. 4. 23

23   Interview der Autorin mit einer Mutter, auf Wunsch anonymisiert, 2020

24   Ebd.

25   Ebd.

26   Interview der Autorin mit einer Mutter, auf Wunsch anonymisiert, 2023

27   »Die Inklusion kann verkürzt als die konsequente Weiterführung der
Integration betrachtet werden, die Begriffe bedeuten aber nicht dasselbe.
Der Unterschied liegt hauptsächlich darin, dass Integration das Hineinneh-
men eines Menschen (z. B. Schüler mit einer Behinderung) in ein bereits
existierendes System (z. B. Schule) beschreibt, die Schule ändert sich dabei
nicht substanziell, sondern der integrierte Schüler muss sich anpassen. Die
Inklusion hingegen will von Anfang an ein gemeinsames System für alle
Menschen, ohne dass jemand ausgegrenzt oder stigmatisiert wird.«
Sozialverband VdK Bayern e. V., Website: https://www.vdk.de/bayern/
pages/26741/inklusion_und_integration?dscc=ok, abgerufen am 25. 2. 23

28   Interview von Andrew Bannon mit Jens Corssen, 2020

29   Instagram-Account von Sarah Eilert, abgerufen 17. 1. 23

30   Schwangerschaft: Das Wichtigste vor der Geburt, WDR-Magazin Quarks,
online unter: https://www.youtube.com/watch?v=tcxEgYa-q6E, abgerufen
9. 12. 20

31   Vorsamer, Barbara, »Alles meine Schuld?«, SZ.de: https://www.sueddeut-
sche.de/leben/psychische-erkrankungen-kinder-familie-erzie-
hung-1.5278788?utm_content=kinderpsyche_1.5278788&utm_medium=
organic_content&deeplink=false&utm_source=instagram&utm_campaign=
op_social, erstmals erschienen 29. 4. 21, abgerufen 16. 12. 22

32   Mutter tötet behinderten Sohn und sich selbst, RedaktionsNetzwerk
Deutschland, RND Online: https://www.rnd.de/panorama/mutter-
totet-behinderten-sohn-und-sich-selbst-NGN4RB3YKHCQXY3TR6
GSOGZPHE.html, erschienen 13. 11. 19, abgerufen 2. 2. 23

33   Entrich, Steve R., Internationale Entwicklungen und Trends inklusiver
Schulbildung: Modelle inklusiver Schulsysteme im internationalen
Vergleich, Universität Potsdam, 2020, online unter:
 https://www.researchgate.net/publication/343416713_Internationale_
Entwicklungen_und_Trends_inklusiver_Schulbildung_Modelle_inklusiver_
Schulsysteme_im_internationalen_Vergleich, abgerufen 25. 2. 23

8. »Aus der Nummer kommst du nicht raus!«

1   Podcast Katrin Förster, Website: https://katrinfoerster.com/podcast/, abgerufen 28. 2. 23

2   Galloway, Scott, Adrift: America in 100 Charts, Penguin 2022, S. 223

3   Linnartz, Mareen, Erziehung made in Germany, SZ.de: https://www.sueddeutsche.de/leben/familie-erziehung-made-in-germany-1.3819670, erschienen 10. 1. 18, abgerufen 5. 2. 23

4   Definition Hilfe, Duden Online, Website: https://www.duden.de/rechtschreibung/Hilfe, abgerufen 27. 1. 23

5   Definition Hilfe, Digitales Wörterbuch der deutschen Sprache (DWDS), Website: https://www.dwds.de/wb/Hilfe, abgerufen 27. 1. 23

6   Asklepios Kliniken, Warum Altruismus glücklich macht, Website: https://gesundleben.asklepios.com/gesund-leben/koerper-und-geist/bedingungslos-helfen/, abgerufen 5. 2. 23

7   Ebd.

8   Buchentdeckungen der Woche, Die gekränkte Gesellschaft von Barbara Strohschein, Zeit Online: https://www.zeit.de/angebote/buchtipp/strohschein/index?utm_referrer=https%3A%2F%2Fwww.google.com%2F, abgerufen 5. 2. 23

9   Ebd.

10 Longman, Phillip, Väter an die Macht, Cicero Online: https://www.cicero.de/innenpolitik/vater-die-macht/37407, abgerufen 5. 2. 23

9. »Ihr müsst euch halt wehren!«

1   Facebook-Account von SWR Kultur, Beitrag vom 27. 1. 23

2   Schröder bereut Formulierung vom »Gedöns«, Welt Online: https://www.welt.de/politik/deutschland/article112715917/Schroeder-bereut-Formulierung-vom-Gedoens.html, 12. 1. 13, abgerufen 30. 1. 23

3   Bahle, Thomas, Familienpolitik in den EU-Staaten: Unterschiede und Gemeinsamkeiten, Bundeszentrale für politische Bildung, Website: https://www.bpb.de/themen/familie/familienpolitik/246763/familienpolitik-in-den-eu-staaten-unterschiede-und-gemeinsamkeiten/, abgerufen 17. 2. 23

4   Ebd.

5   Ebd.

6   Mehr als jedes fünfte Kind in Deutschland von Armut bedroht, Spiegel Online: https://www.spiegel.de/wirtschaft/kinderarmut-mehr-als-jedes-fuenfte-kind-in-deutschland-bedroht-a-f0009da8-0e4c-431f-983a-0b3715c63e6a, erschienen 26. 1. 23, abgerufen 17. 2. 23

7   Moorstedt, Tobias, Da geht noch was, Zeit Magazin Online:
     https://www.zeit.de/zeit-magazin/leben/2022–04/vaterrolle-kindererziehung-
     gleichberechtigung-familie, erschienen 4.5.22, abgerufen 30.1.23

8   Gíslason, Ingólvur V., Vaterschaftsurlaub und der Anteil von Vätern an der
     Elternzeit in Island, Friedrich-Ebert-Stiftung, 2012, online unter:
     https://library.fes.de/pdf-files/id/09458.pdf, abgerufen 2.3.23 und Eydal,
     Gudný B.; Gislason, Ingólfur V. (2013): Iceland country note. In:
     P. Moss (Hg.): International Review of Leave Policies and Research, 2013,
     S. 36: https://www.leavenetwork.org/fileadmin/user_upload/k_leavenetwork/
     annual_reviews/2013_annual_review.pdf

9   Gelinsky, Katja, Krise stoppt Vaterschaftsurlaub, FAZ.net:
     https://www.faz.net/aktuell/karriere-hochschule/buero-co/vaterschafts-
     urlaub-familienministerin-legt-wegen-krise-plaene-auf-eis-18475125.html,
     erschienen 22.11.22, abgerufen 4.3.23

10   Wie dramatisch die Kita-Lage in anderen Ländern ist, SZ.de:
     https://www.sueddeutsche.de/wirtschaft/kita-international-vergleich-
     1.5799379, erschienen 16.4.23, abgerufen 16.4.23

11   Wie dramatisch die Kita-Lage in anderen Ländern ist, SZ.de:
     https://www.sueddeutsche.de/wirtschaft/kita-international-vergleich-
     1.5799379, erschienen 16.4.23, abgerufen 16.4.23

12   Bahle, Thomas, Familienpolitik in den EU-Staaten: Unterschiede und
     Gemeinsamkeiten, Bundeszentrale für politische Bildung, Website:
     https://www.bpb.de/themen/familie/familienpolitik/246763/familienpolitik-
     in-den-eu-staaten-unterschiede-und-gemeinsamkeiten/, abgerufen 17.2.23

13   Wie dramatisch die Kita-Lage in anderen Ländern ist, SZ.de:
     https://www.sueddeutsche.de/wirtschaft/kita-international-vergleich-
     1.5799379, erschienen 16.4.23, abgerufen 16.4.23

14   Government of Canada, EI maternity and parental benefits, Website:
     https://www.canada.ca/en/services/benefits/ei/ei-maternity-parental.html,
     abgerufen 1.3.23

15   Hoock, Silke, Finnans weiter Weg zum Glück, Spiegel Online:
     https://www.spiegel.de/lebenundlernen/schule/inklusion-in-kanada-wie-
     laeuft-es-in-den-schulen-a-1204286.html, erschienen 1.5.18, abgerufen
     2.2.23

16   Stelter, Daniel, Die Wirtschaft darf die Schule nicht den Ideologen
     überlassen, Handelsblatt Online: https://www.handelsblatt.com/meinung/
     homo-oeconomicus/gastkommentar-beyond-the-obvious-die-wirt-
     schaft-darf-die-schule-nicht-den-ideologen-ueberlassen/28919448.html,
     erschienen 15.1.23, abgerufen 17.2.23

17   Der damalige US-Präsident Franklin D. Roosevelt initiierte aufgrund der
     schlechten wirtschaftlichen Lage seines Landes Anfang der 1930er-Jahre

verschiedene Programme zur Absicherung und Beschäftigung von Millionen von US-Amerikanerinnen, den sogenannten New Deal. Die Programme wurden auch zum Fundament der Politik nachfolgender Regierungen und haben bis heute Auswirkungen. Bibliothek des US-amerikanischen Kongresses, Website: https://bit.ly/41dAjhS

18   Interview mit Ricarda Engelmeier am 17. 2. 23 und Website MyCollective: https://www.mycollective.io/, abgerufen 28. 2. 23

19   Hütten, Felix, Seufzen ist der Stuhlgang der Seele, SZ.de: https://www.sueddeutsche.de/gesundheit/physiologie-seufzen-ist-der-stuhlgang-der-seele-1.2887589, erschienen 3. 3. 16, abgerufen 11. 2. 23

20   Keller, Heidi, Mythos Bindungstheorie, verlag das netz, 2019 und: https://www.dw.com/de/nicht-nur-die-mutter-ist-eine-wichtige-bindungs-person/a-61664688, erschienen 7. 5. 22, abgerufen 12. 2. 23

21   Spieß, Erika, Frau und Beruf, Campus Verlag, S. 10: https://core.ac.uk/download/pdf/12163963.pdf, abgerufen 12. 2. 23

22   Großekathöfer, Maik; Thimm, Katja, Erst haben die Mütter uns gerettet – jetzt sind viele am Ende, Spiegel Online: https://www.spiegel.de/panorama/gesellschaft/corona-pandemie-muetter-gebeutelte-heldinnen-der-krise-a-a49c4e8a-deda-43bc-ad41–759537b7fe36, erschienen 6. 3. 22, abgerufen 20. 2. 23

23   Krise stoppt »Vaterschaftsurlaub«, FAZ.net: https://zeitung.faz.net/faz/wirtschaft/2022–11–21/krise-stoppt-vaterschaftsurlaub/828939.html, erschienen 21. 11. 22, abgerufen 4. 2. 23

24   »Die großzügigste Väterregelung in der EU gibt es in Luxemburg, gefolgt von Spanien und Island. In Luxemburg haben Väter nach der OECD-Studie Anspruch auf das Äquivalent von 19 voll bezahlten Arbeitswochen, in Deutschland sind es 5,7 Wochen.« Ebd.

25   Interview mit Katharina Herrmann am 14. 2. 23

26   Ebd.

27   Stark Urrestarazu, Ursula: Unsichere Eltern, unsichere Kinder, in: Forschung Frankfurt, Das Wissenschaftsmagazin der Goethe Universität, Frankfurt am Main, 2018, S. 102–107: https://www.forschung-frankfurt.uni-frankfurt.de/75243486.pdf, abgerufen 17. 7. 22

28   Interview mit Ricarda Engelmeier am 17. 2. 23

29   Ebd.

30   Ebd.

31   Offener Brief an Peter Adrian von der Kooperation der Kita-Fachkräftever-bände in Deutschland, Verband Kitafachkräfte Bayern, Website: https://verband-kitafachkraefte-bayern.de/clubdesk/fileservlet?id=1000565, veröffentlicht 13. 2. 23, abgerufen 17. 2. 23

32   Interview mit Katharina Herrmann am 14. 2. 23

33 Peters, Freia, »In Kitas erleben Kinder unterschiedliche Formen von Alltagsgewalt«, Welt Online: https://bit.ly/3kSQnpU, erschienen 24. 1. 23, abgerufen 2. 2. 23

34 Ebd.

35 Haug, Kristin, Hälfte der Schulen hat kein WLAN für die Schülerinnen und Schüler, Spiegel Online: https://bit.ly/3lo0m6R, erschienen 1. 6. 21, abgerufen 13. 2. 23

36 Lehrerin aus Leipzig: Schulen in Sachsen durchlaufen digitale Pubertät, MDR Online: https://www.mdr.de/nachrichten/sachsen/leipzig/leipzig-leipzig-land/digitalisierung-schulen-gymnasium-oberschule-bad-lausick-100.html, erschienen 14. 1. 23, abgerufen 12. 2. 23

37 Becker, Lisa, Eine KI-Lehrkraft für jeden Schüler, FAZ.net: https://zeitung.faz.net/faz/wirtschaft/2023–02–15/eine-ki-lehrkraft-fuer-jeden-schueler/861383.html, erschienen 15. 2. 23, abgerufen 17. 2. 23

38 Ebd.

39 Lott, Yvonne, Der Gender Digital Gap in Transformation?, Wirtschafts- und Sozialwissenschaftliches Institut der Hans-Böckler-Stiftung, Report 81, 2023: https://www.wsi.de/fpdf/HBS-008549/p_wsi_report_81_2023.pdf, abgerufen 21. 4. 23

40 Jagasia, Ben, Die Grauenpower. In: Die Zeit, Ausgabe 07/2023, S. 11

41 Stadler, Rainer, Unterlassene Hilfeleistung, SZ.de: https://www.sueddeutsche.de/politik/krankenkassen-behinderte-kinder-hilfsmittel-1.5295272, erschienen 16. 5. 21, abgerufen 20. 4. 23

42 Hinterberger, Markus, Baukindergeld kehrt zurück – Jährlich 350 Millionen Euro für Familie, Handelsblatt Online, https://www.handelsblatt.com/finanzen/immobilien/neubaufoerderung-baukindergeld-kehrt-zu-rueck-jaehrlich-350-millionen-euro-fuer-familien/28924306.html, erschienen 15. 1. 23, abgerufen 17. 2. 23

43 Schmoll, Heike, Probleme mit dem Prestigeobjekt der Ampel, FAZ.net: https://zeitung.faz.net/faz/politik/2023–02–27/streit-um-die-kindergrundsicherung/865827.html, erschienen 27. 2. 23, abgerufen 27. 2. 23

44 Im Jahr 2022 erreichen die Steuereinnahmen des deutschen Staates ein »Rekordhoch«, allein für den Januar galt: »Die Höhe der gesamtstaatlichen Steuereinnahmen wurde in dem Bericht für Januar mit 57,6 Milliarden Euro angegeben, 10,7 Milliarden Euro mehr als ein Jahr zuvor.« Für Januar 2023 lagen die Steuereinnahmen immerhin noch um 0,8 Prozent über dem Ergebnis vom Januar 2022. Bundesministerium der Finanzen, Monatsbericht, Website: https://www.bundesfinanzministerium.de/Monatsberichte/2023/02/Inhalte/Kapitel-4-Wirtschafts-und-Finanzlage/4–2-steuereinnahmen-januar-2023.html, abgerufen 7. 4. 23 und Rekord bei Steuereinnahmen, Focus Online: https://www.focus.de/finanzen/news/57–6-milliarden-euro-im-

januar-2022-rekord-bei-steuereinnahmen-doch-das-passt-finanzminis-
ter-lindner-gar-nicht_id_56659940.html, erschienen 20. 2. 22, abgerufen
7. 4. 23

45 Deutsche Industrie- und Handelskammer (DIHK), Trotz schwieriger
Wirtschaftslage: Fachkräfteengpässe nehmen zu, Website: https://www.dihk.
de/de/themen-und-positionen/fachkraefte/beschaeftigung/trotz-schwieriger-
wirtschaftslage-fachkraefteengpaesse-nehmen-zu-89118, erschienen 12. 1. 23,
abgerufen 18. 2. 23

46 1,7 Millionen offene Stellen: Die Bundesregierung will Einwanderung für
Fachkräfte erleichtern, Handelsblatt Online, https://bit.ly/3RZTmJS,
erschienen 20. 7. 22, abgerufen 12. 2. 23

47 Michelsen, Claus, Gleicher Lohn für gleiche Arbeit, Tagesspiegel Online:
https://background.tagesspiegel.de/gesundheit/gleicher-lohn-fuer-gleiche-
arbeit, erschienen 7. 10. 22, abgerufen 18. 10. 22

48 Die Stimmung der Wirtschaft sei zwar positiv, aber die harten Fakten wären
es nicht: Im Baugewerbe, der Fertigung, im Einzelhandel sinken die Umsätze,
schreibt Handelsblatt-Journalist Axel Schrinner und spricht von einer
»fragilen Konjunktur«. Schrinner, Axel, Wo bleibt das Wachstum?,
Handelsblatt, Ausgabe vom 20. 2. 23, S. 12

Franziska Schutzbach

Die Erschöpfung der Frauen

Wider die weibliche Verfügbarkeit

Die Ursachen der weiblichen Verausgabung

Frauen haben heute angeblich so viele Möglichkeiten wie nie zuvor. Gleichzeitig sind sie so erschöpft wie nie zuvor. Nach wie vor wird von Frauen verlangt, permanent verfügbar zu sein – familiär, beruflich, sexuell, gesellschaftlich. Die Geschlechterforscherin Franziska Schutzbach legt den Finger in die Wunde eines Systems, das von Frauen alles erwartet, aber nichts zurückgibt. Und sie erklärt, wie Frauen sich dagegen auflehnen und damit alles verändern: ihr Leben und die Gesellschaft.

Ein kluger und fundierter Beitrag
zu einer anhaltend aktuellen Debatte.

»Die Soziologin Franziska Schutzbach hat ein eindrucksvolles Buch über die heimliche Grundlage unseres Kapitalismus geschrieben: die gewissenlose Ausbeutung weiblicher Ressourcen.«

Süddeutsche Zeitung